权威·前沿·原创

皮书系列为
"十二五""十三五""十四五"时期国家重点出版物出版专项规划项目

BLUE BOOK

智 库 成 果 出 版 与 传 播 平 台

欧洲移民蓝皮书

BLUE BOOK OF EUROPEAN MIGRATION

欧洲移民发展报告（2022）

ANNUAL REPORT ON THE DEVELOPMENT OF EUROPEAN MIGRATION(2022)

新冠疫情持续影响下的欧洲国际移民

Immigration in Europe under the Continuing Impact of COVID-19

广东外语外贸大学区域国别研究院国际移民研究中心

主　编／毛国民　刘齐生

副主编／柳玉臻

社会科学文献出版社
SOCIAL SCIENCES ACADEMIC PRESS（CHINA）

图书在版编目（CIP）数据

欧洲移民发展报告.2022：新冠疫情持续影响下的
欧洲国际移民／毛国民，刘齐生主编；柳玉臻副主编
.--北京：社会科学文献出版社，2023.4
（欧洲移民蓝皮书）
ISBN 978-7-5228-1515-2

Ⅰ.①欧…　Ⅱ.①毛…　②刘…　③柳…　Ⅲ.①移民-
研究报告-欧洲-2022　Ⅳ.①D750.38

中国国家版本馆 CIP 数据核字（2023）第 057802 号

欧洲移民蓝皮书

欧洲移民发展报告（2022）
　　——新冠疫情持续影响下的欧洲国际移民

主　　编／毛国民　刘齐生
副 主 编／柳玉臻

出 版 人／王利民
组稿编辑／张晓莉
责任编辑／叶　娟　宋　祺
责任印制／王京美

出　　版／社会科学文献出版社·国别区域分社（010）59367078
　　　　　地址：北京市北三环中路甲 29 号院华龙大厦　邮编：100029
　　　　　网址：www.ssap.com.cn
发　　行／社会科学文献出版社（010）59367028
印　　装／天津千鹤文化传播有限公司

规　　格／开　本：787mm×1092mm　1/16
　　　　　印　张：19.75　字　数：295 千字
版　　次／2023 年 4 月第 1 版　2023 年 4 月第 1 次印刷
书　　号／ISBN 978-7-5228-1515-2
定　　价／168.00 元

读者服务电话：4008918866

特别鸣谢

广东省民族宗教研究院为本书出版提供资助

主要编撰者简介

毛国民　博士、教授、硕士生导师。现任广东外语外贸大学人事处处长、国际移民研究中心（广东外语外贸大学与广东省民族宗教研究院联合设立）主任、中国人类学民族学研究会理事、国际移民研究专业委员会常务副主任兼秘书长。曾主持国家社会科学规划一般项目"契约与关系互补的乡村治理"、国家民委民族研究项目"新角色下广州外籍移民管理服务研究"、教育部社会科学规划一般项目"外籍人聚集区治理模式创新研究——以广州古代蕃坊和当代外籍人聚集区管理经验为例"等多项省部级以上课题，撰写 4 部有关国际移民领域的著作，公开发表文章 40 余篇。

刘齐生　博士、教授、博士生导师。现任教育部高等学校教学指导委员会德语分委员会副主任委员，《德语人文研究》杂志编委会成员。曾主持教育部区域与国别研究项目"欧洲移民政策研究"、省级项目"跨文化企业交际——德资在华企业中的文化冲突"和市厅级项目"欧洲拉美国家涉华舆情研究"，在语言学和国际移民研究领域出版教材 2 部、译著 3 部、专著 3 部。

柳玉臻　博士、副教授、硕士生导师。现任广东外语外贸大学社会与公共管理学院社会工作系教师，兼任国际移民研究中心（教育部区域和国别研究备案中心）研究员、中国人类学民族学研究会国际移民专委会常务理事。主持教育部区域与国别研究项目"国际移民组织与欧洲移民治理"、广东省教育厅特色创新项目"涉外社会工作在广州的服务需求与发展状况分析",发表与国际移民和国内人口迁移相关文章和咨询报告20余篇。

序　言

人口迁移问题与欧洲一体化进程密切相关，在欧盟最初的设计中，人员自由流动与商品、服务和资本的自由流动并列。虽然受新冠疫情影响，2020年欧盟内部边界和外部边界还时而关闭，但延至2021年欧盟内部边界已很少出现关闭的情况了，欧盟国家和世界其他国家之间的迁移活动似乎正在逐渐恢复。多年来欧洲的人口迁移实践表明，有序迁移可以促进本国和本地区的经济活力、提升科技竞争力和改善劳动力市场状况；有序迁移同时也是解决非常规移民治理等问题的一条重要路径。

国际移民研究中心和欧洲移民危机管理研究团队自"欧洲难民危机"发生以来，一直跟踪研究欧洲移民的发展和变化以及移民管理对欧洲各国政治、经济、社会和外交的影响。2021~2022年，该中心和团队继续关注新冠疫情发生以来的欧洲人口迁移活动和相关政策的变化，以及其他突发事件对欧洲人口迁移的影响。这项研究势必进一步加深我们对当今欧洲的认知，并进而让人思考欧洲移民问题与当今世界重大事件之间的联系，以从中发现影响世界未来发展的要素。

《欧洲移民发展报告》蓝皮书是由广东外语外贸大学与广东省民族宗教研究院共同推动出版的欧洲移民研究系列报告。2016年12月，两单位共同成立国际移民研究中心，并于2018年5月出版了国内首部《欧洲移民发展报告（2018）：难民危机与管理》蓝皮书，此后每年都针对当年热点移民话题与研究出版蓝皮书，至今共出版蓝皮书4部。欧洲移民系列蓝皮书在国内外移民研究领域产生了广泛影响。第5部蓝皮书《欧洲移民发展报告

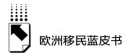

（2022）：新冠疫情持续影响下的欧洲国际移民》的出版，是全体编委和作者们持续努力聚焦欧洲移民研究的结果，他们用智慧、勤奋和专业贡献了高质量的学术成果，丰富了对欧洲人口迁移问题的研究。

隋广军

2022 年 9 月 16 日

摘　要

　　《欧洲移民发展报告（2022）》是广东外语外贸大学区域国别研究院国际移民研究中心（广东外语外贸大学与广东省民族宗教研究院共建）持续关注欧洲难民危机和移民发展的品牌性研究成果。除来自广东外语外贸大学"欧洲移民危机管理研究团队"和国内其他高校的研究人员，本书还邀请了欧洲高校的专家参与写作，从政治学、经济学、社会学和西方语言与文化进行多学科的综合研究。

　　自新冠疫情发生以来，欧洲的国际人口流动状况受到极大影响。相比于2020年，2021年的国际人口流动趋于恢复常态，特别是有长期居住意愿的移民，包括家庭团聚类、留学类和工作类移民的流动；但是短期内国际人口流动仍远远低于疫情发生前的水平；延续难民危机在2015年达到顶峰后逐渐缓解的趋势，难民庇护申请和审批通过数量虽然较2020年有显著增长，但较疫情发生前略有降低；疫情持续背景下非法进入或滞留的国际人口有显著增长。欧盟各国移民存量持续增加，获得居住国国籍的移民人口持续增长。

　　《欧洲移民发展报告（2022）》的主题为新冠疫情持续影响下的欧洲国际移民，包括1篇总报告、11篇区域国别报告、3篇专题报告及统计数据表和2021年欧洲移民大事记。

　　总报告侧重分析2021年欧洲移民的发展趋势和欧盟移民管理应对的策略及成效。研究认为受疫情持续的影响，尽管长期性移民流动在逐渐恢复，短期性移民流动还有待增长；欧洲的制造业在迅速反弹，但服务业恢复缓

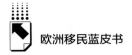

慢；移民劳动力失业率偏高，同时各国又存在一定的岗位空缺和劳动力短缺。在政治、经济、社会和国际合作上，欧盟和各成员国均遭遇难民和移民治理的困难。在外部环境上，欧洲不仅面临"波白边境事件"，还要面临因世界格局大变、各种地区与国家冲突与动荡加大而带来的新一轮难民潮。

区域国别报告选择了意大利、西班牙、希腊、法国、瑞士、奥地利、德国、荷兰、波兰、英国和瑞典作为研究重点，介绍了 2021 年这些国家移民发展和管理的最新状况，重点分析了持续的疫情对移民流动和移民融入的影响。各国数据和分析显示，2021 年国际人口流动相比于 2020 年出现"弥补效应"，长期性移民流动基本恢复至疫情发生前水平；难民的规模在各国都有所减小，特别是在西班牙和希腊等"热点"国家；但非常规移民在意大利和法国增长明显。尽管各国均存在较高的失业率，岗位空缺问题也非常明显，特别是在医护行业和科技类行业。为恢复经济和推动经济的转型升级，法国推出"新创人才移民政策"，英国开始实施新移民政策。各国移民管理都强调推动移民在经济、文化、社会和政治领域的融入。

专题报告分别考察了疫情持续影响下移民状况的改变对欧洲政治、经济和社会的影响。为推动"欧洲化"，欧盟委员会希望通过"移民和难民一揽子新方案"来加强欧盟各国团结，然而目前收效甚微。在社会层面，由于人口流动和疫情的交织，难民和移民成为主流社会排斥和暴力攻击的对象，排外主义、种族主义重新在欧洲盛行。在经济层面，欧盟经济经历严重冲击后短暂反弹，再次面临经济恢复动力不足、国内失业率大幅上升、社会不平等加剧等问题，移民劳动力短缺和与劳动力市场不匹配现象明显。

关键词： 新冠疫情　国际人口流动　移民管理　社会融入

目 录 ⤵

Ⅰ 总报告

Ⅱ 区域国别报告

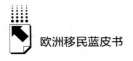

Ⅲ　专题报告

Ⅳ　附　录

皮书数据库阅读 **使用指南**

总 报 告
General Report

B.1
新冠疫情持续影响下的欧洲
移民流动与管理

毛国民　陈晓毅*

摘　要： 2021 年疫情虽在持续，但欧洲各国已逐渐取消边境管控，国际人口流动也趋于常态。难民庇护申请数和庇护批准数、居民签证发放量基本恢复至疫情前 2019 年的水平，非法进入或滞留人数在增长，难民和移民存量也在持续增加。欧洲各国依然面临人道主义人性原则与国家利益至上原则的两难选择。在政治、经济、社会和国际合作上，欧盟和各成员国均遭遇难民和移民治理的困难。在外部环境上，欧洲不仅面临"波白边境事件"，还面临因世界格局大变、各种地区与国家冲突与动荡加大而带来的新一轮难民潮。因此，为稳定欧洲局势，推进"欧洲化"进程，在难

* 毛国民，博士，广东外语外贸大学国际移民研究中心主任、教授，中国人类学民族学研究会国际移民研究专业委员会常务副主任兼秘书长，主要研究方向为国际移民、政治社会学；陈晓毅，博士，广东省民族宗教研究院民族研究所副所长、研究员，广东外语外贸大学国际移民研究中心副主任，主要研究方向为宗教生态论、民族宗教事务治理。

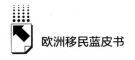

民与移民管理领域，欧盟未来应构建超越各成员国领土界线、超越移民过境国和来源国范围的对难民和移民的接待、安置、遣返和融入，实行更为有效的管理与创新。

关键词： 新冠疫情　移民流动　治理困境

截至 2021 年 12 月 28 日，世界卫生组织数据显示，因出现了德尔塔和奥密克戎两种传染性更强的变异毒株，全球已有 2.8 亿人确诊感染新冠病毒，其中，欧洲感染人数达 9800 万人；全球因确诊感染而死亡 540 多万人，其中欧洲约有 180 万人。但是，与 2020 年欧洲多国采取封锁边境政策不同，随着检测能力的提升、疫苗的普及和抗病毒药物的开发，2021 年，欧洲各国逐渐取消了边境管控，力求恢复国际人口流动，进而重振经济和恢复社会生活。当前，欧洲国际人口流动，特别是有长期居住意愿的人口流动，逐渐趋于常态。但疫情的持续影响依然存在，特别是对难民和移民群体而言，其原本存在的社会融入困难更加明显。

一　2021年欧洲移民流动状况

从总体上看，2021 年欧盟各国的国际人口流动量基本恢复到疫情之前（2019 年）的水平，虽然在国家之间和移民类型之间存在差异。

（一）难民庇护申请数和庇护批准数基本恢复至疫情前的2019年水平，略有降低

受疫情影响，在 2020 年进入欧洲寻求庇护的难民人数明显下降；2021年，随着边境管控的逐步放松，进入欧洲寻求庇护的难民人数有所上升。从首次庇护申请的递交数来看，2021 年欧盟 27 国登记了 534975 人，较 2020年的总量上升了 28.31%（增加了 118025 人）；这个规模略微低于 2019 年、

2017 年的水平，与 2018 年难民首次庇护申请的递交数量基本持平，但总体延续了 2015 年难民危机达到顶峰后的下降趋势（见图 1）。

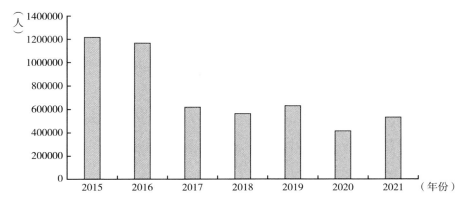

图 1　2015~2021 年欧盟（27 国，不包括英国）接收首次庇护申请的数量变化

资料来源：欧盟统计局，"Population," https：//ec. europa. eu/eurostat/databrowser/view/tps00191/default/table? lang＝en。

从各国的情况来看，2021 年德国和法国接收的难民规模在欧盟国家中最多，分别为 148175 人和 103790 人，各占到欧盟国家接收难民总量的 27.70％和 19.40％；而 2021 年接收难民数量最少的欧盟国家为匈牙利（40人）和爱沙尼亚（75 人）。从变化的情况来看，2021 年接收难民规模增长最大的国家是立陶宛，增幅达到 1401.92％，其次是波兰（313.25％）和拉脱维亚（300.00％）；而匈牙利减少了 55.56％，马耳他减少了 50.21％，希腊减少了 40.15％，西班牙减少了 28.17％（具体统计数据见附录表 1）。难民庇护申请数在各国的大幅度增减，反映出在 2021 年难民路线的再次改变，传统的地中海通道压力减小，而欧盟的西部边境，包括波兰、立陶宛、拉脱维亚的压力增大。分析其原因，自 2021 年 8 月开始的"波白边境事件"，一定程度上推动了部分难民放弃传统的"地中海路线"，取道"欧盟西线"进入欧洲国家。①

————————

①　见本书专题报告 B. 10。

《都柏林公约》（Dublin Conviction）规定，难民需要在首次进入的国家递交庇护申请，而且首次进入的国家有审批难民庇护申请的责任与义务，审批通过的申请者可以获得保护资格和临时居住权；而审批未通过的申请者则需要在限定时期内离境，否则会面临强制性遣返或自愿遣返。在 2021 年，欧盟 27 个成员国的移民管理部门共审批了 534235 份庇护申请，其中有 212190 份获得通过，申请者取得难民身份（包括公约难民、辅助性保护和人道主义保护），总体通过率为 39.72%，与疫情发生前2019 年水平相当。在欧盟 27 国中，2021 年审批通过率最高的国家为爱尔兰（94.50%）；而审批通过率最低的国家为斯洛文尼亚（8.57%）（具体统计数据见附录表 2）。

（二）居民签证发放量基本恢复至疫情前2019年水平，短期签证发放量仍待恢复

因为新冠疫情的发生，2020 年欧盟（27 国，不包括英国）的居民签证（居住 3 个月以上的各个类型，包括家庭团聚、留学、工作和其他等类别）发放总量为 2247362 份，比 2019 年减少了 708133 份，下降幅度达 23.96%（见附录表 3）；但是，在 2021 年欧盟各成员国逐渐恢复了签证发放，允许持有健康证明和疫苗接种证明的外国人进入和定居。从区域国别研究报告看，法国、瑞典等国家的居民签证发放量都较 2020 年有明显增长，基本恢复至疫情前水平。例如，法国政府在 2021 年发放 271675 份首次居留许可，相较于 2020 年（222928 份）增长了 21.87%，略低于疫情前 2019 年的水平（277406 份），其中增长最明显的是工作类签证（见本书专题报告 B.5）；相同的情况也出现在瑞典，在 2021 年，瑞典政府发放了 94589 份首次居留许可，超过 2020 年的水平（88814 份），比 2019 年发放总量（117913 份）稍低（见本书专题报告 B.12）。

欧盟成员国发放的短期签证，包括旅游签证和农业务工人员签证等，仍低于疫情发生前的水平。以法国为例，在 2021 年，法国发放了 733069 份签证，高于 2020 年的水平（712317 份），但远低于 2019 年的水平（3534999

份）。中国曾经是法国发放的申根签证获批人员的第一大来源国，在 2021 年排名第 8；2021 年签证获批者的前 4 个来源国是摩洛哥、阿尔及利亚、沙特阿拉伯和突尼斯。[①]

2021 年，在按照正常程序如庇护申请、签证申请等合法进入的人口之外，还有一些未持有有效证件和有效签证而非法进入或滞留欧盟国家的欧盟以外第三国人口，其数量较 2020 年有所增长。欧盟边防局（Frontex）发布的数据显示，在 2021 年大约有 20 万人以非法方式进入欧盟，比 2020 年增长 57%，比 2019 年增长 365%，为 2017 年以来的最高水平。非法移民最多的来源国是叙利亚，其次为突尼斯、摩洛哥、阿尔及利亚和阿富汗等。非法移民进入的途径，除在波白边境有明显增长外，主要的路线仍然为中地中海路线。[②] 以意大利为例，在 2021 年查获到非法移民的人数总量为 67040 人，较 2020 年增长了 96.3%，是 2019 年的 5.84 倍；非法移民主要经利比亚和突尼斯登船，主要来源国包括突尼斯、埃及、孟加拉国等，在疫情持续的背景下，难民和移民以非法方式进入，无疑给进入国或目的国带来了极大的挑战（见本书专题报告 B.2）。

（三）移民存量持续增加，获得居住国国籍的移民人口持续增长

2021 年，处于疫情持续中的欧盟，受国际局势影响，出现了移民人数反弹的"弥补效应"。从移民存量来看，各国人口中外国出生人口数持续增长。尽管新冠疫情的发生和持续对国际人口流动产生了限制，但在明显的经济和社会发展优势下，欧盟国家持续吸引着全世界移民人口的进入，包括欧盟成员国之间的人口流动和来自非欧盟成员国的国际人口流动。截至 2021 年 1 月 1 日的总人口统计中，欧盟（27 国，不包括英国）

---

① "L'immigration: les premiers chiffres pour 2021," vie – publique. fr., le 5 février, 2022, https：//www. vie-publique. fr/en-bref/283396-immigration-les-chiffres-pour-2021.

② "EU External Borders in 2021: Arrivals above Pre–Pandemic Levels," Frontex, January 11, 2021, https：//frontex. europa. eu/media-centre/news/news-release/eu-external-borders-in-2021-arrivals-above-pre-pandemic-levels-CxVMNN.

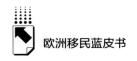

有 54539380 人为外国出生人口，占总人口的比例为 12.20%，略高于
2020 年的比例（12.17%）和 2019 年的比例（12.16%）。2021 年，这些
外国出生的人口中，有 54.21% 的人口来自欧盟以外的国家。从居住国来
看，外国人口在总人口中占比最高的欧盟成员国为卢森堡（48.71%）；而
外国人口在总人口中占比较低的国家为波兰（2.38%）、保加利亚
（2.92%）、罗马尼亚（3.59%）和斯洛伐克（3.70%）（见附录表 4）。

　　按照欧盟各成员国的移民法律，移民在连续居住一定时间后（一般为
5 年）可以申请加入居住国的国籍，入籍后的移民享有与本国公民同等的
权利，包括选举投票权和享受社会福利的权利。从入籍人数的总量来看，
在 2021 年，欧盟（27 国）接收移民归化入籍的总量为 827319 人，高于
2020 年（729013 人）和 2019 年（706397 人）的水平；从国别来看，在
西班牙、法国、德国和意大利，入籍移民人数的总量都达到了 10 万以上。
从入籍移民占居住国非本国国籍人口的比重来看，居住在瑞典的移民归化
入籍的比重较高，占瑞典非本国国籍人口的比重为 10.01%，其次为荷兰
（5.37%）和罗马尼亚（4.65%），而入籍人口占非本国国籍人口比重较低
的国家为立陶宛（0.19%）、拉脱维亚（0.34%）、爱沙尼亚（0.52%）和
捷克（0.68%）（见附录表 5）。

　　综上所述，2021 年的国际人口流动规模比 2020 年有明显增长，基
本恢复至疫情前 2019 年的水平，特别是具有长期居住意愿的移民流动基
本恢复。申请避难的难民人数延续了 2015 年"难民危机"高峰后的下
降趋势，但较 2020 年有增长。另外，数据显示，在常规移民以外，在各
国边境管控逐步放宽的背景下，以非法方式进入欧洲的人数在 2021 年有
显著增长。① 从移民人口占各国总人口的比例来看，移民人口的存量在欧

---

① "EU External Borders in 2021: Arrivals above Pre-Pandemic Levels," Frontex, January 11,
2021, https://frontex.europa.eu/media-centre/news/news-release/eu-external-borders-in-
2021-arrivals-above-pre-pandemic-levels-CxVMNN. 2021 年是欧盟非常规移民活动的"大
年"。欧盟边防局发布的数据显示，约有 20 万人偷越外部边境（external borders）进入欧盟
国家，该数据同比增长 36%。

盟国家持续增长，其中一定比例的移民获得了居住国的国籍，成为归化的公民。

二　疫情持续背景下欧盟的难民和移民流动与管理

在持续的新冠疫情下，欧洲国家在难民和移民流动与治理上迎来政治、经济、社会、国际合作以及国际大局势的挑战与影响。总体上，欧盟各成员国政府依然面临两个突出的矛盾压力，即人道主义、人性原则等道义大旗必须扛，但迫于经济财政压力、政治选举压力等各国又不想接纳一些不能立即创造生产力的难民和移民；本着国家利益至上的原则，加上疫情持续的输入型风险，欧盟边境国家不希望承担额外的移民审核和接收责任，但欧盟核心国家包括德国、法国等对一线技术性劳动力、农业劳动力，以及高端人才的需求又在持续吸引着常规和非常规移民的进入。

（一）政治政策上：疫情持续影响下"欧洲化"面临挑战，难民治理困境并未消除

欧盟难民和移民政策仍在积极调整与完善。例如，2021年，欧盟继续推动"移民和难民一揽子新方案"，以改革来弥补之前各项条约的漏洞，主要聚焦于修订《都柏林公约》，建立新的团结机制；采取临时和特殊的移民和庇护措施；制定欧洲数据库条例，以完善进入欧盟寻求庇护人员的指纹数据库；建立一个更加成熟的欧盟庇护机构，即"欧盟庇护机构"（EUAA）；以新的制度规定，取代庇护程序指针和资格指针，以协调保护标准和寻求庇护者的权利；改革接待条件指针，以确保寻求庇护人员获得统一的、人性化的接待标准；建立永久性的欧盟受庇护者重新安置框架，等等。2021年3月，欧盟会议提出的两份"欧洲倡议"都明确提出"新创人才移民"政策：第一份为"提升欧洲倡议"，旨在吸引国际人才以推动欧洲技术生态系统的发展；第二份为"欧盟创业国家标准倡议"，旨在加速欧盟新创企业的发展，提出了管理欧盟创新型企业的八项决定，以加强欧盟在国际舞台上的经

济竞争力。2021年，有的成员国在疫情持续的背景下提供"外国人数字化服务管理机制"及配套网络服务（ANEF），从申请签证、居留、庇护到归化、工作及个人情况变更都可以实现网上操作。2021年10月12日，欧洲移民网络（EMN）举行"保护移民儿童领域的政策和优先事项"主题会议，制定了《加强移民儿童保障的庇护公约》及具体条款，公布了《欧盟儿童权利战略（2021~2024）》，并发表《联合声明》，呼吁各国在欧洲层面开展保护移民儿童及未成年人的合作，以找到应对成员国共同挑战的解决方案。① 2021年3月，德国确定了由联邦政府移民、难民和融合事务专员协调的德国联邦政府国家融合行动计划（NAP-I），② 包括移民组织在内的德国各州和民间社会组织的300多个参与者成功启动了110多项支持移民和增强社会凝聚力的重点项目。

欧盟在难民政策上的困境并未消除。从道义上，各成员国必须坚持人道主义立场，确保在"日内瓦难民公约"框架内保护难民权益；从国家利益角度，难民和移民事宜涉民族国家核心主权，国家主权利益至上也不得不考量。同时，一方面，因欧洲一体化要求，各成员国必须积极推进欧洲内部统一市场、政治一体化以及民众普遍向往的"欧洲化"富裕、福利、共同价值和相互认同；但是，另一方面，各成员国在难民治理问题上很难达成一致，大家都不轻易让渡主权以团结所有成员国共同管理难民的迁徙和融入，从而接纳来自第三国的寻求庇护者。因此，关于难民的接收与治理，各成员国意见相左，欧盟的左派和右派、南部和北部、欧盟赞同派和疑欧派之间的分裂仍在进一步加深。各成员国面对难民危机，难以与邻国协商，有的成员国部分或完全关闭边界，有的将问题转嫁给邻国，有的甚至派遣军队进行干

---

① "Compte-rendu de la conférence du Point de contact néerlandais du REM sur les enfants migrants," Ministère de l'intérieur, le 12 octobre, 2021, https：//www. immigration. interieur. gouv. fr/ Info-ressources/Actualites/L-actu-immigration/Compte-rendu-de-la-conference-du-Point-de-contact-neerlandais-du-REM-sur-les-enfants-migrants-12-octobre-2021.

② *National Action Plan on Integration Abridged Press Version*, The Federal Government, https：// polen. diplo. de/blob/485830/b3bada7b7614c18bb869326b0bef63aa/integration - nap - eng - data. pdf.

预（如波兰与白俄罗斯边境）。

欧盟一直致力于欧洲一体化进程，进入深度融合的深水区，即人员自由迁徙和流动。但是，在欧盟外部难民和其他非常规移民的压力下，各成员国始终无法解决难民和移民治理问题上成员国主权的让渡。新冠疫情的发生与持续，一定程度上阻断了人员的自由迁徙和流动。

（二）经济保障上：疫情持续影响下难民和移民治理面临新问题

疫情持续影响下，欧盟经济经历严重冲击。新冠疫情广泛传播叠加英国脱欧和局部战争冲突的多重影响，2021 年欧盟经济增速较疫情发生前进一步放缓、人口老龄化日趋严重、政府赤字高企等问题被进一步放大，劳动力供应受损、企业偿债能力不足等多重挑战接踵而至。2021 年，更具传染性的新冠病毒变体的出现在欧洲造成了多轮感染，凸显了新冠疫情对经济复苏带来的持续风险。另外，供应链中断、欧洲能源价格上涨、政策支持逐步取消、房地产市场的潜在调整以及欧洲以外地区经济增速急剧放缓的溢出效应，均对欧盟经济产生了不利影响。

积极推进欧洲复苏计划，欧盟经济呈复苏态势但各行业并不平衡。2021 年 10 月，欧洲理事会同意一项预算为 2.018 万亿欧元的欧洲复苏计划。随着欧洲复苏计划的稳步推进，制造业生产已恢复到新冠疫情前的水平。反弹最快的部门是制造业，根据 IHS 制造业采购经理人指数，制造业 PMI 指数从 2020 年 9 月的 53.7 快速攀升至 2021 年 6 月的 63.4；零售业也开始迅速反弹，4 月零售贸易指数同比大增 24.7%，5 月同比增速也达到 10.5%。但是，因服务业仍未走出困境，对服务业依存度较高的国家（如克罗地亚、意大利、黑山、西班牙）复苏相对滞后。新冠病毒变异株德尔塔、奥密克戎接连席卷欧洲大陆，工业生产指数（IPI）同比下挫 1.2%，为 2020 年 10 月以来首次负增长。

非常规移民反弹，安置经费落实难。因"弥补效应"，2021 年大约有 20 万非常规移民进入欧洲，意大利非常规移民人数出现报复性反弹，从法

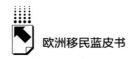
国北部海岸偷渡到英国的企图越境事件达 1281 起，共涉及 33083 人。① 于是，"弥补效应"给疫情持续影响下的欧洲带来了沉重的难民和移民安置压力，如巨额的财政赤字，因为法律规定"国家医疗帮助"也适用于非法移民；如难民的安置资源不足，难民在安置机构的居留时间延长，导致难民安置资源更加紧缺。② 2021 年，法国政府向申请避难者提供了约 11000 个住宿名额，但是仅有 10%的外国人被安置。

（三）社会治理上：疫情持续影响下难民安置和移民融入难度继续增大，且生存风险变大

"弥补效应"给疫情持续中的欧盟带来了沉重的压力，难民安置、移民融入难度增大。例如，意大利为应对此危局，德拉吉政府不得不推行"船上隔离"措施，租用船只，对难民进行临时隔离、观察、安置和必要的治疗。截至 2021 年，意大利境内非常规移民总数约为 51 万。③ 作为社会弱势群体，他们常常遭受结构性的忽视，变得"隐形"。另外，为了更好地安置难民和有效促进移民融入，法国政府大力开展"数字化服务管理机制"，帮助弱势移民群体，并对新到来的移民进行"地区引导安置"以更加合理地分配资源，保障移民权益。

非欧盟来源国的移民失业率，远高于欧盟本土移民的失业率。例如，瑞典虽然经济有所复苏，但移民人口的失业率，特别是长期失业率，远远高于本土人口，说明移民融入的困难。为解决此困难，欧盟委员会以理事会条例的形式，创建了一种新的金融工具——SURE，用于临时"支持缓

---

① Romain Impach，"Immigration vers le Royaume-Uni：les traversées par la Manche ont triplé en 2021," lemonde. fr.，le 26 novembre，2021，https：//www. lemonde. fr/les-decodeurs/article/2021/11/25/immigration-vers-le-royaume-uni-les-traversees-de-la-manche-ont-triple-en-2021_ 6103611_ 4355770. html.

② Jean Marc Leclerc，"2021：année d'immigration intense en France," lefigaro. fr.，le 31 décembre，2021，https：//www. lefigaro. fr/actualite-france/2021-annee-d-immigration-d-intense-en-france-20211230.

③ "Ventisettesimo Rapporto sulle migrazioni 2021," Fondazione ISMU，2022，https：//www. ismu. org/ventisettesimo-rapporto-sulle-migrazioni-2021/.

解紧急情况下的失业风险"，所提供的财政援助将支持创建或扩展短期工作计划以及其他类似措施。①截至 2021 年 10 月，SURE 已向 19 个欧盟成员国支付了约 940 亿欧元，大部分国家积极实施劳动力市场完善措施。截至 2021 年 12 月，欧盟（27 国，不包括英国）青年失业率降至 13.40%，创下历史新低。但是，从各国失业率的统计结果来看，非欧盟来源国的移民失业率远远高于本国出生人口和欧盟来源国移民的失业率（见附录表 6）。

疫情持续影响下难民安置更加偏离人道主义。例如，2020 年圣诞节前夕发生一起引发国际社会关注的难民营火灾事件，位于波黑西北部乌纳-萨纳州的利帕难民营因没有任何御寒设施被当地政府关闭，难民随即纵火，将难民营彻底烧毁，约 900 名难民仍在被毁营地滞留，约 800 名难民在营地周边露宿；包括妇女和儿童在内，总计约 1700 名难民面临冻伤、体温过低乃至感染新冠肺炎等人身安全和健康风险。2021 年 3 月 10 日，希腊塞萨洛尼基市一栋废弃的建筑物发生火灾，导致 3 名临时居住在此的移民死亡，这 3 名移民来自阿尔及利亚。5 月 10 日，约 70 名非法移民在马耳他南部海域遇到危险，发出求救信号后，马耳他执法人员展开搜寻，并于 11 日才将他们带上岸。6 月 17 日，一艘载有 49 人的移民船在西班牙加纳利群岛附近海域沉没，导致 3 人死亡、5 人失踪。8 月 18 日，国际移民组织和联合国难民署通报，北非大西洋沿岸 10 天之内再度发生船难，船上试图前往西班牙加那利群岛的 47 名移民不幸身亡。11 月 14 日，一辆运载非法移民的车辆在塞尔维亚东部边境城市皮罗特附近发生翻车事故，事故造成 2 人死亡，另有 19 人受伤，其中 4 人伤势严重。11 月 24 日，在英吉利海峡附近的北海地区发生了自 2018 年以来最严重的运送非法移民船只沉没事件，导致 27 人丧生。

---

① "Proposal for a Council Regulation on the Establishment of a European Instrument for Temporary Support to Mitigate Unemployment Risks in an Emergency (SURE) following the COVID-19 Outbreak," European Commission, April 2, 2020, https://ec.europa.eu/info/sites/default/files/support_to_mitigate_unemployment_risks_in_an_emergency_sure_0.pdf.

疫情持续影响下，欧洲各国难民和移民弱势群体化现象更加显著。例如，欧洲陆续开展新冠疫苗接种来抵御一波接一波的疫情潮。但社会弱势群体作为易感人群，由于种种障碍却并不容易获得接种的机会。他们或不能提供社保账号、家庭住址，或有语言障碍，抑或因没有智能手机和电脑而无法收到接种许可信息。在一些国家，只有此前联系过家庭医生的移民，才可接种。对于没有居留许可的移民而言，接种难度巨大。同时，欧洲各国移民失踪和家庭分离的案例明显增长。例如，在法国政府的倡议下，欧盟对处于相对弱势的移民群体提供进一步的保护与帮助。2021 年 10 月 15 日，欧洲移民网络的法国联络点联合红十字国际委员会、红十字欧洲办事处和法国红十字会联合举行了一次主题会议，探讨移民的家庭分离与失踪现象，并提出建立相关预防机制的决议。

（四）国际合作上：欧盟成员国之间以及与其他国家的团结合作机制不牢靠

疫情持续影响下，欧盟各成员国之间的移民与难民安置治理、合作机制不牢靠。移民与难民安置事宜，需要从整个欧盟系统考虑、统筹解决，需要每一个成员国密切合作、团结一致。为此，各成员国也积极推进，如 11 月 28 日法国、德国、比利时与荷兰政府，以及欧盟专员、欧盟边防局、欧洲刑警组织代表在法国北部城市加来召开会议并发表《联合声明》，宣布四国将针对英吉利海峡和法国北海区域的非法移民和人口走私犯罪进行治安与司法合作;① 10 月，欧盟发布《欧洲移民与避难公约》;② 3 月，欧盟公布

---

① "Déclaration commune sur les enjeux migratoires et la coopération policière et judiciaire dans la Manche et la mer du Nord," Ministère de l'intérieur, le 28 novembre, 2021, https://www.immigration.interieur.gouv.fr/Info - ressources/Actualites/Communiques/Declaration - commune - sur - les - enjeux - migratoires - et - la - cooperation - policiere - et - judiciaire - dans - la - Manche - et - la - mer - du - Nord.

② "Pacte européen sur la migration et l'asile: quel bilan après un an de son adoption?," vie-publique.fr., le 8 octobre, 2021, https://www.vie - publique.fr/en - bref/281773 - pacte - europeen - sur - la - migration - et - lasile - un - premier - bilan.

《打击偷运移民行动计划（2021~2025）》，建议各国将打击偷运移民作为《移民法》和《庇护法》的核心内容，增加"合作治理非法移民"的相关措施，加强欧盟内部的警力、边防合作与信息交流，同时与非法移民的原籍国和过境国进行有针对性的合作。[①] 但是，"都柏林体系"改革，毫不意外地被再度搁浅，移民再分配、再安置的梦想破灭，《马耳他协议》沦为废纸。[②]

疫情持续影响下，欧盟各成员国与其他国家的团结合作机制不牢固。2021年，波兰与白俄罗斯边境难民危机持续加剧，导致两国关系迅速恶化，也加剧了西方与俄罗斯之间的敌意程度。但长期高举"民主和人权"大旗的欧盟，对从白俄罗斯入境的难民却予以强硬抵制。

11月28日，为应对最近激增的难民问题，法国邀请英国、比利时、荷兰、德国和欧盟委员会在加来举行会议，但由于当时英首相鲍里斯·约翰逊在日前发表于社交媒体上的一封公开信，法国方面突然宣布取消对英国的邀请。本就因捕鱼权而岌岌可危的法英关系再度恶化。

（五）源头治理上：疫情持续影响下战争或动乱直接加剧难民潮

2021年8月以来，来自叙利亚、阿富汗、伊拉克和也门等战乱不断国家的数千名难民在白俄罗斯宽松的签证程序下，取道明斯克，希冀以此为跳板进入欧盟国家境内。难民在波白边界的集结引发了波兰和其他欧盟国家的强烈批评，并将此次事件定性为一次"由白俄罗斯策动、得到俄罗斯支持"的"混合战争"。波兰边防卫队的记录显示，2021年8月波兰共

---

① "Lutter contre le trafic de migrants: plan d'action de l'Union pour la période 2021-2025," le 29 mars, 2021, Commission européenne, https://ec.europa.eu/info/law/better-regulation/have-your-say/initiatives/12724-Lutter-contre-le-trafic-de-migrants-plan-d%E2%80%99action-de-l%E2%80%80%99Union-pour-la-periode-2021-2025_fr.

② Andrea Amata, "Pioggia di sbarchi. Neanche Mario Draghi riesce a far scattare la solidarietà della Ue sui migranti," Il Tempo, le 14 novembre, 2021, https://www.iltempo.it/politica/2021/11/14/news/mario-draghi-clandestini-italia-sbarchi-continui-solidarieta-unione-europea-migranti-negligenza-29440588/.

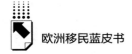

阻止了 3500 次以上难民的非法越境企图，9 月这一数据达到了近 7700
次，10 月则飙升到了近 17300 次，11 月达到巅峰，其中，仅 11 月上旬就
达到了 7000 多次。①

利比亚、伊拉克、叙利亚等处于战争或动荡中的国家，成为欧洲难
民的主要来源国。利比亚"存量难民"释放和埃及偷渡者加入；突尼斯
政局不稳，民生凋敝，导致民众继续出逃；受中东移民改线、土耳其政
府刻意放纵的影响，土耳其-南意支线兴起。② 伊拉克岌岌可危的社会政
治局势，极端恐怖组织"伊斯兰国"（ISIS）的现役部队仍然在库尔德地
区徘徊，使得人心惶惶，来自伊拉克北部库尔德地区多达 8000 人愿意前
往白俄罗斯。③ 叙利亚和也门处于内战状态；黎巴嫩经济正面临历史上最
大的危机，导致燃料、电力短缺，人民生活水平急剧下降，约 76% 的黎
巴嫩人如今仍生活在贫困线以下。与此同时，阿拉伯国家有 3800 万（约
15%）难民和移民，另外有 1500 万人在国内流离失所。黎巴嫩和约旦是
世界上人均收容难民最多的国家，难民营中恶劣的生活条件以及极难获
得工作和教育机会的处境迫使难民尝试进一步移徙。④ 而在土耳其的 100
多万难民，由于土耳其恶劣的居住条件，很多人想要进入欧洲以寻求更好
的生活。虽然北约部队撤出阿富汗，2021 年，阿富汗国内产生了大约 40
万流离失所的人。联合国估计，由于撤军后局势恶化，将有 50 万居民向
外迁徙，他们主要的迁徙方向是欧洲。⑤ 随着移民潮形势的不断加剧，波兰
边防收到的国际保护申请的数量也相应增加。2021 年 8 月，有 1155 份申请

① "Services Report 346 Attempts to Illegally Cross Border in Last 24 Hours," Telewizja Polska S. A，
November 22，2021，https：//tvpworld. com/57050602/services－report－346－attempts－to－
illegally-cross-border-in-last-24-hours.
② 孙彦红主编《意大利发展报告（2022）》，社会科学文献出版社，2022，第 70 页。
③ Adam Frelich，"Kryzys Migracyjny-Nowy Czynnik Białoruskiej Polityki," *MILMAG*，December 25，
2021，https：//milmag. pl/kryzys-migracyjny-nowy-czynnik-bialoruskiej-polityki/.
④ Sara Nowacka，"Migracje z Państw Arabskich w świetle Sytuacji na Granicy UE z Białorusi"，July
18，2021，https：//www. pism. pl/publikacje/migracje-z-panstw-arabskich-w-swietle-sytuacji-
na-granicy-ue-z-bialorusia.
⑤ Adam Frelich，"Kryzys Migracyjny-Nowy Czynnik Białoruskiej Polityki," *MILMAG*，December 25，
2021，https：//milmag. pl/kryzys-migracyjny-nowy-czynnik-bialoruskiej-polityki/.

被受理。2021 年前三个季度，此类申请的提交人数近 5200 人，其中大部分是阿富汗人。

三 疫情持续影响下欧洲难民和移民流动与治理的对策

持续的疫情下，欧洲不仅面临东欧"离心离德""波白边境事件"，还要面临因世界格局大变、各种地区与国家冲突与动荡加大而带来的新一轮难民潮。同时，欧洲还要应对人类共同的敌人新冠病毒的变异与侵袭。因此，为稳定欧洲局势，推进"欧洲化"进程，在难民与移民管理上欧盟要构建超越各成员国领土界线、超越移民过境国和来源国范围的对难民和移民的接待、安置、遣返和融入，实行更为有效的管理与创新。

（一）政治政策上：深化"欧洲化"，去除移民议题"政治化"

要建立欧盟重大政治危机应对机制。当今世界局势变化大，再叠加新冠疫情影响，欧洲必须建立相应的重大政治危机应对机制。实际上，2021 年 8 月欧盟理事会已经召开了特别会议，商讨如何应对立陶宛边境的紧张形势，并发布欧盟"一体化政治危机应对机制"公报。欧盟"一体化政治危机应对机制"是欧盟最高层级的危机应对机制，主要针对"重大复杂危机"，意在促使欧盟成员国和欧盟机构尽快协调立场做出决策。必须发挥"一体化政治危机应对机制"作用，这样才能真正帮助难民和移民接收国扩容安置设施，获得难民和移民所急需的食品、药品、衣物、应急住所、个人卫生包等物资，还有隔离以及接种新冠疫苗的费用。

去除移民议题"政治化"，使其走向"平等化"。2021 年，欧洲政客和政党依然将难民和移民话题"政治化"。例如，8 月 19 日时任德国总理默克

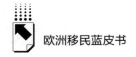

尔表示，德国会为大约 1 万名阿富汗人提供庇护。不过，这个承诺在德国 9月 26 日大选前改变了，因为德国选择党会借此指责默克尔政府制造难民危机。法国总统马克龙表示，法国将尽最大努力"保护最受威胁的人"，但必须预防并保护法国免受重大非正常移民潮的影响。这种"高超的政治做戏"立场，是希望争取右翼选民的支持。在欧洲难民和移民话题"政治化"的同时，2021 年也出现了将难民和移民话题"平等化"的迹象，如德国《世界报》网站报道，一名来自叙利亚的难民将竞选德国联邦议会议员，这是德国历史上第一位参选的叙利亚难民。他在推特上发布视频，表明将以德国北威州绿党候选人的身份，竞选德国联邦议会议员，代表数万名难民发出政治声音。

旗帜鲜明地谴责针对难民和移民的歧视、偏见和暴力现象。例如，2021年 3 月 9 日德国召开第 13 届移民融入峰会，会议聚焦移民融入社会的困境、当地人接纳移民的程度、对社会凝聚力的影响等问题，时任德国总理的默克尔在会上谴责了针对难民和移民的歧视、偏见和暴力现象，认为这完全与形成社会凝聚力背道而驰，融入问题对难民和移民及接纳他们的社会来说都是重大挑战，真正的社会团结不仅需要消除仇恨和暴力，还需要彼此包容和开放。因此，只有真正消除歧视，才能使政府推动的促进移民融入的措施真正落地，如对移民实习工的结对帮扶计划、在媒体和文化体育领域为移民提供帮助、促进经济和公共服务中的机会均等、在卫生领域提供针对不同文化背景群体的护理服务等。

（二）经济保障上：恢复经济，筑牢促进难民和移民流动与管理的经济基础

加强欧盟系统资助体系建设。疫情持续影响下，欧盟必须既要考虑经济发展因素，也要考虑能够保障已经被接收的庇护者申请及已经获得居留权的外国人的各项权益。2021 年 1 月 4 日，欧盟委员会向波黑追加 350 万欧元援助，主要向难民提供过冬物资，如冬衣、毛毯、食品等，还将向难民提供医疗、心理健康咨询、社会支持等援助，很好地防止了新冠疫情在难民当中蔓

延。同时，欧盟要有策略地控制难民和移民数量，尤其是申请庇护者的人数。

以新的移民政策加大对人才的吸引，提振欧洲各国经济。例如，2021年5月19日，英国政府更新签证申请和延期政策，部分签证可以延期两年，以解决因边境管控人员流动变缓导致的公司人手短缺等问题。针对不同的人群，英国政府推出了不同的签证延期政策，申请人可包括在英工作人员、留学生、创业者、海外旅客、海外英国公民等。同样，德国国内的劳动力也持续出现短缺，每年需要吸引约40万外来移民以应对这一趋势，需要采取措施以吸引更多具有技能的移民。通过欧洲议会协议文件，放松发放欧盟蓝卡的规定，因此，需要进一步发挥欧盟蓝卡的作用，给予高技术移民工作许可。持欧盟蓝卡的移民在第一个欧盟成员国居住满12个月后，就能更便捷地进行从一个欧盟国家到另一个欧盟国家的旅行，申请家庭团聚和进入就业市场的程序也将加快。

（三）社会治理上：引导多元力量介入，因"城"施策、分类管理

倡导系统管理思维，建立协调治理机制。建议欧盟继续在移民管控方面与多方寻求合作，推动"都柏林体系"改革以及《马耳他协议》的落实，这些都有利于有效应对移民安置与融入的困境；推动欧盟成员国之间的团结与合作，在对待移民问题的分歧之上建立"协调机制"；加快欧盟委员会制定的《全球移民公约》的审查和通过。

利用国际移民组织等第三方力量，开展转移安置难民的工作。例如，在由欧盟资金支持的希腊与国际移民组织合作的转移安置难民项目帮助下，116名难民从希腊莱斯沃斯岛乘包机直飞德国汉诺威市接受重新安置，这些难民来自阿富汗、伊朗和伊拉克，其中包括30个有孩子的家庭。

鼓励难民和移民积极参与劳动与工作。欧洲各国政府应该鼓励以劳动换取补助的方式，强制或推动难民和移民参与社会劳动，以达到使其融入社会的目的。这样，既有利于大幅削减国家福利开支，也能让难民和移民体会，

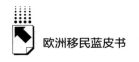

每个人都有为社会做贡献的义务，假如难民和移民不能找到一份固定工作，需要国家援助，那么自己"需要通过劳动来换取"，可规定难民和移民必须每周劳动 35~45 工时才有资格领取补助金。

采取因"城"施策与分类管理。在"疫苗注射行动"和"健康通行证"的双重保障下，欧洲各国政府逐步开放海关与边境，放宽对人员流动的限制。根据疫情对出入境人员来源国进行分类：绿色国家和地区指未观察到病毒活跃传播且未发现令人担忧的新冠病毒变异株的国家和地区；橙色国家和地区指观察到病毒以受控比例活跃传播的国家与地区。欧洲国家目前推行的疫苗接种运动与"健康通行证"，在实施过程中给予移民充分关照，不断完善法令、灵活调整，使移民权益得到基本保障。

严厉打击非法犯罪活动。2021 年 6 月 25 日，一名居住在德国巴伐利亚州维尔茨堡市的 24 岁索马里男性难民走进当地一间商店，从柜台拿到一把刀后，毫无预兆地对身边不相识的路人发起袭击。店内 3 名年龄分别为 24 岁、49 岁、82 岁的女性不幸身亡，随后凶手还冲出商店，走上大街继续袭击他人，行凶过程中另有 5 名女性受重伤，1 男 1 女受轻伤，重伤者中包括一名 11 岁女孩，是上述 49 岁遇难者的女儿。因此，对难民和移民的治安管理必须从严，这样才能预防此类犯罪活动，改善该群体与本地居民的关系。

（四）国际合作上：倡导人类命运共同体意识，创新难民治理模式

加强欧洲与非洲合作。倡导人类命运共同体意识，推动欧盟各国与申请庇护者的原籍国共同制定更有组织的移民政策，并提出《欧非移民条约》草案，目的是与非洲国家在移民问题上重新建立友谊与信任。同时，将采取措施以更好地保护非洲移民，让他们有序地返回原籍国。

加强欧洲与移民来源国的国际合作。一方面，加大资金支持。例如，5 月 31 日意大利总理德拉吉在罗马会见了来访的利比亚民族团结政府总理德贝巴。会后，两国共同发表声明，称意大利将继续为利比亚过渡政府提供支持，利比亚应确保难民和移民的各项权利。意大利愿继续为滞

留在利比亚境内的他国移民自愿回国和疏散提供资金，承诺继续在资源和能力建设上帮助利比亚。另一方面，适当惩戒，推动合作。例如，9月28日，法国决定收紧对摩洛哥、阿尔及利亚以及突尼斯国籍公民的签证发放，因为这些国家拒绝为法国遣返的该国籍移民发放领事通行证。

加强欧洲内部的国际合作。欧洲各国应该团结一致应对难民和移民治理事宜，而不是对该问题无动于衷。关于移民与难民的新政策主线为在外部边界进行"筛查"，以"更严格的管控"作为向有关国家提供援助的前提条件。针对移民进入欧洲的"首选门户国家"，包括希腊、意大利以及西班牙等，因这些国家无法"自行承担因地理位置所致的移民涌入及其所带来的后果"，欧盟应对其提供"援助政策"方面的支持。关于英吉利海峡移民问题，英法两国彼此相互协作，英国可向法国支付资金，而法国有义务去拦截想要偷渡去英国的难民。

（五）源头治理上：倡导和平，减少战争与动乱，是解决欧洲难民和移民困境的治本之策

乌克兰危机爆发，直接导致乌克兰难民潮，给欧洲各国社会、经济秩序都带来了巨大影响。截至2022年3月28日，已有超过422万乌克兰难民逃离国境以寻求避难，其中波兰、罗马尼亚、匈牙利、斯洛伐克等欧盟成员国为难民接收总量靠前的国家（波兰承担的接收量约为50%）。虽然欧洲各国对乌克兰难民采取了不同于对待中东难民的特别政策，但422万巨大体量的乌克兰难民仍然引发了波兰等欧洲国家难民治理的困境。因此，避免或减少战争，才是最终解决欧洲难民和移民困境的治本之策。

综上所述，2021年疫情持续且病毒不断变异，给欧洲各国带来政治、经济等诸多方面的压力，其中难民与移民议题仍然是舆情的中心，对"波白边境事件"难民潮的处理、疫情持续影响下难民生存状态的恶化都是焦点中的焦点。关于难民和移民议题，欧洲国家一如既往地在两条线上"练跳绳"，即在人道主义与国家利益、人性原则与公民利益之间徘徊，尤其表现为在各国选举上的左右摇摆。一如既往地迫切盼望一

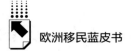

体的"欧洲化"到来，但是各成员国的系统化协调机制未能建立或完善，有待进一步加强。2022年，欧洲国家迎来更大的挑战，一方面，面临因乌克兰危机带来的数百万难民的接纳、安置与融入问题；另一方面，必须战胜新冠疫情，尽快恢复欧洲经济，重振"欧洲化"的稳定和富裕生活。

区域国别报告
Country Reports

B.2

非常规移民的增长和意大利政府的应对

臧 宇 秦 珂 *

摘　要： 2021 年，地中海移民潮再起。以中地中海线为首，偷渡活动的频率呈现报复性增长。本报告旨在对疫情防控下的意大利非常规移民问题进行分析。研究发现，非常规移民报复性反弹给意大利带来了巨大安置压力，此外疫情防控下移民的权益保障问题也愈发突出。报告指出，来源国和登船国政治、经济局势变化是偷渡活动的频率呈报复性增长的主要原因：利比亚"存量移民"的释放和埃及偷渡者的加入；突尼斯政局不稳，民生凋敝，导致民众继续出逃；受中东移民改线、土耳其政府刻意放纵影响，土耳其-南意支线兴起。在疫情防控与移民管控双重背景下，借助"船上隔离"方案，德拉吉政府较为妥善地安置了大部分非常规移民；在"疫苗全民接种运动"与"绿通"实施过程中，政府也给予移民

* 臧宇，博士，中国人类学民族学研究会国际移民研究专业委员会理事，广东外语外贸大学副教授、硕士生导师，国际移民研究中心研究员，主要研究方向为地中海移民治理、当代中意关系；秦珂，广东外语外贸大学西方语言文化学院欧洲语言文学硕士研究生。

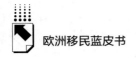

充分关照，通过完善法令、灵活调整，移民权益得到基本保障。未来，意大利将继续在移民管控方面与多方寻求合作，推动"都柏林体系"改革以及《马耳他协议》的落实，以有效应对移民问题。

关键词： 中地中海线　非常规移民　德拉吉政府　新冠疫情

从整个欧盟范围来看，2021 年无疑是非常规移民活动的"大年"。欧盟边防局（Frontex）发布的数据显示，约有 20 万人偷越外部边境，进入欧盟，同比增长 36%。[①] 只不过对大多数成员国而言，相较于抗疫与复苏等议题，移民问题显得不那么紧急或重要，故而在公众的视野中暂时退居次席。但对"前沿"国家意大利而言，情况就完全不同了。中地中海线（Central Mediterranean Route，后简称"中地线"）偷渡活动频率继 2020 年的"小规模激增"之后，[②] 再度出现报复性增长，非常规入境人数超过了西非线（Western African Route）、西地中海线（Western Mediterranean Route）和东地中海线（Eastern Mediterranean Route）非常规入境人数的总和（61131人），[③] 登陆意大利的非常规移民人数差不多翻了一番。[④] 形象地讲，平均每 3 个入境欧盟的非常规移民中就有 1 个进入了意大利，平均每 2 个海上入境

① "EU External Borders in 2021: Arrivals above Pre-pandemic Levels," Frontex, January 11, 2021, https://frontex.europa.eu/media-centre/news/news-release/eu-external-borders-in-2021-arrivals-above-pre-pandemic-levels-CxVMNN.

② 毛国民、刘齐生主编《欧洲移民发展报告（2021）——新冠疫情与移民管理》，社会科学文献出版社，2021，第 27~28 页。

③ "EU External Borders in 2021: Arrivals above Pre-pandemic Levels," Frontex, January 11, 2021, https://frontex.europa.eu/media-centre/news/news-release/eu-external-borders-in-2021-arrivals-above-pre-pandemic-levels-CxVMNN.

④ "Nel 2021 in Italia sono sbarcati 67mila migranti, quasi il doppio rispetto l'anno precedente," Agi, 31 dicembre 2021, https://www.agi.it/cronaca/news/2021-12-31/nel-2021-italia-sono-sbarcati-67mila-migranti-quasi-doppio-rispetto-anno-precedente-15080399/.

者中就有 1 个是在意大利海岸登陆的。① "前沿"热点经常爆满，紧急状况迭起，非常规移民问题持续热议。为应对危局，德拉吉政府（Governo Draghi）通过推行"船上隔离"措施，对非常规移民进行了较为有效的初步安置，同时还在防控输入性疫情方面做出重要成绩，也为盟国提供了有效保护。意大利各级政府在疫苗接种和疫情防控管理、服务中的灵活举措，为非常规移民提供了便利，有效保障了其一系列平等权益。

本报告首先对 2021 年度中地线偷渡现象的全面反弹进行简单介绍，继而结合移民来源国、登船国以及偷渡航线的相关信息，对意大利非常规移民活动的变化情况进行细化的解读；其次从"船上隔离"和非常规移民权益保障两个方面介绍并评价抗疫背景下意大利的移民安置和移民服务工作；最后对中地线偷渡的变化趋势和意大利移民管控的新动向略做展望。

一 中地线偷渡现象全面反弹，非常规入境人数倍增

意大利内政部发布的数据再次印证了《欧洲移民发展报告（2021）》专题报告中的观点，即新冠疫情无法阻止大批来自亚非欠发达国家的移民前往欧洲寻求物质条件更佳、更安定、更有保障的生活。② 作为中地线，乃至整个地中海区域最重要的移民登陆国（landing country）和初次入境国（first entry country），意大利 2021 年非常规入境人数再创新高，全年共有 67040 名非常规移民进入意大利，是 2019 年的 5.84 倍，较 2020 年增长了 96.3%，③ 比同期在西班牙、希腊、塞浦路斯和马耳他四大"前沿"国

---

① Fabio Colombo，"Quante persone migranti sono arrivate in Italia nel 2021," 26 gennaio 2022, Lenius，https：//www.lenius.it/migranti-2021/.

② 毛国民、刘齐生主编《欧洲移民发展报告（2021）——新冠疫情与移民管理》，社会科学文献出版社，2021，第28页。

③ "Cruscotto statistico giornaliero 31-12-2021," Ministero dell'Interno, 31 dicembre 2021, https：//www.interno.gov.it/it/stampa-e-comunicazione/dati-e-statistiche/sbarchi-e-accoglienza-dei-migranti-tutti-i-dati.

家登陆的非常规移民的总数还多。① 观察意大利 2019~2021 年非常规入境人
数月度变化数据（见图 1），可以发现：第一，除 1 月外，2021 年每个月的
非常规入境人数均高于 2019 年和 2020 年同期；第二，大多数月份的数据均
体现出同比连续增加的趋势；第三，2019~2021 年有相当高比例的偷渡者是
在中地线天气条件较好的传统"旺季"（7~9 月）登陆意大利的。

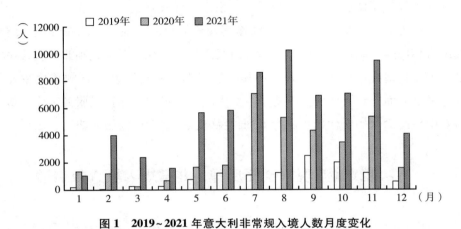

图 1　2019~2021 年意大利非常规入境人数月度变化

资料来源：意大利内政部（Ministero dell'Interno），https：//www. interno. gov. it/it/
stampa-e-comunicazione/dati-e-statistiche/sbarchi-e-accoglienza-dei-migranti-tutti-i-dati。

　　2021 年中地线非常规移民的来源国国籍构成与来源国人数排名（见表
1）体现了三个特点："前十"构成整体稳定；中东国家的排名突出；各主
要来源国移民人数均有明显增长。首先，突尼斯仍是最大的移民输出国
（15671 人），② 排名第二的埃及、第三的孟加拉国、第五的科特迪瓦、第七
的几内亚、第八的厄立特里亚和第九的摩洛哥 2020 年亦排在"前十"。实
际上，近 20 年来，上述国家始终是中地线重要的移民输出国。其次，从传

① Fabio Colombo，"Quante persone migranti sono arrivate in Italia nel 2021，"Lenius，26 gennaio
2022，https：//www. lenius. it/migranti-2021/.
② "Cruscotto statistico giornaliero 31-12-2021，"Ministero dell'Interno，31 dicembre 2021，
https：//www. interno. gov. it/it/stampa-e-comunicazione/dati-e-statistiche/sbarchi-e-
accoglienza-dei-migranti-tutti-i-dati.

统上讲，来自伊朗（2021 年排名第四）、伊拉克（第六）和叙利亚（第九）的移民并非中地线的常客，然而近年来，这三个中东国家作为移民来源国的地位正逐渐突显。2020 年刚刚跻身前十的伊朗，2021 年的排名上升了 6 位，移民数量增加了 3 倍有余。[①] 在登陆意大利的非常规移民中，共有约 13.2% 来自上述三国，略高于来自埃及的登陆者所占的比例。最后，与 2020 年相比，上榜国家以非常规方式登陆意大利的国民数量均有大幅增长，增幅相对较低的，如突尼斯移民数量也增长了 21.6%，而来自埃及的非常规入境者数量则达到 2020 年的 6.6 倍之多。[②] 此外，有近 1/4 的非常规移民的来源国被归入"其他"，因该类目包含的来源国众多，大多属于亚非欠发达国家，如阿富汗、巴基斯坦、索马里等，而来自其中单个国家的移民数量又相对较少，部分移民的国籍难以确认，也被并入"其他"。

表 1   2021 年中地线非常规移民来源国人数排名统计

单位：人，%

来源国	排名	人数	百分比（%）
突尼斯	1	15671	23.4
埃及	2	8352	12.5
孟加拉国	3	7824	11.7
伊朗	4	3915	5.8
科特迪瓦	5	3807	5.7
伊拉克	6	2645	3.9
几内亚	7	2446	3.6
厄立特里亚	8	2328	3.5
叙利亚	9	2266	3.4
摩洛哥	10	2193	3.3
其他	—	15593	23.3

资料来源：意大利内政部（Ministero dell'Interno），https：//www.interno.gov.it/it/stampa-e-comunicazione/dati-e-statistiche/sbarchi-e-accoglienza-dei-migranti-tutti-i-dati。

① 根据意大利内政部网站数据综合计算，https：//www.interno.gov.it/it/stampa-e-comunicazione/dati-e-statistiche/sbarchi-e-accoglienza-dei-migranti-tutti-i-dati。
② 根据意大利内政部网站数据综合计算，https：//www.interno.gov.it/it/stampa-e-comunicazione/dati-e-statistiche/sbarchi-e-accoglienza-dei-migranti-tutti-i-dati。

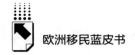

从移民的登船地来看，利比亚仍是中地线首位的登船国，约有 46.1%
的抵意非常规移民从该国海岸启程。突尼斯位列第二，约有 30.2% 成功登
陆意大利的偷渡者从该国出海。① 长期以来，土耳其一直与中地线偷渡活动
关联较低，时至 2020 年，尚未被归入该线路主要登船国序列，对从土耳其
乘船前往意大利的偷渡者，缺少专项的统计。② 然而在联合国难民署 2021
年底的报告中，土耳其赫然成为中地线第三位的登船国，大约每 5 名抵意非
常规移民中就有一人是在土耳其登船的，③ 该国在中地线偷渡地位的突然
"崛起" 引人关注。

二　三大支线移民成分不同，动机各异

2021 年中地线偷渡活动猖獗，意大利非常规入境人数翻番，是在新冠
疫情及其次生问题的推动下，全球移民大势和地中海区域政治、经济局势变
化共同作用的结果。而在中地中海的不同支线上，来源国、登船国以及意大
利管控移民活动的方式和效果各不相同，故有必要分情况讨论。

（一）利比亚支线："存量移民"释放，埃及偷渡者加入

从利比亚西部的的黎波里（Tripoli）、祖瓦拉（Zuwarah）等主要港口出
发，前往近在咫尺的意属领土兰佩杜萨岛（Lampedusa），或在西西里岛
（Sicilia）、卡拉布里亚（Calabria）南部海岸登陆，是非常规移民进入意大
利的首选方式。2021 年，有超过 3 万名偷渡者通过利比亚支线抵意，同比

---

① "Italy Weekly Snapshot （20 Dec-26 Dec 2021）," UNHCR, December 27, 2021, https：//
　　reliefweb. int/sites/reliefweb. int/files/resources/2021_ 12_ 27_ Italy_ Weekly_ Snapshot_ V4_
　　3. pdf.
② "Italy Weekly Snapshot （27 Dec-03 Jan 2021）," UNHCR, January 3, 2021, https：//
　　reliefweb. int/sites/reliefweb. int/files/resources/2021_ 01_ 03_ Italy_ Weekly_ Snapshot_
　　V11. pdf.
③ "Italy Weekly Snapshot （20 Dec-26 Dec 2021）," UNHCR, December 27, 2021, https：//
　　reliefweb. int/sites/reliefweb. int/files/resources/2021_ 12_ 27_ Italy_ Weekly_ Snapshot_ V4_
　　3. pdf.

增长约 132.3%，增幅显著高于中地线整体水平。此外，该支线登陆者增加的绝对人数（超过 1.7 万人）也是三条支线中最高的。[1] 因此，要解释 2021 年度中地线的变化，首先应关注利比亚支线。

意移民监控部门的情报显示，利比亚支线上的偷渡者主要来自埃及、孟加拉国、摩洛哥以及撒哈拉以南非洲为数众多的欠发达国家（与表 1 中归于"其他"的国家高度重合），[2] 大多属于长时间滞留利比亚的 60 余万"存量移民"中的一部分，他们一直在利比亚等待合适的时机，一旦管控出现局部松懈，即登船北去。[3]

在中地线"释放"的"存量移民"中，孟加拉人属于最典型的群体。2021 年共有至少 8667 名来自孟加拉国的非常规移民进入欧盟国家，其中约九成在意大利的海岸登陆。[4] 他们中大多数人变卖家产、牲畜，甚至举债，支付约 4000 欧元/人的高额费用，到利比亚打工；在利滞留数月甚至数年后，又加付一笔船费（约 2000 欧元/人），从利比亚西北部海岸出发，前往欧洲。[5] 近十年来，利比亚社会动荡，就业不易，期望寄钱回国、养活家人、偿还债务的孟加拉人只得选择再次偷渡，到意大利闯荡。要理解孟加拉国非常规移民在利比亚的聚集、滞留和继续北行，还必须关注以下五个方面的"推拉之力"。

其一，孟加拉国是全球第七大移民输出国，该国移民一直保持着出国务

① 根据联合国难民署专题网站数据综合计算，https：//reliefweb. int/。
② Francesca Musacchio， "Boom di immigrati nel 2021. Quasi 90mila nuovi clandestini in Italia：l'allarme dei servizi segreti," Il Tempo, 1 marzo 2022, https：//www. iltempo. it/attualita/2022/03/01/news/immigrati-italia-2021-arrivi-numeri-servizi-segreti-report-migranti-rotta-balcanica-sbarchi-covid-guerra-30656069/.
③ 毛国民、刘齐生主编《欧洲移民发展报告（2021）——新冠疫情与移民管理》，社会科学文献出版社，2021，第 34 页。
④ "Why Do Many Bangladeshi Migrants Take Irregular Routes to Italy?," Infomigrants, February 4, 2022, https：//www. infomigrants. net/en/post/38339/why-do-many-bangladeshi-migrants-take-irregular-routes-to-italy.
⑤ "Why Do Many Bangladeshi Migrants Take Irregular Routes to Italy?," Infomigrants, February 4, 2022, https：//www. infomigrants. net/en/post/38339/why-do-many-bangladeshi-migrants-take-irregular-routes-to-italy.

工、养家糊口的传统。尽管近年来，该国经济发展迅速，但在 14.4 万平方公里的有限国土上生活着 1.66 亿的庞大人口，支柱产业纺织工业和农业的附加值均偏低，民众的生活水平提升缓慢，仍有 14.8% 的国民处于世界银行界定的"绝对贫困"状态，即每人每日生活费不足 1.9 美元。① 而根据亚洲开发银行的统计，有 20.5% 的国民生活在该国划定的贫困线之下。② 频繁的水旱灾害，使得贫困农业人口的生计更加艰难。因此，每年都有大批孟加拉人出于经济目的，移民海外。其二，海外务工的孟加拉人创造大量侨汇，有利于来源国的经济发展和百姓民生。以 2019 年为例，当年海外孟加拉人共寄回 170 亿美元，③ 其体量相当于当年 GDP 的 5.6%。④ 因此移民，哪怕是非法移民，在民间也颇受推崇，被视作提升社会流动性、实现生活水平跃迁的有效方式，且能得到银行体系或亲族、社区的小额贷款扶持。⑤ 其三，居意孟加拉人已然形成具有一定规模的社群，合法居留的就有 158020 人之多，约占居意外国人总数的 3.1%（第 8 位），⑥ 有利于非常规移民投亲靠友，获得帮助。其四，孟加拉国非常规移民比较容易在种植业、建筑业这类本地人不愿从事的行业中找到工作，在庞大的"影子经济"（shadow economy）中找到自己的位置，⑦ 或做起街头小贩，通常也生计无忧。⑧ 其

---

① Stefano Paterna, "Perché tanti bangladesi emigrano dal Bangladesh?," Lenius, 3 dicembre 2021, https：//www. lenius. it/perche-emigrano-dal-bangladesh/.

② "Poverty Data：Bangladesh," Asian Development Bank, May 10, 2021, https：//www. adb. org/countries/bangladesh/poverty.

③ Stefano Paterna, "Perché tanti bangladesi emigrano dal Bangladesh?," Lenius, 3 dicembre 2021, https：//www. lenius. it/perche-emigrano-dal-bangladesh/.

④ "Bangladesh GDP," Tradingeconomics, March 1, 2022, https：//tradingeconomics. com/bangladesh/gdp.

⑤ Stefano Paterna, "Perché tanti bangladesi emigrano dal Bangladesh?," Lenius, 3 dicembre 2021, https：//www. lenius. it/perche-emigrano-dal-bangladesh/.

⑥ "Cittadini stranieri in Italia - 2021," Tuttitalia, 1 marzo 2022, https：//www. tuttitalia. it/statistiche/cittadini-stranieri-2021/.

⑦ 刘齐生、毛国民等：《欧洲各国移民历史、文化与治理》，人民出版社，2019，第 105 页。

⑧ "Why Do Many Bangladeshi Migrants Take Irregular Routes to Italy?," Infomigrants, February 4, 2022, https：//www. infomigrants. net/en/post/38339/why-do-many-bangladeshi-migrants-take-irregular-routes-to-italy.

五，近 20 年来，意大利频繁且不定期的大赦使得大批以非常规方式入境，且不符合申请国际保护条件的移民获得了合法身份，[1] 对以孟加拉人为代表的利比亚"存量移民"吸引力巨大。2020 年夏季，意大利启动了最近的一轮大赦，大赦的对象是服务于农业、家政、看护等行业的非常规移民，约 8 万人成功递交了申请，[2] 这一消息无疑吸引了更多移民从利比亚出发，继续北上。

而中地线绝大多数的埃及偷渡者并不属于"存量移民"的范畴，其突然增多的主要动因是区域政治角力，是意大利与埃及、与利比亚东部昔兰尼加（Cyrenaica）地方实力派之间明争暗斗的结果。首先，埃及偷渡者数量陡增绝非偶然现象，而是塞西当局有意放纵所致。埃政府主动借移民问题向意大利施压，真实目的在于"敲打"德拉吉当局，督促其着手改善双边关系。自意大利于 20 世纪 70 年代成为移民净输入国以来，埃及逐渐成为中地线重要的移民输出国。从 90 年代中后期至"阿拉伯之春"爆发前，意、埃持续开展移民管控合作，埃及加强边控，打击偷渡活动，意大利推动双边经贸合作，并根据移民管控绩效给予埃及国民一定数量的合法赴意务工的配额。[3] 在贝卢斯科尼第四届内阁（Governo Berlusconi IV，2008～2012 年）时期，意、埃两国关系进入"蜜月期"，[4] 2010 年 5 月，双方签订 15 项战略合作协议，[5] 非常规移民也得到有效控制。然而，在穆巴拉克垮台后的震荡期中，两国关系遭遇严重冲击，意大利未能与塞西政府达成良性互动。2016 年，意大利青年学者雷真尼（Regeni）在埃及遭秘密逮捕，继而非正常死亡。意、埃双方至今未能就该案达成共识，意方甚至一度召回驻埃大使，两

---

① 刘齐生、毛国民等：《欧洲各国移民历史、文化与治理》，人民出版社，2019，第 107 页。

② "More Than 80, 000 Applications for Migrant Regularization in Italy," Infomigrants, July 3, 2020, https://www.infomigrants.net/en/post/25791/more－than－80000－applications－for－migrant-regularization-in-italy.

③ 刘齐生、毛国民等：《欧洲各国移民历史、文化与治理》，人民出版社，2019，第 103 页。

④ "Italia-Egitto. Berlusconi a Mubarak：'È sempre un giovanotto'," Blitzquotidiano, 19 maggio 2010, https://www.blitzquotidiano.it/politica-italiana/berlusconi-mubarak-battuta-giovanotto-383348/.

⑤ "Terzo vertice Intergovernativo italo-egiziano," Ministero degli Esteri, 20 maggio 2010, https://ambilcairo.esteri.it/ambasciata _ ilcairo/it/i _ rapporti _ bilaterali/cooperazione _ politica/terzovertice.

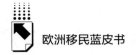
国关系降至冰点,[1] 至今未能恢复。在近年的中地线移民管控合作中,意历届政府均冷落埃及,而对利比亚、突尼斯两国则逐年加强帮扶力度。为促进经济发展,实现疫后复苏,埃及须重新加强与意大利的合作。埃及当局放纵移民前往意大利,实际目的是强调埃及对"欧盟南大门"稳定的重要性。

其次,如果没有利比亚东部势力的刻意纵容,中地线埃及移民的数量不可能骤增。近年来,利比亚一直处于两个政府并存、两套议会并立、东西政治对峙、民兵武装各自为政的状态中。[2] 意大利和欧盟支持的是西部的的黎波里当局,而埃及则与东部的班加西政权交好。埃及偷渡者欲前往意大利,须先跨越利比亚东部边界,继而前往利比亚西北的的黎波里塔尼亚(Tripolitania,以的黎波里为中心)地区的海岸登船。没有以哈夫塔尔(Haftar)将军为代表的东部势力的纵容甚至引导,埃及移民不可能顺利跨境,一路西行。班加西当局如此操作,至少有三重目的:一是支持埃及,巩固与塞西政府的同盟关系;二是打击西部的对手,增加其通过管控非常规移民,获取西方支持的难度;三是向意大利和欧盟展示自己的重要性,迫使其在未来的合作中接受埃及更多的要求。其中,前两点着眼于当下,第三点则是为未来做铺垫。尽管班加西当局曾拒绝意大利提出的开展石油贸易合作的提议,还曾宣布意大利驻利比亚大使为"不受欢迎的人",[3] 但利比亚的统一是大势所趋,疫情冲击、摩擦不断、石油减产也影响了东部实力派的钱袋子,从长远看,有必要以特殊的方式重新引起意大利和欧盟的重视。

必须澄清的是,尽管利比亚纷乱不断,的黎波里当局无力打击执法队伍中的腐败分子,海陆边控受到严重干扰,但 2021 年的意、利移民管控合作

① Caso Regeni, "le principali tappe della vicenda," Rainews, 14 ottobre 2021, https://www.rainews.it/archivio-rainews/articoli/Caso-Regeni-le-principali-tappe-della-vicenda-badd6e72-af24-424e-ba61-93950160e20d.html.

② "Libia: Appuntamento a Parigi," ISPO, 10 novembre 2021, https://ispo.campaign-view.eu/ua/viewinbrowser? od = 3zfa5fd7b18d05b90a8ca9d41981ba8bf3&rd = 166050ccc5d13ee&sd = 166050ccc5c5768&n = 124296e01fa32d&mrd = 166050ccc5c5752&m = 1.

③ 毛国民、刘齐生主编《欧洲移民发展报告(2019)——难民危机与移民融入》,社会科学文献出版社,2019,第 110 页。

并非徒劳无功。两国高层互动频繁，意外交部部长迪马约（Di Maio）5 次访利，"意 - 利合作备忘录"于 7 月成功续签，意对利援助额度达到 1050 万欧元的历史新高度；[①] 利海警力量得到加强，全年共拦截海上偷渡者 32425 人，[②] 拦截人数为 2020 年的 3 倍，[③] 每 2 名从利比亚下海的偷渡者中，就有 1 人被带回了利比亚海岸。不可否认，如果没有的黎波里当局的努力，意大利南部的压力还会更大。

（二）突尼斯支线：民生凋敝，突尼斯人继续出逃

突尼斯是中地线非常规移民第一大输出国和第二大登船国。其东部沿海的斯法克斯（Sfax）地区无论是在历史上，还是在"难民危机"中，抑或是在新冠疫情背景下，均是偷渡集团活动最频繁的地区之一。从突尼斯出发的非常规移民，主要以潘泰莱里亚岛（Pantelleria）、兰佩杜萨岛以及西西里岛等南意大区为登陆地。欲对此支线上的情况进行分析，须首先明确三点事实。

其一，绝大多数前往意大利的突尼斯偷渡者都会选择在本国上船。其二，通过突尼斯支线抵意的非常规移民主要是突尼斯本国人，2021 年从突尼斯出发，在意大利海岸登陆的约 2 万非常规移民中，[④] 突尼斯人所占比例超过 3/4。[⑤] 其

---

① "Libia e migrazioni, accordo rinnovato," ISPI, 15 luglio 2021, https：//ispo. campaign - view. eu/ua/viewinbrowser? od = 3zfa5fd7b18d05b90a8ca9d41981ba8bf3&rd = 166050ccb0d235 a&sd = 166050ccb0c76c9&n = 11699e4c270a31e&mrd = 166050ccb0c76b1&m = 1.

② Annalisa Girardi, "Oltre 30mila migranti sono stati intercettati nel Mediterraneo e respinti in Libia nel 2021," Fanpage, 5 gennaio 2022, https：//www. fanpage. it/politica/otre - 30mila - migranti - sono - stati - intercettati - nel - mediterraneo - e - respinti - nel - libia - nel - 2021/.

③ Francesca Mannocchi, "I dannati della Libia：spariscono nei centri di detenzione gestiti dalle milizie con i soldi dell' Europa, tra abusi e violenze," La Stampa, 8 febbraio 2022, https：//www. lastampa. it/ esteri/2022/02/08/news/i_ dannati_ della_ libia_ persone_ che_ spariscono_ nei_ centri_ di_ detenzione_ gestiti_ dalle_ milizie_ con_ i_ soldi_ dell_ europa_ tra_ ab-2850322/.

④ "Italy Weekly Snapshot（20 Dec - 26 Dec 2021），" UNHCR, December 27, 2021, https：// reliefweb. int/sites/reliefweb. int/files/resources/2021_ 12_ 27_ Italy_ Weekly_ Snapshot_ V4_ 3. pdf.

⑤ "Cruscotto statistico giornaliero 31 - 12 - 2021," Ministero dell' Interno, 31 dicembre 2021, https：//www. interno. gov. it/it/stampa - e - comunicazione/dati - e - statistiche/sbarchi - e - accoglienza - dei - migranti - tutti - i - dati.

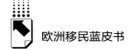
三，部分移民为躲避利比亚的局部摩擦，向突尼斯"转场"，也是突尼斯支线偷渡者增多的原因之一。① 他们主要来自撒哈拉以南非洲国家，数量较少，影响不大。因此，囿于篇幅，对突尼斯支线的解读将聚焦突尼斯人和突尼斯本国的情况。

突尼斯的问题与 2020 年类似，概括起来，还是政局持续动荡，经济低迷，民生凋敝，国民出逃。② 各政治派别争斗不息，难以达成妥协，"茉莉花革命"之后，突尼斯平均每届政府的"存活期"不到 1 年。③ 权力的频繁更迭使得政策缺乏稳定性，各项工作都难以持续推行，制约了社会经济发展，边境管控也受到影响。在抗疫和争取经济复苏的大背景下，矛盾越发突出。尽管 2021 年该国 GDP 同比增长 3.1%，④ 但主要的拉动因素是能源和矿产行业的增长，农业、旅游业、服务业等吸纳大部分就业的产业则复苏乏力，难以走出疫情的阴影。⑤ 政府预想的"开门红"未能实现，旅游业 1 月至 5 月中旬的收入同比缩水 52%，⑥ 失业率持续走高，第三季度达到18.4%，创下了 10 年以来的最高纪录，大批群众衣食无着。⑦ 同时，其国内

① "Migranti：Tunisia rafforza accordo Italia ma dice no a campi," ANSAMED, 21 febbraio, 2022, https：//www. ansamed. info/ansamed/it/notizie/rubriche/politica/2017/02/21/migranti－tunisia－rafforza－accordo－italia－ma－dice－no－a－campi_ fb785606－3c8d－4061－af98－05890e0e531c. html.

② 毛国民、刘齐生主编《欧洲移民发展报告（2021）——新冠疫情与移民管理》，社会科学文献出版社，2021，第 29~33 页。

③ Clara Capelli, "The Tunisian Economy Has Yet to Be Revolutioned," ISPI, January 14, 2021, https：//www. ispionline. it/it/pubblicazione/tunisian-economy-has-yet-be-revolutioned-28869.

④ "Tunisia Full Year Gdp Growth," Tradingeconomics, April 1, 2022, https：//tradingeconomics. com/tunisia/full-year-gdp-growth.

⑤ "Tunisia Economic Monitor：Economic Reforms to Navigate out of the Crisis," World Bank, January 24, 2022, https：//documents1. worldbank. org/curated/en/909301642180849531/pdf/Tunisia-Economic-Monitor-Economic-Reforms-to-Navigate-Out-of-the-Crisis-Winter-2021. pdf.

⑥ "Tunisia：Cumulative Tourism Revenues down 52% as of May 10," African Manager, May 19, 2021, https：//en. africanmanager. com/tunisia-cumulative-tourism-revenues-down-52-as-of-may-10/#：~：text＝Cumulative%20tourism%20revenues%20fell%20by%20nearly%2052%25%2C%20to, have%20slightly%20dropped%20by%202%25%2C%20to%202924%20MD.

⑦ "Tunisia Unemployment Rate," Tradingeconomics, April 1, 2022, https：//tradingeconomics. com/tunisia/unemployment-rate.

的疫情也未能得到有效控制，既威胁民众健康，又影响经济恢复，缺医少药的问题引发群众不满，各地抗议活动不断。总统赛义德（Saied）以防疫不力为由，于 7 月 25 日宣布解除总理职务，并暂停议会权力，结果又引发新一轮抗议，社会更加动荡。作为盟友，意大利力促欧盟对突援助，① 还克服民间阻力，大量进口突尼斯橄榄油，② 并于 8 月初向突方赠送 150 万剂新冠疫苗，以解其燃眉之急，③ 但这一切对突尼斯经济复苏和疫情防控大局的帮助终究有限。

由于民生日益凋敝，部分突尼斯人选择偷渡到意大利碰碰运气。2020 年，突尼斯支线的偷渡集团全面提升了财力、人力和运力，面对 2021 年的"客源"增长，正有用武之地。公允地讲，突尼斯在拦截偷渡船只方面的成绩值得肯定。2021 年 1~10 月，突尼斯海警共组织拦截行动 1545 次，共将 22147 名偷渡者带回突尼斯，而同期经由突尼斯支线抵意的偷渡者不过 14308 人，④ 拦截比高达 60.8%。在三条主要支线中，突尼斯支线抵达人数的年度增幅最低（35.6%）；在中地线前 10 位的非常规移民来源国中，突尼斯非常规移民数量增长率最低。

（三）土耳其支线：中东、阿富汗移民改线，土耳其政府刻意放纵

根据联合国难民署的统计，2021 年共有 12897 名非常规移民在土耳其登船，⑤ 先向西南航行，再折向西北，其中半数以上于意大利的卡拉布里

---

① "Italy，EU Vow to Support Tunisia's Economy to Stem Migration，" APNEWS，May 21，2021，https：//apnews. com/article/africa - tunisia - italy - europe - health - b0d0fc7715d7721279772 a1cab1481c1.

② "Prestito di 6 milioni per gli ulivi tunisini，" La Stampa，23 novembre 2021，https：// www. lastampa. it/cronaca/2021/11/23/news/prestito_ di_ 6_ milioni_ per_ gli_ ulivi_ tunisini_ uniprol_ schiaffo_ all_ italia_ aiutate_ noi_ del_ salento_ in_ ginocchio_ per_ la_ xyl-624646/.

③ Feruccio Micheli，"L'Italia invia 1，5 milioni di vaccini anti-Covid in Tunisia，" formiche，2 agosto 2021，https：//formiche. net/2021/08/vaccini-covid-italia-tunisia/.

④ Simone Casalini，"Nord Africa e il caso Tunisia：primavere arabe，crisi sociale e identità ibride，" 1 gennaio 2022，https：//www. istitutoeuroarabo. it/DM/nordafrica-e-il-caso-tunisia-primavere-arabe-crisi-sociale-e-identita-ibride/.

⑤ "Italy Weekly Snapshot（20 Dec-26 Dec 2021），" UNHCR，December 27，2021，https：// reliefweb. int/sites/reliefweb. int/files/resources/2021_ 12_ 27_ Italy_ Weekly_ Snapshot_ V4_ 3. pdf.

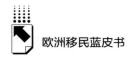
亚海岸登陆，小部分到达西西里。① 土耳其支线的偷渡费用堪称昂贵，一张"成人票"价格高达 1 万美元,② 约为另两条支线票价的 2 倍。这是一条新兴的支线，往年鲜有非常规移民从土耳其去往意大利，故而缺少准确的数据统计。单从距离上讲，对身处土耳其的偷渡者而言，进入欧盟的最佳路径无疑是跨越该国西部边界，或登船向西，由东地中海线抵达希腊。偷渡者如此"舍近求远"，花费更多钱财，主要有三方面原因。

其一，希腊右翼政府上台后加强了对边境的管控，越境的难度大大提高。③ 其二，土耳其几经博弈，终于获得欧盟承诺的高额资助，出于投桃报李，加大了土-希边境上的管控力度。④ 希、土双边的阻力迫使移民选择其他线路。其三，近年来，土耳其与意大利关系持续紧张，在利比亚问题上利益冲突明显。意大利力主驱逐境内的土耳其佣兵，而土耳其则在阻拦移民前往希腊的同时，刻意在离土-希边境较远的海岸留下一些缺口，放纵偷渡船前往中地中海区域，作为对意大利的反制措施。⑤

土耳其支线上的偷渡者主要来自伊朗、伊拉克、叙利亚等中东国家,⑥

① Davide Falcioni, "Il naufragio di Natale: 88 migranti in acqua, rischiano di annegare. Erano diretti in Italia," Fanpage, 24 dicembre 2021, https://www.fanpage.it/attualita/il-naufragio-di-natale-88-migranti-in-acqua-rischiano-di-annegare-erano-diretti-in-italia/.

② Davide Falcioni, "Il naufragio di Natale: 88 migranti in acqua, rischiano di annegare. Erano diretti in Italia," Fanpage, 24 dicembre 2021, https://www.fanpage.it/attualita/il-naufragio-di-natale-88-migranti-in-acqua-rischiano-di-annegare-erano-diretti-in-italia/.

③ Christian Elia, "La nuova rotta migratoria che parte dalla Turchia e arriva in Calabria," Open Migration, 1 febbraio 2022, https://openmigration.org/analisi/la-nuova-rotta-migratoria-che-parte-dalla-turchia-e-arriva-in-calabria/.

④ Christian Elia, "La nuova rotta migratoria che parte dalla Turchia e arriva in Calabria," Open Migration, 1 febbraio 2022, https://openmigration.org/analisi/la-nuova-rotta-migratoria-che-parte-dalla-turchia-e-arriva-in-calabria/.

⑤ 孙彦红主编《意大利发展报告（2022）》，社会科学文献出版社，2022，第70页。

⑥ Fabio Colombo, "Quante persone migranti sono arrivate in Italia nel 2021," 26 gennaio 2022, Lenius, https://www.lenius.it/migranti-2021/.

他们扶老携幼，举家迁徙。① 入夏之后，阿富汗人的数量明显增多，② 主要原因是该国政权更迭导致的恐慌。如此一来，该支线上的非常规移民中，老人、孩童所占比例便相对较高，有望获得国际保护的人员比例也更高，意大利的安置难度也相应提升。目前，意大利尚无阻止该支线偷渡者入境的有效方法，与土耳其之间也缺乏非常规移民管控合作，一旦偷渡船进入意大利搜救区，德拉吉政府就要负责到底。偷渡者搭乘平均载客百余人、处于超载状态的小型船只，需跋涉更远的路途，相较另外两条支线，土耳其支线失事的风险更高，③ 意大利海巡的救援难度也明显提升。

三　隔离船紧急安置，保障非常规移民权益

意大利难以将大批偷渡者阻挡在国门之外，也无力送走已入境移民。来源国的疫情使得意大利本就有限的移民遣返规模再度缩水。在仅有的 6 个遣返协议中，只有 3 个依然得到履行，意大利只能以包机为主要方式，④ 向突尼斯、阿尔巴尼亚和埃及遣返数量寥寥可数的移民。⑤ 2021 年 1~9 月的遣返人数有 2636 人，仅为 2020 年同期的 78.7%，与 2018 年（6398 人）、

---

① Alessandra Ziniti, "Migranti, rotta sulla Calabria "Roccella è la nuova Lampedusa," la Repubblica, 24 ottobre 2021, https://ricerca.repubblica.it/repubblica/archivio/repubblica/2021/10/24/migranti-rotta-sulla-calabria-roccella-e-la-nuova-lampedusa10.html? ref=search.

② Antonio Mira, "Migranti. Dalla Turchia alla Calabria Il 70% dei profughi è afghano," Avvenire, 9 ottobre 2021, https://www.avvenire.it/attualita/pagine/dalla-turchia-alla-calabria-il-70-dei-profughi-afghano.

③ "Dalla Turchia in Calabria carichi di migranti, i selfie tradiscono gli scafisti," Quicosenza, 5 Novembre, 2021, https://www.quicosenza.it/news/calabria/429642 - dalla - turchia - in - calabria-carichi-di-migranti-i-selfie-tradiscono-gli-scafisti.

④ "Rimpatri forzati al tempo della pandemia, numeri in calo: Tunisia ed Egitto destinazioni principali," La Repubblica, 4 ottobre 2021, https://www.repubblica.it/solidarieta/profughi/2021/10/04/news/rimpatri_ forzati-320705307/.

⑤ "Rimpatri forzati: nel 2021 i charter partono soprattutto verso Tunisia ed Egitto," Carta di Roma, 4 ottobre 2021, https://www.cartadiroma.org/news/rimpatri - forzati - nel - 2021 - i - charter - partono-soprattutto-verso-tunisia-ed-egitto/.

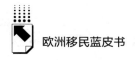

2019 年（6531 人）同期相比，更是降幅明显。① 欧盟国家之间的难民再分配（redistribution）近乎停滞，2021 年 1 月至 11 月中旬，盟国仅从意大利接走 97 名难民，不及同期抵意申请庇护人数的 0.2%。② 意大利唯一能够把控且不容再有闪失的，是在疫情防控常态下妥善安置难民，并给予其中最易受伤害（vulnerable）的那部分人以特殊照顾。

意大利各级接待中心（含"前沿"热点）2021 年共接收难民 78421 人，其中超过六成居住于全意各地的移民中心，剩余三成多则被安排在官方资助、民间运营的"分散接纳"式（Accoglienza Diffusa）小型安置点中。意大利北部是难民安置的主力军，仅伦巴第（Lombardia）大区就接收了近万人；艾米利亚-罗马涅（Emilia-Romagna）和皮埃蒙特（Piemonte）分别安置了超过 7000 人。③ 针对新抵达者，德拉吉政府沿用了 2020 年制订的"船上隔离"方案，租用船只，对其进行临时隔离、观察、安置和必要的治疗，为难民管控与疫情防控奠定了良好的基础。此外，在随后的"疫苗全民接种运动"以及"绿通"（Green Pass）措施的推行过程中，意当局积极行动，完善法令，全力保障难民基本权益，取得了积极的成效。

（一）继续租用船只，隔离、安置非常规移民

2021 年，意大利继续推行"船上隔离"方案，重金租用民间大型船只，在南方"前沿"地带暂作非常规移民隔离、安置之所，在防止疫情输入、保障移民健康和临时接纳方面成绩突出，但也不可避免地引发了一系列争议。

---

① "Italia, rimpatri forzati in calo: 2. 636 nel 2021, erano 6. 531 nel 2019," Tgcom24, 1 ottobre, 2021, https://www. tgcom24. mediaset. it/mondo/italia-rimpatri-forzati-in-calo-2-636-nel-2021-erano-6-531-nel-2019_ 38879758-202102k. shtml.

② Andrea Amata, "Pioggia di sbarchi. Neanche Mario Draghi riesce a far scattare la solidarietà della Ue sui migranti," Il Tempo, 14 novembre 2021, https://www. iltempo. it/politica/2021/11/14/news/mario-draghi-clandestini-italia-sbarchi-continui-solidarieta-unione-europea-migranti-negligenza-29440588/.

③ "Cruscotto statistico al 31 dicembre," Ministero dell'Interno, 31 dicembre 2021, http://www. libertaciviliimmigrazione. dlci. interno. gov. it/sites/default/files/allegati/cruscotto_ statistico_ giornaliero_ 31-12-2021. pdf.

该方案由意民防局（Dipartimento della Protezione Civile）于 2020 年 4 月拟定，① 行动由内政部牵头，多部委配合，地方各级政府联动。交通部负责船只招标与租赁，意红十字会组织、协调医疗人员，多领域专家提供文化适应、政策咨询、心理辅导和翻译等专业服务，警察和宪兵维护船上秩序。其中，租赁合适的船只，是整个行动的先决条件。意交通部发布的信息并不完整，笔者团队通过对相关公文和报道的挖掘、整理发现：自 2020 年 4 月起至 2022 年 1 月，意大利交通部共组织 14 轮招标，向国内私营船运公司租用船只。一般每次租用 1~2 艘客轮，在夏季移民高峰期也出现过同时租用 5 艘的情况。前后共计有 14 艘客轮被用作隔离场所（同一客轮可能被多次租用）。每艘隔离船的容载量从 289 仓至 571 仓不等，最大载客量在 1000 人至 2000 多人之间；租用时长从 20 多天至数月不等；单船单次任务的隔离人数也从 85 人到 700 人不等。其中，意大利"大型快船"（Grandi Navi Veloci）集团是隔离船只最主要的提供者，14 轮招标中中标 11 次，旗下 12 艘邮轮先后多次为移民隔离提供服务。②

实际上，推行"船上隔离"，主要是出于两方面考虑：一是陆上移民安置资源紧张，既有接纳体系已不堪重负；二是在严峻的疫情防控形势下，当局必须采取标准更高、要求更严的安置措施。"船上隔离"恰能满足上述两方面的要求。

2018 年颁布的"萨尔维尼法令"（Decreto Salvini）罔顾事实，强行推动了移民中心的关停并转。右翼民粹势力的乱政使得大批原本组织有序、运转良好的单位被裁撤，意移民安置体系遭遇沉重打击，安置资源大幅缩水，安置能力显著下降。③ 2020~2021 年，中地线移民数量迅速飙升，"前沿"热点爆满的情况时常发生。这一降一升之下，妥善安置移民本已不易，偏偏

① "Criticità del sistema navi-quarantena per persone migranti：analisi e richieste," Progetto Melting Pot Europa, 10 dicembre 2020, https：//www. meltingpot. org/IMG/pdf/criticita_ del_ sistema_ navi-quarantena_ per_ persone_ migranti-_ analisi_ e_ richieste. pdf.
② 笔者团队根据公文与有关报道总结。14 次招标中 13 次为公开招标。
③ "Centri d'Italia 2021," ActionAid, March, 2021, https：//www. actionaid. it/app/uploads/2021/03/Centri_ Italia_ una-mappa_ accoglienza. pdf.

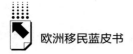

疫情防控又对移民安置提出了更高的要求。推行"船上隔离",无疑解了意大利的燃眉之急,可助其在紧急情况下对大量来源各异、健康状况未知的移民进行临时、高标的隔离与安置。

"船上隔离"的运作方式大致如下:隔离船平日在意南部重点海域待命,遇局部紧急情况,即根据中央指挥中心调度,前往集中登陆地接收移民。同时,内政部官员对在"前沿"短暂停留的移民进行身份甄别,获取其国籍、来意目的等基本信息,初步判断其是否具备申请国际保护的资格,继而进行生物信息采集和首轮核酸检测。工作人员将根据移民的核酸检测结果,带领移民分批登船隔离。隔离船上的空间被划分为不同的防疫区域,初检呈阳性者进入红区,呈阴性者则进入白区,不同区域的隔离对象之间不得接触。白区每个船舱容纳2~4名移民,红区则另行划分。同一批次的移民全部登船后,隔离船将根据指示,前往条件较好的港口停靠,或在其近海停泊,开启为期两周的隔离。隔离期间,专业人员各司其职,不间断地为移民提供服务。隔离船上配有完备的医疗设施,可对感染者进行医疗救治。待两周期满,初检呈阴性的移民再次接受检测,如结果仍为阴性,即可下船,随即被专人专车(船)分流至各地接待中心。而初检呈阳性或隔离期间检查结果转阳者则将留船继续接受治疗,直至连续两次检测结果呈阴性,方可下船,进入接待中心。

理论上讲,"船上隔离"流程科学合理,符合抗疫要求,能有效缓解"前沿"集中登陆地的安置压力,同时也保护了内陆及更广阔地区的安全。正因如此,意政府几度扩大"船上隔离"对象的范围,该方案也不再仅仅适用于由海路抵达者。已身处陆上接待中心的移民,不论在意停留时间长短,是否获得庇护,一旦感染,也将被送往船上隔离。此外,自2021年1月起,从陆地边境,主要是从意大利与斯洛文尼亚的边境入意的移民,①

① "Migranti: nel 2020 34mila arrivi in Italia, il triplo del 2019," ANSA, 20 gennaio 2021, https://www.ansa.it/sito/notizie/cronaca/2021/01/20/migrantinel-2020-34mila-arrivi-in-italiail-triplo-del-2019_096d1978-5e13-49c6-8372-2aae044a9cd8.html.

也成为"船上隔离"的对象。① 在移民群体中，仅有无成人陪伴的儿童可免于"船上隔离"。作为移民中的弱势群体，他们通常被送往条件较好的陆上接待中心安置，如确诊感染则被送往当地医院治疗。笔者结合租船信息和入境情况推算，2021 年全年"船上隔离"人数至少有 43800 人。

"船上隔离"方案是新冠疫情背景下意政府为兼顾防疫与移民安置而采取的应急措施，作用明显，优势突出。其一，该方案使大批抵意移民得到了较为妥善的安置，为移民提供了相对较好的生活环境以及基本符合防疫标准的隔离与治疗条件。相较于许多条件欠佳的陆上营地，大型邮轮的居住与隔离环境更为舒适。其二，"船上隔离"有效控制了输入性风险，为广阔的内陆构筑起牢固的防疫屏障。其三，"船上隔离"便于集中管理移民，在大海的天然阻拦之下，绝大多数移民必须接受严格的医学观察和有计划的分流，而不是无序流动。其四，该方案避免了"前沿"地区的崩溃，为意陆上移民接待体系的恢复与升级争取了宝贵的时间。

尽管如此，也有学者和媒体指出了该方案的几大缺陷与不足。其一，从流行病学角度来看，隔离船是密闭空间，船上乘客间感染的风险不容忽视，② 让被隔离者承担风险，借以保护更多民众的做法不够"政治正确"，给被隔离带来较大心理压力。其二，由于管理的疏失，船上出现了被隔离者跨区接触的现象，隔离效果打了折扣。③ 其三，部分隔离船的管理和服务水平有限，移民权益未能得到充分保障。例如工作人员培训不到位，仓促上岗，工作能力有欠缺，或是专业人员配备不足，未能对移

---

① Charlotte Oberti, "What Happens to Migrants Who Are Rescued at Sea and Land in Italy?" INFOMIGRANTS, March 1, 2021, https: //www. infomigrants. net/en/post/30527/what‐happens‐to‐migrants‐who‐are‐rescued‐at‐sea‐and‐land‐in‐italy.

② J. Rocklöv, H. Sjödin, "A Wilder‐Smith, MD, COVID‐19 Outbreak on the Diamond Princess Cruise Ship: Estimating the Epidemic Potential and Effectiveness of Public Health Countermeasures," *Journal of Travel Medicine*, Volume 27, Issue 3, April, 2020, https: //doi. org/10. 1093/jtm/taaa030.

③ Valerio Nicolosi, "Immigrazione, il fallimento delle "navi quarantena," Micromega, 9 novembre 2021, https: //www. micromega. net/immigrazione‐navi‐quarantena‐inchiesta/.

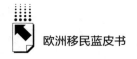
民的心理和文化适应需求进行及时有效的干预等。①

亦有媒体批评政府重金租船，称其"浪费纳税人的血汗钱"。② 笔者结合意交通部发布的招标信息以及船只租用情况，初步估算得出，船上隔离方案实施以来租船总费用约为 1 亿欧元。③ 单从数字上看，确实是一笔不菲的花销。但笔者以为，持此论者，有失公允，罔顾了两点事实：其一，抗疫形势依然严峻，"前沿"地带有崩溃之危，陆上安置体系早已不堪重负，其升级、扩建不可能一蹴而就，唯有集中资源，加大投入，优先消除迫在眉睫的威胁，才有希望赢得抗疫斗争和移民管控两场战斗的胜利。其二，"船上隔离"固然所费甚巨，但即使在陆上寻找场所，修建设施，同样花费不菲，且陆上隔离、安置的人员费用、生活费用和器材、药品的消耗等未必显著低于船上的花费水平。"船上隔离"不可能尽善尽美，但对防疫大局的贡献不容抹杀，对移民的临时安置也堪称妥当，增加的成本并未超出意政府可承受的范围，终究利大于弊。

（二）全力保障"隐形人群"基本权益

社会经济全面复苏是 2021 年意大利的主要任务，严控疫情是相关目标实现的重要保证。德拉吉政府出台了"疫苗全民接种运动"和"绿通"两项重要措施，为社会经济恢复保驾护航。据意大利 ISMU 基金会统计，截至 2021 年，意大利境内非常规移民总数约为 51 万。④ 作为社会弱势群体，他们常常遭受结构性的忽视，变得"隐形"。但在防控疫情、确保复苏的大背景下，当局不能任由此类错误延续下去。为确保这一绝对数量不容低估的

---

① Meo S., Bentivegna E., "Migrants' Quarantine and COVID-19 Pandemic in Italy: A Medico-Anthropological View," *SN Comprehensive Clinical Medicine*, June 17, 2021, https://doi.org/10.1007/s42399-021-00993-2.

② Mauro Seminara, "Milioni di euro per navi quarantena e da Lampedusa trasferimenti in traghetto," Mediterraneo Cronaca, 10 maggio 2021, http://www.mediterraneocronaca.it/2021/05/10/milioni-di-euro-per-navi-quarantena-e-da-lampedusa-trasferimenti-in-traghetto/.

③ 计算公式：单次招标租船费用=3~3.6 万欧元/条/日 * 合同日期 * 招标船只数量。

④ "Ventisettesimo Rapporto sulle migrazioni 2021," Fondazione ISMU, 2022, https://www.ismu.org/ventisettesimo-rapporto-sulle-migrazioni-2021/.

"隐形人群"在疫情防控过程中得到相对平等的对待，意政府以包容的态度，积极完善相关法令，采用灵活、多样的方式，有效保障了移民的基本权益。

意卫生部于 2020 年底提出"疫苗全民接种运动"的设想，从 2021 年 3 月 13 日起在全国范围内逐步推广。[①] 意大利公民和居意外国人可登录所在大区官网，预约接种，无须支付任何费用。[②] "绿通"又称"数字化健康证明"，是民众出行的重要通行证。该证件于 2021 年 6 月开始推行，逐步覆盖至全国。[③] 意大利公民和居意外国人只需满足下列条件之一，即可申领：（1）接种第一针新冠疫苗满 15 日；（2）48 小时内核酸检测结果呈阴性（分子检测有效期为 72 小时）；（3）6 个月以内康复的新冠患者。[④] 两项措施相辅相成，在疫情防控中发挥了重要作用。

由于疫苗接种并非强制性措施，[⑤] 起初居意移民接种疫苗的意愿并不强烈。意高等卫生研究院和移民局联合对全国多个接待中心的移民进行的调查显示，仅有 40.9% 的受访者愿意接种疫苗，37% 的受访者拒绝接种，另有 20.1% 的移民对疫苗接种持怀疑态度。[⑥] 在这样的情况下，作为强制性措施的"绿通"有效推动了疫苗接种工作。若没有"绿通"，居民出行将受到极大限制，例如无法搭乘大部分公共交通设施，无法前往学校、药店、超市以

---

① "Piano vaccini anti COVID – 19," Ministero della Salute, https：//www. salute. gov. it/portale/ nuovocoronavirus/dettaglioContenutiNuovoCoronavirus. jsp？area = nuovoCoronavirus&id = 5452&lingua = italiano&menu = vuoto.

② "Campagna vaccinale anti COVID-19," Governo Italiano, 19 giugno 2021, https：//www. governo. it/ it/vaccini.

③ "Certificazione verde COVID – 19," Governo Italiano, 2021, https：//www. dgc. gov. it/web/ checose. html.

④ "Certificazione verde COVID-19," Governo Italiano, 2021, https：//www. dgc. gov. it/web/.

⑤ "Piano vaccini anti COVID – 19," Ministero della Salute, 2021, https：//www. salute. gov. it/ portale/nuovocoronavirus/dettaglioContenutiNuovoCoronavirus. jsp？area = nuovoCoronavirus&id = 5452&lingua = italiano&menu = vuoto.

⑥ Federico Garau, "Allarme vaccini tra i migranti：solo 4 su 10 accettano il siero," il Gionrnale. it, 1 Agosto 2021, https：//www. google. com. hk/amp/s/amp. ilgiornale. it/news/cronache/immigrazione – e-covid-solo-4-migranti-su-10-si-fa-vaccinare-1966268. html.

及公司等室内公共场所等。违规者将被处以 400~1000 欧元的罚款。① 而根据申请"绿通"的条件来看，对大部分人而言，接种疫苗是获得长期有效"绿通"的最佳方式。② 因此，"绿通"的强制实施对提高疫苗接种率起到了至关重要的作用。

事实上，在这两项措施推行初期，由于移民管理和医保体制的缺陷，非常规移民难以平等地享有接种疫苗的权利。原因在于大部分非常规移民没有医保卡或税号（codice fiscale），因此根本无法在网站完成预约疫苗接种的操作，当然也不可能申请到"绿通"，故而无法顺利出行，就业谋生也随之变得极度困难，有被更加边缘化的危险。各地政府很快注意到上述问题，为保障"隐形人群"的基本权益，自 2021 年 6 月底起，③ 意大利各大区推出多样化的疫苗预约方式。例如，伦巴第等大区出台新规，凡持有临时居留卡（Straniero Temporaneamente Presente，简称 STP 卡）或临时税号者即可在线上预约疫苗接种，而获取上述两种证件的"门槛"并不高，多数非常规移民都可以较为方便地申领；④ 托斯卡纳（Toscana）大区的移民则可拨打免费热线电话预约；⑤ 另有部分大区直接免去预约程序，通过疫苗接种开放日（Open Day）和流动诊所等形式为没有证照的移民提供疫苗接种服务。多样灵活的方式为提高移民疫苗接种率提供了更多的途径，移民平等接种疫苗的基本权益得到了更好的保障。9 月，意中央政府开始全力推进"移民疫苗接

---

① Alessandro Longo, Massimo Mangia, "Green pass: cos'è, come farlo, a cosa serve e obblighi 2021," Agenda Digitale, 2021, https://www.agendadigitale.eu/sanita/passaporto-vaccinale-europeo-cosa-e-e-come-funziona/.

② 此类"绿通"的有效期最初定为 6 个月，后变更为 12 个月，2021 年 11 月新法令出台后，又变更为 9 个月。

③ Alessia Guerrieri e Paolo Lambruschi, "Rapporto Caritas-Migrantes. La pandemia sociale dei migranti: più a rischio Covid," Avvenire.it, 14 ottobre 2021, https://www.google.com.hk/amp/s/www.avvenire.it/amp/attualita/pagine/rapporto-immigrazione-2021.

④ "The COVID-19 Vaccines and Undocumented Migrants in Italy," PICUM, July 5, 2021, https://picum.org/covid-19-vaccines-undocumented-migrants-italy/.

⑤ Matteo Scannavini, "L'anno di campagna vaccinale degli invisibili," Change the Future, 28 dicembre 2021, https://www.changethefuture.it/diritti/campagna-vaccinale/.

种进程",① 并且通过法令，适度放宽"绿通"申请限制。例如，没有居留证（Permesso di Soggiorno）的移民也可申请"绿通",② 此种修改堪称非常规移民的福音。据统计，仅 9 月单月全意就有 18000 人凭 STP 卡获得了"绿通"。③ 10 月，意政府再次颁布新法令，宣布疫苗接种证明与"绿通"具备同等效力，可替代"绿通"使用，以防止无法下载"绿通"的人群，特别是非常规移民遭受不公正对待。④

综上可见，"船上隔离"方案虽不甚完美，但大致完成了初步安置大批移民的任务，为预防输入性疫情，保护更广大地区的民众安全与社会稳定，做出不容低估的贡献。而"疫苗接种运动"和围绕"绿通"的灵活调整使更多移民接种疫苗，获得了保护，能够顺利通勤，健康权、行动权和工作权均得到有效保障。

四 总结与展望

2021 年是中地线偷渡活动极其活跃的一年，抵意非常规移民的大幅

---

① Federica Fantozzi, "Entro fine settembre il piano per vaccinare i migranti（su base volontaria）," HuffPost, 3 settembre 2021, https：//www. huffingtonpost. it/entry/entro – fine – settembre – il – piano-per-vaccinare-i-migranti-su-base-volontaria_ it_ 61323bd4e4b0eab0ad9816d2/.

② "Conversione in legge, con modificazioni, del decreto – legge, 6 agosto 2021, n. 111, recante misure urgenti per l'esercizio in sicurezza delle attività scolastiche, universitarie, sociali e in materia di trasporti," Gazzetta ufficiale, 1 ottobre 2021, https：//www. gazzettaufficiale. it/atto/ stampa/serie_ generale/originario.

③ OIZA Q. OBASUYI, "Accesso al vaccino e migranti. 5 domande a Giovanna Castagna," OPEN MIGRATION, 16 dicembre 2021, https：//openmigration. org/analisi/accesso – al – vaccino – e – migranti-5-domande-a-giovanna-castagna/.

④ "Modifiche al decreto del Presidente del Consiglio dei ministri 17 giugno 2021, recante： «Disposizioni attuative dell'articolo 9, comma 10, del decreto-legge 22 aprile 2021, n. 52, recante "Misure urgenti per la graduale ripresa delle attività economiche e sociali nel rispetto delle esigenze di contenimento della diffusione dell'epidemia da COVID-19"»," Gazzetta Ufficiale, 14 ottobre 2021, https：//www. gazzettaufficiale. it/atto/vediMenuHTML? atto. dataPubblicazioneGazzetta = 2021-10- 14&atto. codiceRedazionale = 21A06126&tipoSerie = serie_ generale&tipoVigenza = originario.

增长是前一年"小规模激增"的升级版。尽管意政府为北非盟友的利益频繁奔走，向其提供了高额的资助，助其防控疫情，恢复经济，提高了盟友管控移民的积极性。但中地线"存量移民"总量巨大，大批民众希望逃离贫穷与动荡，北渡意大利，追求更好的物质生活。利比亚和突尼斯海上拦截的移民数量可观，但终究不能阻止数以万计的偷渡者踏上意大利的海岸。区域政治博弈也在中地线的非常规移民活动中起到了推波助澜的作用，促使埃及偷渡者增加、土耳其支线兴起。受疫情影响，意大利的非常规移民遣返规模进一步萎缩。年年讲、月月讲的"都柏林体系"（Dublin System）改革毫不意外地被再度搁浅，难民再分配、再安置的梦想破灭，《马耳他协议》（Accordo di Malta）沦为废纸。① 意大利难以送走非常规移民，减轻自身负担，令《共和国报》这样的严肃媒体也不禁抛出一个尖锐的问题："意大利已被抛弃，孤立无援了吗?"② 面对汹涌的非常规移民潮，意大利自力更生，重金租赁船只，开展"船上隔离"，较好地完成了"前沿"地带防疫和移民初步安置两大任务，为本国甚至整个欧盟构筑了可靠的防疫屏障，也为意移民接待体系的恢复、扩建与升级争得了喘息之机，虽有疏失，终究瑕不掩瑜。在控疫情、促恢复的大背景下，德拉吉政府凭借高度的灵活性和创造性，在疫苗接种和"绿通"申领、使用过程中给予了非常规移民这一"隐形群体"极大的便利，有效地保障了其生命安全和身体健康，维护了其通勤和就业谋生的平等权利。

本报告认为，2022 年抵达意大利的非常规移民数量可能进一步增加。原定于 2021 年 12 月的利比亚大选未能如期举行，该国东西对立的局面进一

---

① Andrea Amata，"Pioggia di sbarchi. Neanche Mario Draghi riesce a far scattare la solidarietà della Ue sui migranti," Il Tempo, 14 novembre 2021, https：//www.iltempo.it/politica/2021/11/14/news/mario-draghi-clandestini-italia-sbarchi-continui-solidarieta-unione-europea-migranti-negligenza-29440588/.

② Carlo Ciavoni，"Migrazioni, la realtà delle cose, la loro percezioni e il racconto che se ne fa per ragioni politiche e di schieramento," La Repubblica, 6 novembre 2021, https：//www.repubblica.it/solidarieta/emergenza/2021/11/26/news/canale_ della_ manica-327895719/.

步加剧，冲突随时可能再起。① 而得到意大利和欧盟其他国家支持，且负有海上拦截之责的的黎波里当局，无论从地盘上看，还是从军事实力上看，均处于明显劣势，一旦开战，可能难以招架，其移民管控状况可能难以维持。2022 年，利比亚"存量移民"可能进一步加速"释放"，东部势力可能唆使、放任更多的移民前往西北部海岸，登船北上，但意大利并非没有通过谈判缓解其与班加西政权、塞西政府关系的可能。突尼斯政局依旧不稳，就业和民生问题暂无好转的迹象，逃离本国可能成为更多突尼斯人的选择。如德拉吉政府不能改善同埃尔多安的关系，土耳其支线将会变得更为活跃，抵意阿富汗难民的数量还会继续增加。意大利将继续推动"都柏林体系"改革，并将于夏季力促《马耳他协议》的修改与落实，法国大选将为改革带来变数。借着波兰、捷克等维谢格拉德集团国家安置乌克兰难民之机，意大利应加强与之沟通，提供必要帮助，以争取其在难民再分配问题上的参与和支持。

---

① "La Libia ha due premier，di nuovo，" ISPO，11 febbraio 2022，https：//ispo. campaign-view. eu/ua/viewinbrowser? od = 3zfa5fd7b18d05b90a8ca9d41981ba8bf3&rd = 166050ccd8a70aa&sd = 166050ccd89407c&n = 11699e4bfd4eb27&mrd = 166050ccd894064&m = 1.

B.3

西班牙国际难民保护政策研究

吴 凡　罗稀凡*

摘　要： 受到新冠疫情的影响，欧洲各国采取边境管控措施，导致全球移民流动减少，但是在当前复杂的国际社会背景下，国际难民的增长趋势却保持不变。2011 年，西班牙是欧盟国家中接收国际保护申请数量排名第 14 的国家，到 2021 年，西班牙已经跃居第 3。然而，西班牙国际保护申请的低通过率十分引人注目，究其原因，一方面与西班牙目前的难民庇护体系未能有效应对国际保护申请现象的波动有密切关系，另一方面也和西班牙政府对难民的关注程度有关。西班牙的难民庇护体系主要经历了两个阶段，分别以 2015 年的移民危机和 2020 年发生的新冠疫情为分水岭，在这两次转折时期，虽然西班牙政府采取了相应的措施应对危机，但是仍需进一步完善其应急管理体系。本报告对西班牙国际保护政策和难民庇护体系进行展示和分析，并提供些许建议。

关键词： 西班牙　国际保护　难民

尽管受到新冠疫情的影响，欧洲各国采取边境管控措施导致全球移民流动减少，在当前复杂的国际社会背景下，难民人数增长的趋势却依然保持不变。根据联合国难民署（UNHCR）截至 2021 年 11 月的数据，目前全

---

* 吴凡，博士，广东外语外贸大学西方语言文化学院副教授，西班牙格拉纳达大学哲文系亚洲课题组研究员，国际移民研究中心研究员，主要从事西班牙语言文学、区域国别研究；罗稀凡，广东外语外贸大学西方语言文化学院西班牙语语言文学专业硕士研究生。

球有超过 8400 万人（约占世界人口的 1%）因战争、迫害、侵犯人权或其他原因而被迫移民。在这些移民当中，有 2660 万人属于难民，超过 440 万人申请了国际保护，超过 4800 万人在本土流离失所。① 面对这种因为疫情数十亿人无法自由出行而全球难民人数却保持增长的现象，国际移民组织（IOM）总理事安东尼奥·维托里诺认为，这是"人类历史上前所未有的悖论"。②

难民数量激增的首要原因是世界上越来越多的国家卷入战争、冲突和长期暴力的局势当中，其次是因为气候变化和自然灾害。联合国难民署的数据显示，在过去十年中，因气候危机沦为难民的人数是因冲突和暴力沦为难民人数的两倍多。自 2010 年以来，极端天气平均每年导致 2150 万人流离失所。③ 通常，冲突、贫困或不安全问题会因气候灾害而加剧，并导致更加严重的暴力和迫害现象。④ 因此，难民数量的增加并非偶然事件，而是日益复杂的国际现象的反映。

然而，冲突和气候变化并不总是国际保护需求增加的主要原因。虽然许多人将难民与逃离叙利亚战争的人联系起来，但是，从过去到现在进入欧洲寻求庇护的难民中，有来自阿富汗、厄立特里亚、伊拉克或其他冲突地区（如索马里、也门、南苏丹和马里）的难民，同样也有来自南美洲国家的难民，他们大多因为人权遭受侵犯而逃离本国；来自中美洲的难民数量

---

① "Mid‐Year Trends 2021," The United Nations Refugee Agency, junio de 2021, https：// www. unhcr. org/statistics/unhcrstats/618ae4694/mid‐year‐trends‐2021. html#_ ga = 2. 113081415. 275837392. 1639033644‐1090820235. 1615536029.

② "Migración en 2021：Aumenta el número de refugiados y migrantes pese a las restricciones de viaje," Las Naciones Unidas, 28 de diciembre de 2021, https：//news. un. org/es/story/2021/ 12/1501972.

③ "Migración en 2021：Aumenta el número de refugiados y migrantes pese a las restricciones de viaje," Las Naciones Unidas, 28 de diciembre de 2021, https：//news. un. org/es/story/2021/ 12/1501972.

④ "Violencia, inseguridad y cambio climático：los tres factores que empujan al alza las cifras de desplazamiento en 2021," Las Naciones Unidas, 11 de noviembre de 2021, https：// news. un. org/es/story/2021/11/1499872.

也在增加，如洪都拉斯或萨尔瓦多，这些国家的暴力程度十分严重。①由图1可见，全球难民主要输出国为叙利亚（674.8 万人）、委内瑞拉（413.1 万人）、阿富汗（261.0 万人）、南苏丹（227.8 万人）和缅甸（112.8 万人）。

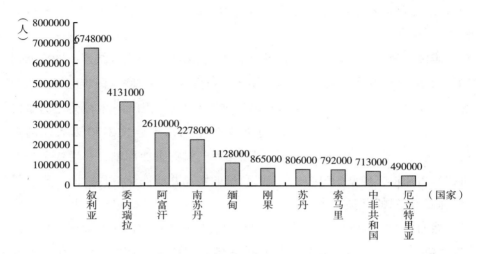

图1　全球难民主要输出国（2021 年6 月）

资料来源：联合国难民署，https：//www.unhcr.org/statistics/unhcrstats/618ae4694/mid-year-trends-2021.html#_ga=2.115904390.1465535262.1652428301-1923855648.1652428301。

　　由图2可见，全球约37%的难民主要集中在五个国家：土耳其以近370万人位居第一；其次是哥伦比亚，共接收170 余万名难民，其中大部分难民来自委内瑞拉；乌干达和巴基斯坦各接收140 余万名难民；而德国是唯一接收难民数量超过120 万的欧盟国家。由此可见，接收难民的"重担"并不主要落到发达国家身上，而是落到同样濒临冲突、政治和经济条件更脆弱的发展中国家身上。

　　根据欧盟统计局（Eurostat）的数据，2021 年在欧盟登记的国际保护申请

---

① María José Flores Ortiz，"Solicitantes de protección internacional provenientes de Latinoamérica:¿Qué ocurre en sus países?，" Degiovani Abogados，14 de marzo de 2022，http：//degiovaniabogados.es/blog/colombia-peru-honduras-el-salvador-nicaragua-venezuela.

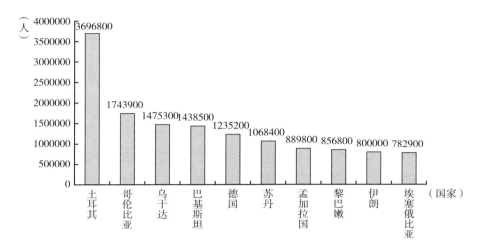

图 2 全球难民主要接收国（2021 年 6 月）

资料来源：联合国难民署，https://www.unhcr.org/statistics/unhcrstats/618ae4694/mid-year-trends-2021.html#_ga=2.115904390.1465535262.1652428301-1923855648.1652428301。

数量为 630550 份，与 2020 年相比增长了 33%（近两年的数据不包括英国的数据），其中，在 2021 年全年德国共收到 190545 份国际保护申请，同比增长 56%；法国共计收到 120685 份，同比增长 29%；而西班牙共计收到 65404 份，同比下降 26%。① 截至 2021 年底，西班牙成为继德国和法国之后接收国际保护申请数量排名第三的欧盟国家。尽管在数量上与德国和法国差距较大，但在十年前，即 2011 年，西班牙只是欧盟 28 个国家（目前为 27 个）中接收国际保护数量排名第 14 的国家，2011 年的申请数量仅有 3422 份。

一 西班牙国际保护申请现状

2020 年，由于新冠疫情的发生，西班牙的国际保护申请数量出现明显波动。如图 3 所示，自 2011 年以来，西班牙国际保护申请数量一直处

① "Asylum Applicants by Type of Applicant, Citizenship, Age and Sex – annual Aggregated Data (rounded)," Eurostat, 7 de abril de 2022, https://appsso.eurostat.ec.europa.eu/nui/submitViewTableAction.do.

于稳步增长趋势，在 2019 年达到峰值，共计 118446 份申请，是2021 年的 1.8 倍。然而，因为新冠疫情的影响，2020 年的申请数量相比 2019 年下降了 25%，不过这一数据低于同年欧盟 33% 的同比下降率。以上数据表明，各国因疫情采取的边境限制措施造成全球范围内人员流动减少，因而过去两年间国际保护申请数量也随之减少，但总体增长趋势并未改变。

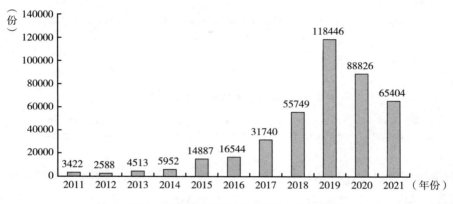

图 3   2011~2021 年西班牙国际保护申请数量统计

资料来源：西班牙内政部，http：//www. interior. gob. es/web/servicios - al - ciudadano/oficina-de-asilo-y-refugio/datos-e-informacion-estadistica。

　　从表 1 的数据可以看出，委内瑞拉从 2016 年起一直是西班牙国际保护申请排名首位的国家，随后是哥伦比亚、叙利亚、洪都拉斯和秘鲁。近年来，南美洲成为西班牙国际保护申请数量最多的地区，出现这一现象有多种原因，除了西班牙与美洲大陆近代的紧密联系之外，西班牙的全民医疗体系也是主要原因之一（疫情期间难民享有免费问诊的权利）。另外，只要移民为当地雇主工作 1 年以上，即可获得 3 年长期居留，而目前西班牙政府将其延长至 5 年。①

---

①　José Denis Cruz，" Desde España：la pandemia pone en riesgo el refugio de los inmigrantes，" Saludconlupa，6 de abril de 2020，https：//saludconlupa. com/noticias/desde - espana - la - pandemia-pone-en-riesgo-el-refugio-de-los-inmigrantes/.

表 1　2011~2021 年西班国际保护申请来源国排名及占比

单位：份，%

年份	总数	1		2		3		4		5	
		国家	占比	国家	占比	国家	占比	国家	占比	国家	占比
2011	3422	科特迪瓦	16	古巴	13	尼日利亚	8	几内亚	4	巴勒斯坦	4
2012	2588	叙利亚	10	尼日利亚	8	阿尔及利亚	8	喀麦隆	5	科特迪瓦	4
2013	4513	马里	33	叙利亚	16	阿尔及利亚	8	尼日利亚	4	索马里	3
2014	5952	叙利亚	28	乌克兰	16	马里	10	阿尔及利亚	5	巴勒斯坦	4
2015	14887	叙利亚	38	乌克兰	23	巴勒斯坦	5	阿尔及利亚	5	委内瑞拉	4
2016	16544	委内瑞拉	25	叙利亚	19	乌克兰	17	阿尔及利亚	5	哥伦比亚	4
2017	31740	委内瑞拉	33	叙利亚	13	哥伦比亚	8	乌克兰	7	巴勒斯坦	4
2018	55749	委内瑞拉	36	哥伦比亚	16	叙利亚	5	洪都拉斯	4	萨尔瓦多	4
2019	118446	委内瑞拉	35	哥伦比亚	25	洪都拉斯	6	尼加拉瓜	5	萨尔瓦多	4
2020	88826	委内瑞拉	32	哥伦比亚	31	洪都拉斯	6	秘鲁	6	尼加拉瓜	4
2021	65404	委内瑞拉	24	哥伦比亚	18	摩洛哥	10	马里	7	塞内加尔	5

资料来源：西班牙内政部，http：//www. interior. gob. es/web/servicios-al-ciudadano/oficina-de-asilo-y-refugio/datos-e-informacion-estadistica。

不过，2021 年的国际保护申请数据略有变化。根据西班牙内政部 （Ministerio del Interior） 截至 2021 年 12 月 31 日的数据，西班牙共登记 65404 份国际保护申请，排在前五位的国家是委内瑞拉（15995 份）、哥伦 比亚（11567 份）、摩洛哥（6536 份）、马里（4647 份） 和塞内加尔 （3198 份）。[①]

西班牙对来自叙利亚、也门和巴勒斯坦的居民实施机场过境签证政 策，[②] 导致西班牙大多数国际保护申请人的来源与其他欧盟国家存在较大差 异，但即便如此，非洲国家依然是西班牙国际保护申请者的重要来源国。据

[①] "AVANCE de datos de protección internacional, aplicación del Reglamento de Dublín y reconocimiento del estatuto de apátrida," Ministerio del Interior de España, 31 de diciembre de 2021, http：// www. interior. gob. es/documents/642012/13036726/Nota_ avance_ trimestral_ datos_ proteccion_ internacional_ 2021_ 12_ 31. pdf/6f327d67-1201-4b3a-b7f4-eef82d4098fa.

[②] "Asilo 2021：España mejora gracias a cambios de criterio en la valoración," Comisión Española de Ayuda al Refugiado, 5 de abril de 2022, https：//www. cear. es/datos-asilo-2021/.

西班牙《先锋报》报道，目前非洲地区卷入武装冲突的国家有 17 个，在 15 年的时间里增长了 3 倍。① 2021 年，来自摩洛哥的难民占国际保护申请者总数的 10%，同比增长 489%，这一增长率史无前例。摩洛哥此前一直被视为难民的过境国或目的国，② 但近年来，由于复杂的经济和社会形势，申请国际保护的摩洛哥人越来越多。③ 而马里因近年来政局动荡不安，2020 年又遭遇政变，④ 同年申请国际保护的人数为 1537（占总数的 1.7%），2021 年增加至 4647（占总数的 7.1%）。

从图 4 可以看出，各国难民在西班牙境内提交的国际保护申请数量常年位居榜首，这一趋势一直持续至今，从 2016 年开始显著上升，2021 年有近 96% 的申请在西班牙境内提交。这表明多数难民是通过非法途径进入或滞留西班牙。另外，从 2011~2021 年西班牙国际保护申请的性别构成来看（见图 5），近年来，申请西班牙国际保护的女性数量呈上升趋势。2011 年申请国际保护的女性仅占申请总数的 27%，2020 年女性申请人数明显增加，有41732 人，约占总数的 47%，但到 2021 年，这一比例减少至 36%。

综上所述，近十年来向西班牙申请国际保护的数量呈上升趋势，尽管近两年受疫情影响，入境人数有所减少，但就疫情前的 2018 年而言，目前的数据仍处于较高水平。由于西班牙缺少安全合法的移民途径，难民一旦抵达西班牙就申请国际保护，这些人主要来自南美洲或中美洲国家，打破了人们

---

① "La ONU dice que se ha triplicado el número de conflictos en África en 15 años," La Vanguardia, 6 de febrero de 2020, https：//www. lavanguardia. com/internacional/20200206/473307466388/la-onu-dice-que-se-ha-triplicado-el-numero-de-conflictos-en-africa-en-15-anos. html.

② Driss El Ghazouani, "A Growing Destination for Sub-Saharan Africans, Morocco Wrestles with Immigrant Integration," Migration Policy Institute, 2 de julio de 2019, https：//www. migrationpolicy. org/article/growing-destination-sub-saharan-africans-morocco#: ~: text = An%20estimated%20700%2C000%20sub – Saharan%20African%20migrants%20reside%20in, accompanying%20work%20rights%20and%20access%20to%20social%20services.

③ "Development of asylum applications from citizens from Morocco 2000 to 2020," World Data, 2020, https：//www. worlddata. info/africa/morocco/asylum. php.

④ Andrea Chamorro, "Golpe de Estado en Malí, el final de una larga caída," DESCIFRANDO LA GUERRA, 20 de agosto de 2020, https：//www. descifrandolaguerra. es/golpe – de – estado – en – mali-el-final-de-una-larga-caida/.

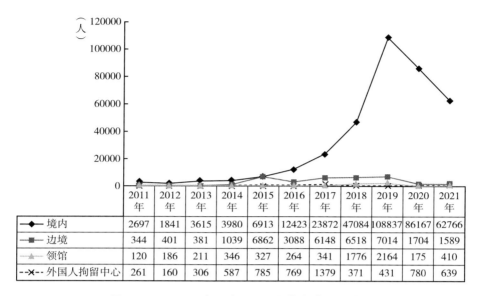

	2011年	2012年	2013年	2014年	2015年	2016年	2017年	2018年	2019年	2020年	2021年
境内	2697	1841	3615	3980	6913	12423	23872	47084	108837	86167	62766
边境	344	401	381	1039	6862	3088	6148	6518	7014	1704	1589
领馆	120	186	211	346	327	264	341	1776	2164	175	410
外国人拘留中心	261	160	306	587	785	769	1379	371	431	780	639

图 4　2011~2021 年西班牙国际保护申请途径统计

资料来源：西班牙内政部，http：//www. interior. gob. es/web/servicios - al - ciudadano/
oficina-de-asilo-y-refugio/datos-e-informacion-estadistica。

对于难民在南部边境通过"热点"进入西班牙的刻板印象。

值得注意的是，西班牙国际保护申请通过率极低，通常保持在 5% 左右，远低于欧盟 33% 的平均值。[①] 不过，2021 年西班牙的通过率提高至 10.5%，[②] 虽然距离欧盟的平均水平还有很大差距，但通过率增加了 1 倍。然而，如图 6 所示，即便在申请数量下降的情况下，2021 年批准的数量相比 2020 年并没有降低。2021 年有 5354 个难民身份和 2017 个辅助保护身份获批，比 2020 年增加了 1613 个，这一增长主要是由于来自马里和阿富汗的

---

① "CEAR：España vuelve a defraudar a los refugiados，solo concede 5 % de asilo，" Agencia EFE，18 de marzo de 2021，https：//www. efe. com/efe/america/sociedad/cear - espana - vuelve - a - defraudar-los-refugiados-solo-concede-5-de-asilo/20000013-4490826.

② "Asilo 2021：España mejora gracias a cambios de criterio en la valoración，" Comisión Española de Ayuda al Refugiado，5 de abril de 2022，https：//www. cear. es/datos-asilo-2021/.

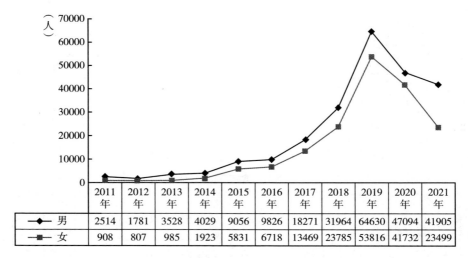

图5　2011～2021年西班牙国际保护申请性别构成

资料来源：西班牙内政部，http：//www. interior. gob. es/web/servicios－al－ciudadano/
oficina-de-asilo-y-refugio/datos-e-informacion-estadistica。

通过率显著提高。① 与欧盟其他国家相比，虽然西班牙的国际保护申请通过率极低，但是人道主义保护申请通过率却高得多，这种人道主义保护申请在欧盟其他国家要么通过率很低，要么根本不存在。② 无论如何，西班牙在国际保护通道方面还有很大的改进空间，对此，西班牙监察局官员弗兰西斯科·费尔南德斯认为，"尽管西班牙政府已经做出不少努力，目前看来仍然不够"。③

---

① "Datos e información estadística," Comisión Española de Ayuda al Refugiado, http：//www. interior. gob. es/web/servicios－al－ciudadano/oficina－de－asilo－y－refugio/datos－e－informacion-estadistica.

② "LIBRO BLANCO DEL SISTEMA DE PROTECCIÓN INTERNACIONAL EN ESPAÑA：UNA PROPUESTA DESDE LA EXPERIENCIA DE CEAR," Comisión Española de Ayuda al Refugiado, 2022, https：//www. cear. es/wp－content/uploads/2022/02/Libro－Blanco－Sistema－de－Asilo. pdf.

③ "El Defensor del Pueblo avisa de que el sistema de acogida a refugiados en España es 'claramente insuficiente'," El Periódico, 11 de junio de 2019, https：//www. elperiodico. com/es/sociedad/20190611/defensor-pueblo-avisa-sistema-acogida-7499463.

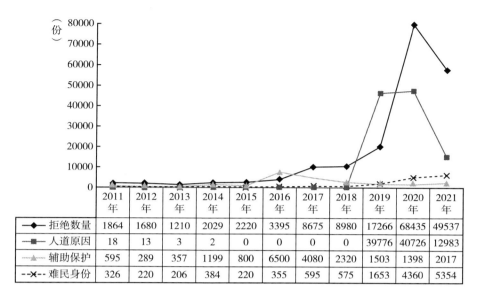

图 6 2011~2021 年西班牙国际保护申请决议数量统计

资料来源：西班牙内政部，http：//www. interior. gob. es/web/servicios-al-ciudadano/oficina-de-asilo-y-refugio/datos-e-informacion-estadistica。

二 西班牙国际保护政策内容和现状

《世界人权宣言》第十四条规定：人人有权在其他国家寻求和享受庇护以避免迫害。[①] 1978 年，西班牙宪法首次将该项基本人权（即庇护权）收录于第十三条第四项中，同年，西班牙签署了"日内瓦难民公约"和"纽约议定书"。[②]

---

① "La Declaración Universal de Derechos Humanos," Las Naciones Unidas，https：//www. un. org/es/about-us/universal-declaration-of-human-rights.

② "LIBRO BLANCO DEL SISTEMA DE PROTECCIÓN INTERNACIONAL EN ESPAÑA：UNA PROPUESTA DESDE LA EXPERIENCIA DE CEAR," Comisión Española de Ayuda al Refugiado，2022，https：//www. cear. es/wp-content/uploads/2022/02/Libro-Blanco-Sistema-de-Asilo. pdf.

1984 年 3 月 26 日，西班牙宪法授权通过了第 5/1984 号法案，该法案明确了难民庇护权和难民的地位，并于 1994 年 5 月 19 日修订为第 9/1994 号法案。随后，2009 年 10 月 30 日，西班牙宪法通过了第 12/2009 号法案，该法案明确了非欧盟国家的公民和无国籍人士在西班牙享有庇护权和辅助保护权。这是首部囊括辅助保护权的文书，它还引入了家庭团聚政策的新规，对弱势群体给予特殊关照，并将为难民提供物资的义务上升至法律层面，于同年 11 月 20 日生效。尽管在 2014 年 3 月 25 日，西班牙宪法修订颁布了第 2/2014 号法案，并在第 12/2009 号法案的条文中补充了第四十条第一项的内容，第 12/2009 号法案依然是研究西班牙国际移民保护政策的重要资料。①

第 12/2009 号法案由前款和五编组成，内容包括制法的目的、庇护权、难民地位、辅助保护权及上述两项权利的保障机制、申请上述权利的程序制度、难民家庭团聚政策、停止和撤销国际保护的机制，以及对未成年人和弱势群体的保护制度。

西班牙国际移民保护政策包括庇护权和辅助保护权。庇护权的首要原则之一是"不驳回"原则，②"日内瓦难民公约"第三十三条规定，各国不得将难民驳回、遣返、驱逐或引渡至其原籍国或其他危及其生命或自由的国家，③ 这条规定也被编入有关庇护的区域性法律文书当中（如《欧盟宪章》第十九条第二项），并成为国际惯例。庇护制度并不仅限于禁止驳回，根据"日内瓦难民公约"和"纽约议定书"，申请庇护者可利用公平、有效的程序来确定其难民身份和保护需求，除此之外，它还规定，各

① "Estudio sobre EL ASILO EN ESPAÑA La protección internacional y los recursos del sistema de acogida," Defensor del Pueblo, 2016, https：//www. defensordelpueblo. es/wp-content/uploads/2016/07/Asilo_ en_ Espa%C3%B1a_ 2016. pdf.

② "El derecho de asilo, mucho más que una cuestión humanitaria," Las Naciones Unidas, 16 de febrero de 2021, https：//eacnur. org/es/actualidad/noticias/emergencias/derecho – de – asilo – refugiados.

③ "Convención sobre el Estatuto de los Refugiados, 1951," The UN Refugee Agency, https：//www. acnur. org/5b0766944. pdf.

国有义务接纳难民并向其提供相关合法程序。[①] 第 12/2009 号法案第三条规定，任何符合"日内瓦难民公约"难民定义的人都有权在西班牙获得庇护，此外，第四条规定，任何具有充分理由（一旦遣返即面临生命危险或实质性伤害的情况）不能或不愿被遣返至来源国或原居住地的外国公民和无国籍人士，即便不符合难民的定义（如面临死刑），均享有辅助保护的权利。[②]

因此，一旦给予难民庇护权或辅助保护权，就意味着承认其在"日内瓦难民公约"中享有的权利。第 12/2009 号法案第三十六条第一项对这些权利作了具体的阐述，其中值得注意的方面如下：方便难民读取有关权利和义务的信息；授权永久居留和工作许可；获得公共就业服务、教育、医疗保健、住房、社会援助和社会服务等。另外，该法案第三十六条第二项规定，为确保难民融入当地社会，并保证其在获得上述服务中享有平等的机会且不被歧视，西班牙当局将制定必要的措施以推动难民保护工作。不仅如此，第三十六条第四项规定，在特定情况下，因为社会或经济方面的困难，公共行政部门可以向公共系统额外提供就业、住房和普通教育的服务，以及专业的口笔译服务，并对老年人和残疾人提供永久援助和紧急经济援助。[③]

换言之，西班牙难民保护法与国际和欧洲的监管机制一致，一方面保证了国际保护申请人的最低接收条件，另一方面，对具有国际保护身份的人给予最高水准的保护，不仅在申请阶段中，在申请获批之后，都需提供专门的服务和救助机制。

---

① "Estudio sobre EL ASILO EN ESPAÑA La protección internacional y los recursos del sistema de acogida," Defensor del Pueblo, 2016, https：//www. defensordelpueblo. es/wp-content/uploads/2016/07/Asilo_ en_ Espa%C3%B1a_ 2016. pdf.

② "Ley 12/2009, de 30 de octubre, reguladora del derecho de asilo y de la protección subsidiaria," Boletín Oficial del Estado, 2009, https：//www. boe. es/buscar/pdf/2009/BOE－A－2009－17242－consolidado. pdf.

③ "Ley 12/2009, de 30 de octubre, reguladora del derecho de asilo y de la protección subsidiaria," Boletín Oficial del Estado, 2009, https：//www. boe. es/buscar/pdf/2009/BOE－A－2009－17242－consolidado. pdf.

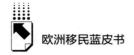

第 12/2009 号法案在其第二编中规定了申请国际保护的程序规则，从提出申请到获得答复都明确了申请人的援助条件；此外，它还考虑了难民署在申请程序和国际保护处理中的干预内容。第三编涉及难民的家庭团聚政策，即难民或辅助保护受益人的家庭成员可以通过该政策获得庇护或辅助保护，只要申请双方的国籍不同，无须重复申请便可获得上述权利。第四编规定了终止或撤销难民身份或辅助保护的原因和理由及其相应的程序。最后，第五编明确了对未成年人和弱势群体的国际保护制度。①

在西班牙，可以通过四条途径申请国际保护：边境、外国人拘留中心（CIE）、境内或外交途径。第 12/2009 号法案第三十八条规定，在处理外交领事申请时，如果申请人不是外交机构所在国家的公民且人身安全受到威胁，西班牙大使馆可以将其转移至本国处理。② 尽管目前还未明确相关转让条件，不过自第三十八条规定生效以来，已实施的案例非常有限。③ 如果申请不予受理或被拒绝，则可申请行政复议或提起行政诉讼。

西班牙的国际保护制度主要经历了三个阶段，以 2015 年和 2020 年为分水岭。在 2015 年以前，申请国际保护的人数并不多，到 2015 年底，更确切地说，在艾兰（Aylan）事件④发生之后，公众和公共行政部门才将注意力集中在这些难民身上，而在此之前，难民一直处在边缘地位，未曾成为媒体、社会或政治议程的优先关注对象。2015 年以后，西

① "Ley 12/2009, de 30 de octubre, reguladora del derecho de asilo y de la protección subsidiaria," Boletín Oficial del Estado, 2009, https：//www. boe. es/buscar/pdf/2009/BOE-A-2009-17242-consolidado. pdf.

② "Ley 12/2009, de 30 de octubre, reguladora del derecho de asilo y de la protección subsidiaria," Boletín Oficial del Estado, 2009, https：//www. boe. es/buscar/pdf/2009/BOE-A-2009-17242-consolidado. pdf.

③ Dévika Pérez Medina, "La reapertura de la solicitud de asilo en el extranjero," Noticias Jurídicas, 15 de octubre de 2020, https：//noticias. juridicas. com/conocimiento/articulos-doctrinales/15925-la-reapertura-de-la-solicitud-de-asilo-en-el-extranjero/.

④ 艾兰·科迪（Aylan Kurdi），叙利亚男童，于 2015 年 9 月 3 日偷渡去希腊的途中因翻船去世，次日，艾兰·科迪的尸体被海水冲上岸，俯卧在土耳其沙滩上的照片震惊世界。"Aylan Kurdi, la historia del niño cuya muerte ha retratado el drama de los refugiados," 20MINUTOS, 3 de septiembre de 2015, https：//www. 20minutos. es/noticia/2547335/0/aylan-kurdi-historia-vida/nino-siria/foto-ahogado/.

班牙国际保护申请数量持续增长，直到 2019 年达到近十年来申请数量的最高值，随后因为 2020 年疫情的影响，西班牙关闭边境，申请人数减少。

2015 年，西班牙国际保护申请数量激增暴露了西班牙庇护体系的两个主要弊端。一是缺乏应急措施，即庇护体系在资源管理和名额分配方面无法跟上救援的速度，导致混乱和紧张局势的加剧，此外，申请人数增多又导致申请等待期延长，从而拖慢了保护制度在各个流程当中运转的速度；[①] 二是西班牙的庇护体系在人员流动管理方面也存在多种缺陷，如缺乏有效的签证政策、缺乏灵活性的迁移通道、家庭团聚政策存在缺陷、缺少与其他国家的双边合作、未能制订灵活的劳动力流动计划、缺乏出于人道主义原因允许难民临时停留的机制，负责处理和解决庇护申请的系统也因此濒临崩溃。[②]

2020 年，国际保护申请数量因为疫情骤减，当时西班牙的庇护体系依然未能合理规划和分配资源。3 月 14 日，西班牙宣布进入警戒状态后，庇护和难民办公室（OAR）立即关闭，西班牙南部与摩洛哥的陆、海、空边境也被立即关闭，导致休达和梅利亚的移民临时居留中心（CETI）和未成年人保护中心人满为患。[③] 不仅如此，西班牙政府甚至出台了难民限制令，即从 4 月 1 日起，只有申请获批的难民才能进入庇护体系的第二阶段。签署该项指令的国务秘书哈娜·贾鲁尔解释说：“在那之前，申请人必须根据预算情况和必要的时间留在避难所。”内政部消息称，在申请没有得到明确答复

① Blanca Garcés Mascareñas, "SER O NO SER: defciencias del sistema estatal de acogida," NOTES INTERNATIONALS 214 de BARCELONA CENTRE FOR INTERNATIONAL AFFAIRS (CIDOB), marzo de 2019, https://www.cidob.org/ca/publicacions/series_de_publicacio/notes_internacionals/n1_214/ser_o_no_ser_deficiencias_del_sistema_estatal_de_acogida.

② "LIBRO BLANCO DEL SISTEMA DE PROTECCIÓN INTERNACIONAL EN ESPAÑA: UNA PROPUESTA DESDE LA EXPERIENCIA DE CEAR," Comisión Española de Ayuda al Refugiado, 2022, https://www.cear.es/wp-content/uploads/2022/02/Libro-Blanco-Sistema-de-Asilo.pdf.

③ Alejandra Pardo, "El sistema de acogida de refugiados en tiempos de coronavirus (Europa y España)," Comillas, 24 de junio de 2020, https://blogs.comillas.edu/buildingbridges/2020/06/24/el-sistema-de-acogida-de-refugiados-en-tiempos-de-coronavirus-europa-y-espana-por-alejandra-pardo/.

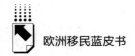

前，申请人必须留在避难所，而在特殊时期，处理申请的时间最长可延长至两年。① 西班牙难民援助委员会（CEAR）对接收体系在疫情期间阻碍难民申请国际保护的做法进行了谴责。②

种种情况表明，国际保护申请的特点是其动态性、不可预测性和随外部环境（人员流动、矛盾冲突、路线变更）及内部环境（各国管理该体系所具有的不同政治愿景）频繁发生变化，这一现象导致西班牙的庇护体系表现并不稳定。西班牙难民援助委员会总理事埃斯特雷拉·加兰认为，"需要达成广泛共识，包括来自专业组织和体系参与者的建议，从而使新的庇护体系免受政治波动的影响"。③

三　西班牙与欧盟+国家接收体系对比

欧洲庇护支持办公室（EASO）在其报告《欧盟+国家接收体系组织概览》（更新于 2022 年 1 月 13 日）中收集了欧盟和欧洲经济区（又称为欧盟+国家）共 29 个国家接收体系方面的信息。④ 该报告从五个方面对比了欧洲各国的接收体系，本部分对接收体系的主管模式、接收阶段、融入模式、接收点的分配四个方面进行总结和分析。

---

① Colell E. ，"Nuevas restricciones en las ayudas a refugiados agravan la fragilidad de la acogida，" El Periódico，15 de marzo de 2021，https：//www. elperiodico. com/es/sociedad/20210315/nuevas-restricciones-ayudas-refugiados-11571034.

② "CEAR denuncia los obstáculos para encontrar refugio durante la pandemia，" Comisión Española de Ayuda al Refugiado，18 de junio de 2021，https：//www. cear. es/comunicado-informe-anual-cear-2021/.

③ "CEAR pide avanzar hacia un modelo de asilo sostenible，flexible y blindado a vaivenes políticos，" Comisión Española de Ayuda al Refugiado，24 de febrero de 2022，https：//www. cear. es/reforma-modelo-de-asilo/.

④ "Overview of the Organization of Reception Systems in EU+Countries，" The European Asylum Support Office，13 de enero de 2022，https：//euaa. europa. eu/sites/default/files/publications/2022-01/2021_ situational_ update_ issue8_ reception_ systems_ EN_ 0. pdf.

（一）主管模式

每个国家的庇护体系主管部门的任命受其政府体制及行政区域组织模式的影响，在被研究的29个欧盟+国家当中，主要存在三种模式（见表2）。

1. 集权模式：权限属于某个国家机构。

2. 共享模式：权限由国家机构和地区行政机构（省级、地区、联邦区、自治区等）共享。

3. 去中心化模式：权限归属于地区行政机构。

大多数欧盟国家（29个欧盟+国家中的25个）属于集权模式，指定1个或多个国家机构担任国际保护事务的主管部门。奥地利、意大利和瑞士这3个国家则采取共享模式，国家机构和地方机构共同管理难民接收事务。作为联邦共和国的德国，是欧洲唯一一个采取去中心化模式的国家，由各联邦州管理难民接收事务。不过，有些国家在政策制定和接收能力管理方面采取集中模式，而设施日常运作方面可能采用集权模式、混合模式或去中心化模式。

表2　欧盟+国家接收体系主管模式对比

主管模式	国家
集权模式	比利时、保加利亚、克罗地亚、塞浦路斯、捷克、丹麦、爱沙尼亚、芬兰、法国、希腊、匈牙利、爱尔兰、拉脱维亚、立陶宛、卢森堡、马耳他、荷兰、挪威、波兰、葡萄牙、罗马尼亚、斯洛伐克、斯洛文尼亚、西班牙、瑞典
共享模式	奥地利、意大利、瑞士
去中心化模式	德国

资料来源：欧洲庇护支持办公室，https://euaa.europa.eu/sites/default/files/publications/2022-01/2021_ situational_ update_ issue8_ reception_ systems_ EN_ 0. pdf。

（二）接收阶段

在被研究的29个欧盟+国家中，大部分国家（21个）对接收难民的过程划分了不同阶段，只有少数国家（8个）未对接收过程划分阶段（见表3）。

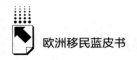

表3　欧盟+国家庇护体系阶段对比

接收过程	国家
划分阶段	德国、奥地利、比利时、塞浦路斯、捷克、丹麦、芬兰、法国、爱尔兰、意大利、立陶宛、卢森堡、马耳他、荷兰、挪威、波兰、葡萄牙、斯洛伐克、西班牙、瑞典、瑞士
未划分阶段	保加利亚、克罗地亚、爱沙尼亚、希腊、匈牙利、拉脱维亚、罗马尼亚、斯洛文尼亚

资料来源：欧洲庇护支持办公室，https：//euaa. europa. eu/sites/default/files/publications/2022 -01/2021_ situational_ update_ issue8_ reception_ systems_ EN_ 0. pdf。

采取分阶段方式的国家通常将接收过程分为两个阶段：接收前期和后期跟踪期。尽管许多国家的做法有一致性，但组织接收过程的方式是多种多样的，如建立到达中心站点。一些国家如比利时、卢森堡、荷兰和挪威已经建立到达中心站点，在那里接收难民、启动流程，同时收集信息，并判定每位申请人最合适的去向。

在其他国家，接收体系的第一个阶段包括身份识别和信息登记，持续时间从几天到几周不等。其他同样建立前期阶段的国家有克罗地亚、塞浦路斯、法国、爱尔兰、意大利、马耳他、挪威、波兰、斯洛伐克和瑞典。这种模式和上述的到达中心站点一样，非常重视良性接待和引导，以及对每个案例进行分析以便转接到相应的接收部门。在经过前期阶段之后，国际保护申请人进入下一个阶段，该阶段通常会持续到申请得到最终解决，解决的方式有遣返、重新安置或融入当地。另一种比较少见的模式是德国和瑞士所采取的模式，在这两个国家中，申请人将一直处于起始阶段，直到其申请得到最终答复。

在西班牙，庇护体系的第一阶段包括初始评估和获得答复两个分阶段。申请人在边境、外国人拘留中心或境内提交庇护申请后，首先进入初始评估阶段，该阶段最长持续一个月；随后申请人进入临时接待体系中，在此期间，申请人的基本需求、住宿、心理辅导、法律援助、就业培训或指导以及语言学习方面的需求将得到满足，这一时期会一直持续到申请得到最终答复，预计时长为18～24个月（取决于申请人所处的状况）。如果申请未通过，申请人必须在15天内离开接收体系；如果申请通过，则进入西班牙接收体系的融入阶段，在此阶段，国际保护受益人将获得居留和工作许可，必要时还可获得经济援助，以帮助其实现工作和个人的独立自主。① 然而，值得注意的是，采取分阶段方式的各国在执行的时候并不总是泾渭分明，因为并非所有的申请人都会按时间顺序进入各个阶段。

（三）融入模式

上述 29 个国家中大部分国家都能满足难民的基本需求（如住宿和给养），但很少有国家关心这些难民的后续融入问题。

从表 4 可以看出，19 个国家（包括没有提及具体融入政策的国家）并未提供融入机制，仅满足难民基本需求（住宿和给养）；6 个国家从难民被接受的那一刻起就将其纳入了社会融入机制（社会活动、学习语言和当地法规等）；4 个国家只在庇护权得到确认后才开展融入活动。

表 4　欧盟+国家融入模式对比

融入模式	国家
仅满足基本需求（住房和给养）	奥地利、比利时、保加利亚、塞浦路斯、捷克共和国、丹麦、爱沙尼亚、芬兰、德国、匈牙利、立陶宛、卢森堡、马耳他、波兰、葡萄牙、罗马尼亚、斯洛文尼亚、瑞典、瑞士
从接收起就关注难民后续融入问题	克罗地亚(提及"社会活动") 爱尔兰(提供个人住宿以促进申请人在当地独立) 意大利(将申请人、无人陪伴的未成年人和受益人纳入接收体系并提供融入机制) 拉脱维亚(语言习得和其他融入活动) 荷兰(学习荷兰相关规定) 西班牙
只在庇护权得到确认后才开展融入活动	法国(难民接收和融入中心) 希腊(ESTIA2021 计划——融入紧急支持和住房供应) 挪威(受益人融入中心) 斯洛伐克(受益人融入中心)

资料来源：欧洲庇护支持办公室，https：//euaa.europa.eu/sites/default/files/publications/2022-01/2021_ situational_ update_ issue8_ reception_ systems_ EN_ 0.pdf。

---

① "Proceso de Asilo," Comisión Española de Ayuda al Refugiado，https：//www.cear.es/persona-refugiada/proceso-de-asilo/.

通过对比发现，西班牙的接收体系具有一定的包容性和保障性，即无论申请人能否获得国际保护，从他们进入庇护体系的当天就开始了融入的过程，这意味着申请人将有平等的条件融入西班牙社会，参与当地经济、社会和文化生活，并享有同本国公民相同的权利和义务。从这个意义上说，申请人在与西班牙产生联系的那一刻起就受到西班牙接收体系的保护，另外，接收并不仅仅意味着为申请人提供住宿和食物，还提供一系列同自主权、尊严和福利有关的服务。

（四）接收点的分配

为了将难民均衡地分配至接收国的不同地区，一些欧洲国家（如奥地利、法国、德国、意大利和瑞士）会按地区的可用名额进行分配。

由表 5 可见，一种分配方法是按照当地人口数量进行分配，这种分配方式通常有其他方法作为补充。基于地区人口数量进行分配的方式有按省分配的奥地利、按州分配的瑞士以及按区或镇分配的意大利；而在德国，每个联邦州的配额根据各州的人口数量及其税收收入来计算；法国则依据三项标准进行分配：人均国内生产总值、失业率和该地区的接收能力。

表 5　欧盟+国家接收点的分配机制对比

分配机制	国家
地区人口数量	奥地利、法国、德国、意大利、瑞士
体系的容纳能力（可用名额、申请人状况、庇护程序、设备等）	比利时、保加利亚、克罗地亚、塞浦路斯、捷克、丹麦、爱沙尼亚、芬兰、法国、希腊、爱尔兰、立陶宛、卢森堡、马耳他、荷兰、挪威、波兰、葡萄牙、罗马尼亚、斯洛伐克、斯洛文尼亚、西班牙、瑞典
考虑个人需求	比利时、保加利亚、芬兰、希腊、匈牙利、卢森堡、挪威
不分配	拉脱维亚

资料来源：欧洲庇护支持办公室，https：//euaa. europa. eu/sites/default/files/publications/2022-01/2021_ situational_ update_ issue8_ reception_ systems_ EN_ 0. pdf。

另外一种确定分配去向的方式是指定接收地点，这是欧盟大多数国家所使用的分配方式，这种分配方式主要基于体系的容纳能力，如可用名额的数量、申请人的状况、庇护程序和设施类型等。另外，有些国家会同时考虑多个标准，如将申请人的个人需求考虑进去。

四　结语

近两年，西班牙国际保护申请数量受疫情影响有所下降，然而，由于紧张的国际局势以及各地区矛盾和冲突的加剧，国际保护申请数量的上升趋势并未因疫情而减弱，尤其是近五年来，南美洲已取代非洲成为西班牙国际保护申请数量占比最大的地区。当前复杂的国际形势和汹涌而来的移民浪潮对西班牙的难民接收体系来说既是挑战也是机遇，处理不当将对难民的社会融入以及西班牙在国际社会的地位造成负面影响。

西班牙高占比的境内申请反映了多数难民进入西班牙的途径既不安全也不合法，同时还反映了难民对于在边境申请得不到保障的担心，为此，有必要为难民创造安全合法的移民途径，同时起草国际保护申请人的社会权利宪章，以确保其最基本的服务和福利，将国际保护申请人、难民和其他形式的保护申请人明确纳入监管框架、权利章程和区域服务当中，并制定相关政策。[1]

虽然欧洲庇护支持办公室要求欧盟各国依据第 2013/33 号指令平等对待国际保护申请人并给予最低接收条件，[2] 但是，由于该指令的跨国属性，很难保证每个国家给予庇护申请者相同待遇或生活条件，因此有必要审查各州

---

[1]　"LIBRO BLANCO DEL SISTEMA DE PROTECCIÓN INTERNACIONAL EN ESPAÑA：UNA PROPUESTA DESDE LA EXPERIENCIA DE CEAR，" Comisión Española de Ayuda al Refugiado，2022，https：//www.cear.es/wp - content/uploads/2022/02/Libro - Blanco - Sistema - de - Asilo.pdf.

[2]　"Guía de la EASO acerca de las condiciones de acogida：estándares operativos e indicadores，" European Asylum Support Office，septiembre de 2016，https：//euaa.europa.eu/sites/default/files/Guidance-on-ReceptionConditions-ES.pdf.

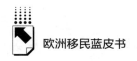
级和市级的社会关怀、健康等领域的服务章程，使它们适应新的国际保护体系，并符合国际义务和欧洲指令的要求；同时在各地区之间建立公平公正的庇护场所分配机制，兼顾地区情况、个人（或家庭）的社会状况及个性化的融入项目。

欧洲议会和欧盟理事会强调对弱势群体（包括被贩卖人口、儿童、孕妇、老人、残疾人、有身心健康问题的人或庇护法中定义的其他群体）的保护，① 然而，西班牙当前的接收体系缺少对这一群体的具体救助措施，不仅提供的名额有限，甚至没有专门的护理手段来满足该群体的特定需求；面对这一特殊群体，不仅需要安排单独的接待楼层或场所，还需要考虑被贩卖人口、暴力受害者、单亲家庭、精神状况欠佳的人能否共同生活的问题，因此，有必要为特殊群体因需制定特定项目。尽管这部分人群占比较小，却是当前西班牙国际保护体系中的一大弱项。② 针对当前状况，建议采用分阶段和多层次模式，制定更加个性化的包容项目。接收过程可分为以下两个阶段进行。

第一阶段，即接收初期，面向国际保护申请人，由国家机构监督执行，目标为满足其基本需求，并分析和评估每位申请人的状况，从而决定其分配去向或转去特定区域。

第二阶段，涉及申请人的融入和独立自主，面向通过国际保护的申请人，由国家和自治区共同负责，目标为促进申请人融入当地社会。

多层次模式可包含三个层次的内容：跨学科团队提供专业服务；针对全体人群提供基础服务，如社会、医疗、劳动、教育等方面的服务；最后由多方（如公共行政部门、社会团体、公民和其他组织间的合作）参与提供社

---

① "DIRECTIVA 2013/33/UE DEL PARLAMENTO EUROPEO Y DEL CONSEJO de 26 de junio de 2013," *Diario Oficial de la Unión Europea*，29 de junio de 2013，https：//eur-lex. europa. eu/legal-content/ES/TXT/PDF/？uri=CELEX：32013L0033&amp；from=ES.

② "LIBRO BLANCO DEL SISTEMA DE PROTECCIÓN INTERNACIONAL EN ESPAÑA：UNA PROPUESTA DESDE LA EXPERIENCIA DE CEAR," Comisión Española de Ayuda al Refugiado，2022，https：//www. cear. es/wp-content/uploads/2022/02/Libro-Blanco-Sistema-de-Asilo. pdf.

区活动，帮助申请人更好地融入当地社会。①

最后，有必要确保各部门之间协调合作，制定长期规划和短期应急措施。2015 年，西班牙的庇护申请数量急剧增加，由于缺少清晰的战略规划，西班牙的庇护体系因此十分被动。同样，2020 年疫情的发生导致庇护申请数量减少，庇护体系在毫无规划的情况下不得不重新调整，对管理人员、专业人才资本和体系的稳定性产生了负面影响；另外，在疫情致使物资稀缺的情况下，更加需要对庇护体系投入大量公共资源，这可能会催生以经济标准为主的新体系，减少公共支出。国际保护申请的数量和来源并非处于恒定不变、均匀分布的状态，因此庇护体系的灵活性和远瞻性十分重要，以便适应不断变化的国际环境。为此，应该同非政府组织保持社会合作模式，并将其作为国际保护接收体系资源管理、跨学科团队和项目的主要参与者；促进并资助与当地国际保护相关的社会参与、社区行动、社会关怀等方面的方案和项目；建立自治管理机构，负责接待体系的管理和协调，并建立相应的咨询处；为地区和地方公共行政部门的工作人员制订培训计划，提高其处理国际保护申请的能力。②

---

① "LIBRO BLANCO DEL SISTEMA DE PROTECCIÓN INTERNACIONAL EN ESPAÑA：UNA PROPUESTA DESDE LA EXPERIENCIA DE CEAR," Comisión Española de Ayuda al Refugiado, 2022, https：//www. cear. es/wp－content/uploads/2022/02/Libro－Blanco－Sistema－de－Asilo. pdf.

② "CEAR pide avanzar hacia un modelo de asilo sostenible, flexible y blindado a vaivenes políticos," 24 de febrero de 2022, https：//www. cear. es/reforma-modelo-de-asilo/.

B.4
新冠疫情持续影响下的希腊移民现状与对策

尚 冰*

摘　要： 2021 年，希腊新冠疫情形势依然严峻，每日新增病例达到几千例。为了平衡疫情防控与经济运行，希腊政府多次实施全国封锁又多次全面放开。受疫情影响，希腊的庇护申请数量降至 2016 年之前的水平，难民数量的降低大大减少了难民安置中心的压力。由于近年来希腊自然灾害频发，除国际移民外，希腊也出现了很多由于自然灾害而被迫在国内迁徙的移民。另外，希腊居民的数字化技能偏低，网络远程办公对缺乏网络设备、不能熟练使用网络的移民来说也是一个很大的挑战。希腊政府未来需进一步提升希腊移民的融入水平与其数字技能。

关键词： 希腊　移民　新冠疫情　难民

2021 年，世界局势持续变化。全球新冠疫情继续蔓延；也门国内出现紧张局势，人道主义危机升级；委内瑞拉面临严峻的政治和经济形势，许多民众被迫迁移至他国；阿富汗的局势也发生了翻天覆地的变化……种种因素叠加之下，国际移民流动受到了深刻影响。总体来看，虽然疫情导致全球范围内国际人口流动受到限制，却有更多的人因为冲突等原因被迫离开家园。包

---
* 尚冰，广东外语外贸大学西方语言文化学院讲师，国际移民研究中心研究员，主要从事希腊社会与文化、区域国别研究。

括希腊在内的欧洲各国继续深受新冠疫情的影响。为应对疫情，希腊采取了一系列防控疫情与恢复经济并行的措施，旨在将新冠疫情对希腊经济与社会的影响降至最低。移民作为希腊社会的弱势群体，更易受到疫情与防控政策的影响，为此，希腊相关部门采取了有针对性的措施，旨在改善移民的生存状况。

一　希腊的疫情数据与疫情防控政策

与 2020 年相比，希腊 2021 年的累计确诊病例数、累计死亡病例数等都急剧增多。根据世界卫生组织（World Health Organization）的统计数据，截至 2022 年 3 月 23 日，希腊新冠肺炎累计确诊病例数达到了 2838891 例，较同年 1 月 3 日的累计确诊病例数（1489030 例）翻了一番，累计死亡病例数高达 27029 例，这相较希腊的人口基数（10669200 人）而言是一个庞大的数字。[①] 在所有的确诊病例当中，40~64 岁和 18~39 岁年龄层的人数分别占 33.6% 和 33.22%，65 岁及以上人口占比仅为 10%，但在死亡病例中，65 岁及以上人口的占比却高达 83.37%，这与老年群体自身的基础疾病较多有关。2020 年 1~9 月，希腊的每日新增确诊病例数基本维持在几百例左右，从 10 月开始才逐渐超过 1000 例，11~12 月的每日新增确诊病例数徘徊在 3000 例左右。2021 年，希腊的每日新增确诊病例数均达到四位数，最高时甚至达到了 8000 多例。[②]

奥密克戎毒株在希腊的迅速传播给希腊医疗系统带来了巨大压力。为防控疫情，希腊政府积极推进疫苗接种工作，截至 2022 年 3 月 22 日，希腊有超过 758 万人全程接种了新冠疫苗，希腊的全程接种率为 70.8%，其中，15 岁以上人群的全程接种率为 82.5%。接种加强针的人数为 5535898 人，加强针接种率为 51.6%。[③]

---

① "Population and Employment," Eurostat, May 4, 2022, https://ec.europa.eu/eurostat/databrowser/view/nama_10_pe/default/table?lang=en.

② "WHO Coronavirus (COVID-19) Dashboard," WHO, March 23, 2022, https://covid19.who.int/.

③ *Εμβολιασμός COVID-19 στην Ελλάδα*, Greece in Figures, March 23, 2022, https://greeceinfigures.com/emvolia.

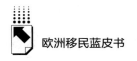

希腊的全程接种率略低于欧盟平均水平（72.96%），① 但放在整个欧洲乃至世界范围来看处于中等水平。

2020 年 2 月 26 日，希腊通报了境内首例新冠肺炎确诊病例。随后，疫情在希腊全国各地全面出现，如何平衡疫情防控与经济运行成为希腊政府的重中之重。为了维持这一微妙的平衡，希腊多次实施全国封锁（lockdown）政策，又多次迫于经济发展的压力重启经济，其防疫政策处于在升级与降级间不断交替的模式中。为应对突如其来的第一波新冠疫情，希腊政府在 2020 年第二季度采取了严格的遏制措施，主要措施包括：第一，全国封锁，限制除基本活动和经济活动之外的所有活动；第二，学校停课；第三，国内旅行限制；第四，对来自高风险国家的游客实施旅行禁令；第五，对从国外返回的国际游客和希腊国民进行隔离。由于这些行之有效的防疫政策很大程度上控制了新增确诊病例数量，加之全国封锁与旅行禁令使希腊经济尤其是其支柱产业——旅游业——遭遇重创，希腊政府决定在 2020 年夏季旅游季前重启经济。自 2020 年 7 月 1 日起，希腊逐步重新开放，经济活动几乎完全正常化。然而，重新开放导致确诊病例急剧增加，希腊政府不得不于 11 月 7 日开始实施第二轮全国封锁，这次封锁于 2021 年初结束，仅保留了宵禁和其他的一些限制。2021 年 3 月，希腊政府又实施了第三轮封锁，这次封锁持续了两个月。从 2021 年 5 月中旬开始，希腊解除限制并重新开放边境，重启旅游业。

根据国际货币基金组织（International Monetary Fund）公布的数据，2020 年希腊为应对疫情实施了总额为 235 亿欧元的一揽子财政支持措施，约为其国内生产总值的 13.7%。这些财政支持措施主要包括：第一，雇用医生和护士，采购医疗用品，为卫生领域工作人员发放津贴；第二，对弱势个体进行补助，延长发放失业救济金，为就业提供支持等；第三，通过贷款担保、贷款和利息补贴、减租、延期缴纳税款和社保金等方式为受疫情重创的企业提供支持；第四，降低新冠肺炎预防与研究所需的关键产品、交通业、酒店业的增值税税率。②

---

① "covidvax. live," March 23, 2022, https：//covidvax. live/location/eu.

② "Policy Responses to COVID‐19," International Monetary Fund, March 23, 2022, https：//
www. imf. org/en/Topics/imf‐and‐covid19/Policy‐Responses‐to‐COVID‐19#G.

二　疫情影响下希腊难民与移民数据

疫情对希腊移民与难民的数量产生了深刻的影响。由于新冠疫情造成的国际人口流动减少，2021 年，欧盟各国庇护申请总量下降明显，希腊的庇护申请数量为 28355 份，较 2020 年下降了 30%，创纪录地回归到欧洲移民危机以前的水平（见表 1）。2021 年希腊接收庇护申请总量位居欧盟第 6，排名与 2020 年相比有所下降，排在德国、法国、西班牙、意大利和奥地利之后。这也是自 2016 年以来希腊接收庇护申请总量在欧盟各国中的排名首次下降，此前，2016~2020 年期间，希腊一直居第 4 位。[①] 与 2015 年难民危机时相比，2021 年入境希腊的移民与难民人数减少了 99%，达到十年来的最低水平。希腊的移民接收机构数量也相应地从两年前的 121 个减少至 34 个。[②] 无怪乎希腊移民部部长将 2021 年入境难民人数的显著下降视为希腊移民政策的巨大胜利，并因此将 2021 年视为希腊移民工作"具有里程碑意义的一年"。[③]

表 1　2015~2021 年希腊难民庇护申请数量变化

单位：人，%

年份	接受庇护申请数	较上一年增长数量	较上一年增长比例
2015	13205	3775	40.03
2016	51110	37905	287.05
2017	58650	7540	14.75
2018	66965	8315	14.18

---

① "Asylum and First Time Asylum Applicants–Annual Aggregated Data（Rounded），" Eurostat，April 7，2022，https：//ec. europa. eu/eurostat/databrowser/view/tps00191/default/table？lang ＝en.

② *Απεμπλοκή των Ενόπλων Δυνάμεων από τη διαχείριση του Μεταναστευτικού*，naftemporiki. gr，January 4，2022，https：//m. naftemporiki. gr/story/1818496/apemploki － ton － enoplon － dunameon－apo－ti－diaxeirisi－tou－metanasteutikou.

③ *Ν. Μηταράκης: Χρονιά-σταθμός για το Μεταναστευτικό το 2021*，naftemporiki. gr，December 30，2021，https：//m. nafthttps：//m. naftemporiki. gr/story/1817346/n － mitarakis － xronia － stathmo s－gia－to－metanasteutiko－to－2021.

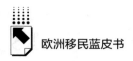
续表

年份	接受庇护申请数	较上一年增长数量	较上一年增长比例
2019	77275	10310	15.40
2020	40560	−36715	−47.51
2021	28355	−12205	−30.09

资料来源：Eurostat，"Asylum and First Time Asylum Applicants – Annual Aggregated Data（Rounded），"April 7，2022，https：//ec. europa. eu/eurostat/databrowser/view/tps00191/default/table? lang=en。

2022 年 1 月暂住在希腊各岛上的庇护申请者较 2020 年同比减少了 79%。同时，2022 年 1 月暂住在希腊各岛上的庇护申请者占岛上总人口的比重为 10%，其余 90%的庇护申请者则在希腊大陆居住；这一比重（10%）较上一年同期（25%）下降了 15 个百分点。以北爱琴海的岛屿为例，2021 年 1 月，岛上的庇护申请者占岛上总人口的比重高达 7.33%，2022 年 1 月，这一比例大幅下降至 1.36%。希腊各岛的难民安置压力得到有效缓解。在全国范围内，2022 年居留在希腊的庇护申请者总数（31508 人）较 2021 年同期（63915 人）下降明显，降幅达 51%。同时，由于庇护申请量的显著下降，初审（first instance）与二审（second instance）决议滞留量大幅度减少，2022 年 1 月（38225 份）较 2021 年同期（77197 份）减少了近 4 万份，降幅达 50%。①

不过，虽然常规移民与难民数量有所减少，希腊的非常规移民数量并未显著减少，而是与 2020 年持平。从欧盟范围内来看，2020 年，受疫情的影响，欧盟国家的非常规移民数量较 2019 年下降明显，减少至 97170 人；2021 年，这一数值出现大幅回升，数量超过了 13 万，甚至超过了疫情前 2019 年（121303 人）的水平。同时，2021 年非常规移民的死亡人数超过 3000 人，为 2017 年以来的最高值。② 具体来看，2021 年，从地中海西线和

---

① *Μεταναστευτικό: Ετήσια μείωση 79% στους διαμένοντες στα νησιά-αιτούντες άσυλο*，naftemporiki. gr，February 17，2022，https：//m. naftemporiki. gr/story/1833289/metanasteutiko-etisia-meiosi-79-stous-diamenontes-sta-nisia-aitountes-asulo.

② *Ενημερωτικό γράφημα - Παράτυπες αφίξεις και απώλειες ζωών ανά έτος (2014-2022)*，March，2022，https：//www. consilium. europa. eu/el/infographics/yearly – irregular – arrivals – and-fatalities/.

中线进入欧盟成员国的非常规移民数量与 2020 年几乎持平，从地中海东线进入欧盟成员国的非常规移民数量则大幅增加，从 2020 年的 35628 人升至 2021 年的 65362 人。[①] 因此，虽然 2021 年庇护申请数量显著降低，入境希腊的非常规移民仍给希腊边境管理带来了很多问题。希腊位于欧洲东南部，西北部与阿尔巴尼亚接壤，北部与北马其顿和保加利亚接壤，东北部与土耳其接壤。欧亚两大洲十字路口的地理位置、众多的陆上邻国加之毗邻土耳其的众多希腊爱琴海东部岛屿——其中甚至有岛屿距离土耳其仅数公里，使希腊成为非常规移民非法越境进入欧盟的首选之一。2021 年，随着希腊与土耳其埃夫罗斯河边境的管控力度加大，与保加利亚接壤的希腊北部边境成为非常规移民非法偷渡的又一重点区域。针对这一情况，希腊司法部门、希腊海岸警卫队与欧盟边防局和欧洲刑警组织开展了多次联合行动，以打击非法偷渡活动。其中，隶属于希腊海运、爱琴海与岛屿政策部的海岸警卫队是希腊边境执法的主要机构。希腊海岸警卫队根据希腊法律与国际公约对船舶、港口、海岸、领海和边界进行检查，并打击非法捕鱼、走私、非法移民、恐怖主义和毒品等。

2021 年 1 月 1 日，希腊非本国国民占全部居民的 9%，与欧盟的平均水平持平，其中其他欧盟成员国国民占希腊全部居民的 2%，非欧盟成员国国民占比为 7%。2021 年第四季度的数据显示，希腊 15~64 岁的人口数量为 6663000 名，其中在外国出生的移民（第一代移民）约有 51 万人。[②]

2020 年，希腊每 100 名非本国国民当中有约 1.5 人获得了希腊国籍，低于欧盟平均水平（2.0 人），在欧盟 27 个成员国中排第 12 位。2020 年获得希腊国籍的人数为 13272 人，为 2011 年以来的最低值，略高于 2010 年的水平（见表 2）。

---

① *Ενημερωτικό γράφημα - Παράτυπες αφίξεις στην ΕΕ (2008-2022)*, March, 2022, https：//www. consilium. europa. eu/el/infographics/irregular-arrivals-since-2008/.

② "Population by Sex, Age, Migration Status, Citizenship and Educational Attainment Level (1000)," Eurostat, April 28, 2022, https：//ec. europa. eu/eurostat/databrowser/view/LFSQ_ PGANEDM_ custom_ 2424960/default/table? lang=en.

表2　2010~2020年非本国国民获得希腊国籍的人数

单位：人

年份	获得公民权的人数
2010	9387
2011	17533
2012	20302
2013	28462
2014	20913
2015	13933
2016	33210
2017	34305
2018	27857
2019	16328
2020	13272

资料来源：Eurostat，"Acquisition of Citizenship，" March 18，2022，https：//ec. europa. eu/ eurostat/databrowser/view/tps00024/default/table? lang＝en。

　　在居留许可方面，2020年希腊共签发了12326份长期居留许可证件，较2019年（19659）有所下降。根据每年12月31日的统计数据，希腊有效居留许可的数量自2017年以来逐年增加1万份左右，2020年12月31日达到590234份。其中有超过1/3的有效居留许可签发类型为家庭团聚类（218869份），工作类居留许可的数量为94198份，留学类居留许可数量较少，不足3000份。关于永久投资者居留许可，即希腊政府于2013年推出的"黄金签证"项目，2022年1月有效的永久投资者居留许可（初次签发与续签）总数为10804份，其中89%（9619份）是初次签发，11%（1185份）为续签。投资者的主要来源国为中国，占比为66.4%，其次是土耳其（6.4%）和俄罗斯（6.2%）。①

　　2000年，希腊的人口约为1108万，2010年，这一数值降至1089万，

① Μεταναστευτικό: Ετήσια μείωση 79% στους διαμένοντες στα νησιά-αιτούντες άσυλο， naftemporiki. gr，February 17，2022，https：//m. naftemporiki. gr/story/1833289/metanasteutiko-etisia-meiosi- 79-stous-diamenontes-sta-nisia-aitountes-asulo.

2020 年跌至约 1070 万（见图 1）。二十年间，希腊的人口减少了 38 万，降幅高达 3.43%。2011 年以来，希腊人口逐年减少；其人口年增长率一直是负值，最低时达到−7.5%。2020 年，希腊的净移民增长率为 0.9%，较 2019年（3.3%）下降了 2.4 个百分点。① 不过，因为欧盟人口数量也在下降，希腊人口在欧盟总人口中所占的比重自 2015 年以来一直维持在 2.5%的水平。人口规模持续下降与希腊出生率低、人口老龄化严重有关。2020 年，希腊的出生率仅为 7.32%，较十年前（9.66%）下降了 2.34 个百分点。同时，希腊的人口老龄化问题日渐严重。2011~2021 年，希腊的年龄中位数（median age）超过了 45 岁，在十年间增长了 4 岁，增长值在欧盟各成员国中位居第 3，仅次于西班牙（4.4 岁）和葡萄牙（4.1 岁）。②

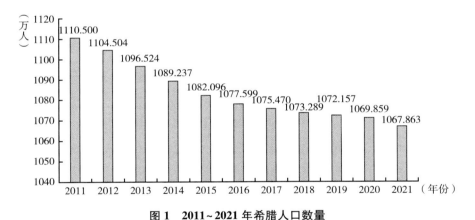

图 1　2011~2021 年希腊人口数量

资料来源：Eurostat, "Population and Employment," May 4, 2022, https：//ec. europa. eu/eurostat/databrowser/view/NAMA_ 10_ PE_ _ custom_ 2260385/default/table? lang=en。

在疫情初期，2020 年第二季度，希腊的国内生产总值（GDP）增长率跌入近年来的谷底，跌至−13.4%。不过，随着希腊为恢复经济开放旅

---

① "Population Change - Crude Rates of Total Change, Natural Change and Net Migration Plus Adjustment," Eurostat, April 5, 2022, https：//ec. europa. eu/eurostat/databrowser/view/tps00019/default/table? lang=en.

② "EU's Median Age Increased to 44. 1 Years in 2021," Eurostat, February 28, 2022, https：//ec. europa. eu/eurostat/web/products-eurostat-news/-/ddn-20220228-1.

游业，2020年第三季度国内生产总值强力反弹，增速达到近两年来最高水平。2021年，希腊国内生产总值的增速回到与疫情前（2019年）持平的正常水平。在就业方面，2021年第三季度，希腊的总就业率为60.1%，远低于欧盟平均水平（69.2%），在欧盟成员国当中排名倒数第二，仅高于意大利（59.2%）。[①] 鉴于希腊的综合经济数据，虽然外来移民流入可以一定程度上改善希腊的人口结构，但是，由于移民管控与社会融入难度大，且希腊本国居民与第三国居民的失业率都居高不下，移民的大量流入或将加大希腊社会的压力。因此，希腊政府控制移民流入的整体政策不会发生大的变化。

三　疫情与自然灾害影响下希腊的移民状况与移民对策

难民和移民作为流行病学中的特定人群，且通常生活在易感染传染病的环境中，可能有着与本地人不同的流行病特征。他们由于自身的难民和移民身份不得不面临身体、心理、文化差异等方面的多重问题，且通常难以获得及时有效的流行病医疗服务。事实上，希腊卫生部门早在多年前就意识到在移民与难民群体中预防传染病的复杂性和紧迫性。为了满足难民和移民群体日益增长的流行病学监测需求，希腊国家公共健康组织早在2016年上半年就在全国各地的难民/移民卫生保健点建立了流行病学监测系统，这些卫生保健点一般建在难民/移民接待中心，通常是提供初级卫生健康服务的诊所。从2016年起，希腊每年都发布《难民/移民卫生保健点流行病学监测年度报告》。虽然每年的年度报告都非常简短，内容并不丰富，但其对难民和移民流行病学临床数据的检测为希腊有关卫生部门有针对性地制定流行病防控政策、协助移民和难民群体预防和治疗流行病提

---

① "Employment Rates by Sex, Age, Migration Status, Citizenship and Educational Attainment Level（%）," Eurostat, April 28, 2022, https：//ec. europa. eu/eurostat/databrowser/view/lfsq_erganedm/default/table？ lang=en.

供了有益参考。

在新冠疫情的背景下，移民作为社会弱势群体首当其冲。疫情不仅造成了难民和移民数量的显著变化，也导致难民与移民的生存状态更加恶劣。2020 年 9 月，希腊难民接待中心出现了首例因新冠肺炎死亡的病例。难民接待中心等难民与移民居住场所由于其密闭、拥挤等特点极易造成病毒传播，疫情使难民的健康状况面临新的风险，生存状况雪上加霜。除了物质层面的挑战外，流入欧洲的难民与移民还因新冠疫情而遭遇更多歧视，甚至有民粹主义者宣称难民与移民的涌入会加速病毒传播并导致病毒变异。尽管该论断明显缺乏证据支持，但这些甚嚣尘上的言论显然加重了难民接收国居民的排外情绪。疫情也助长了希腊国内对亚裔移民的种族歧视。总的来看，疫情发生初期，随着欧洲各界都在与新冠疫情这一"新的共同敌人"做斗争，欧洲的反移民声音有所减弱。但是，随着欧洲各国陆续宣布放松防疫政策甚至"与新冠病毒共存"，困扰欧洲的难民和移民问题又重新浮出水面。

为帮助到达希腊的难民更好地了解希腊政府公布的与疫苗接种、旅行限制等疫情防控措施，联合国难民署希腊分部（UNHCR in Greece）在官网上特设了"关于新冠病毒"（About Coronavirus）专区，用阿拉伯语、英语、法语、希腊语、波斯语、土耳其语、乌尔都语和库尔德语 8 种语言向进入希腊的难民和移民及时推送希腊最新的防疫政策。[①] 虽然希腊移民与庇护部官网仅提供希腊语与英语两种语言版本，但该部门与新冠疫情防控相关的重要通知也同时附上了其阿拉伯语、乌尔都语、法语、提格雷尼亚语（Tigrinya，埃塞俄比亚提格雷省通用语言）、阿姆哈拉语（Amharic，埃塞俄比亚官方语言）和波斯语 6 种版本。

另外，疫情防控与旅行限制也给希腊境内的移民与难民的工作与生活带来了不便。例如，因为希腊岛屿上成千上万名庇护申请者需要在当地的银行

---

① "About Coronavirus," UNHCR in Greece, April 1, 2022, https：//help. unhcr. org/greece/coronavirus/.

机构排队数小时领取救助金，有关部门出于避免聚集、防控疫情的考虑，暂停了这些银行机构发放救助金的业务，并在有关岛屿上紧急投入建造自动取款机。此外，很多公共服务部门和学校都要求定期自费进行核酸检测，这对难民与移民来说也是一笔不小的支出。另外，疫情导致很多行业需要采用线上办公的方式，并且希腊公共部门办理与更新居留许可等与移民相关的业务一度转为网络远程方式进行，这对缺乏网络设备、不能熟练使用网络的难民与移民来说也是一个很大的挑战。这一方面是由于难民与移民的经济购买力偏低，另一方面则与希腊居民的数字化技能偏低有关。根据2020年的统计数据，希腊约12.5%的人口无法负担联网费用，这一比例在欧盟成员国中排名第5位，仅次于罗马尼亚、保加利亚、匈牙利和斯洛伐克。2021年，在16岁到74岁的希腊居民当中，只有50%多的人拥有基本的整体数字技能（basic overall digital skills），略低于欧盟平均水平，在所有欧盟成员国中排名第17位，即倒数第11位。① 随着数字时代的到来，居民的数字化能力对国民经济发展的重要作用已日益凸显，希腊人口的数字化技能亟须提升，希腊政府未来应将其列为优先发展与提升的领域。

由于近年来希腊风暴、暴雪、森林火灾等自然灾害频发，除国际移民外，希腊也出现了很多因自然灾害而被迫在国内迁徙的移民。据统计，2020年，希腊新增由灾害造成的国内流离失所者（displaced person）为13000人，人数在欧盟成员国中排名第2。②

地中海是世界上受气候变化影响的最脆弱的区域之一，目前存在海平面上升、地表温度上升和海洋变化不规律等问题，未来这种情况可能会日益严峻，所以可能会造成难民非法入境时所穿越的这片水域愈来愈危险。2018年，通过西地中海路线非法越境进入欧洲的人数高达57034人，2019～2021年出现了一些回落，但数量也维持在两万人左右。导致数量如此庞大的非法

① "How Many Citizens Had Basic Digital Skills in 2021?," Eurostat, March 30, 2022, https：//ec. europa. eu/eurostat/en/web/products-eurostat-news/-/ddn-20220330-1.
② "Global Internal Displacement Database," Internal Displacement Monitoring Centre（IDMC），https：//www. internal-displacement. org/database/displacement-data.

移民通过这一路线进入欧洲，除了经济原因外，也与非洲北部（如萨赫勒地区）气温上升导致的干旱气候密切相关。另外，也有研究表示，叙利亚地区的干旱气候进一步加剧了由国内动荡局势造成的移民潮。遗憾的是，这些"气候移民"的目的地——包括希腊在内的地中海国家近年来气候变化也愈来愈明显，自然灾害频发。以希腊为例，每年夏天，干旱造成的森林火灾都会绵延一两个月。而希腊冬季的风暴与雨雪灾害也对当地人的生活造成了众多不利影响，希腊难民营和难民安置中心的难民生存状况也因此变得更加恶劣。

实际上，近年来，全球气候危机正在深刻地影响着国际移民问题，已经成为研究国际移民不可回避的一个问题。希腊北部属温带气候区，南部属亚热带气候区。希腊近几年极端天气频发。近年来，希腊经历了多次与降水有关的极端事件。另外，城市地区夏季气温上升，希腊大陆居民与游客经常经历热浪。与此同时，沿海地区也出现了平均温度升高等气候现象。夏季的热浪与严酷的冬天也成为希腊能源需求不断增长、能源价格持续走高的原因。[1] 2021年8月，希腊拉里萨机场（Larissa Airport）气象站报告了44.0℃的创纪录高温，这是1949年以来希腊各气象站报告的最高温度。2022年1月，该气象站报告的-10.0℃则是希腊近73年来的气温最低值。1978～2021年，希腊全国有2个气象站报告了连续的温度值。关于这两个气象站气象报告的研究发现，1978～1983年，希腊的年平均温度约为17.8℃；而在2017～2021年，这一数值升至约19.4℃。在不到44年的时间里，希腊气象台记录的年平均气温增加了约1.6℃，全球气候变暖对希腊的影响可见一斑。[2]

由于希腊深受气候变化的影响，很多希腊的年轻人表示支持为因气候变化而被迫迁移的难民提供庇护。根据国际行动援助（Action Aid）在2021年进行的一项民调，15～35岁的希腊人中有超过50%的人认为，应该给予那

---

[1] Aristea Kounani et al., "Managing Climate Migrants' Inflows: Case Study of Greece," November, 2020.

[2] "The Climate in Greece," World Data, https://www.worlddata.info/europe/greece/climate.php.

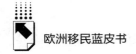

些因气候变化而逃离的人难民身份；另外，接受调查的希腊年轻人中有46%的人表示，他们"或多或少地"担心气候变化，这一比例与欧洲平均水平持平。调查还发现，希腊年轻人认为气候变化是世界上第三大最严重的问题，仅次于经济形势与失业、贫困与饥饿。①

在打击非常规移民方面，希腊与欧盟边防局等部门继续开展密切的合作。2020 年欧盟提出了新《移民与难民庇护公约》；2021 年，为应对非常规移民，欧盟更新了《欧盟打击偷渡行动计划（2021~2025）》（EU Action Plan against Migrant Smuggling 2021-2025）。2021 年 10 月，欧盟边防局与希腊有关部门合作，进行了为期四个月的实验，利用浮空器系统（aerostat systems）来进行海上监控和边境管控。用于实验的浮空器配备传感器、光电和热像仪以及雷达和自动识别系统接收器。欧盟边防局旨在利用这一高效的现代边境管控技术来检测未经授权的过境点、为搜索和救援行动提供支持以及打击跨境犯罪。②

当然，在应对非常规移民方面，希腊政府的一些严厉举措也受到了社会层面的质疑。例如，2021 年 6 月，外媒曝光希腊正使用高科技"声炮"装置阻止非常规移民从希腊-土耳其陆上边界埃夫罗斯边境哨所入境希腊。希腊方面将"声炮"安装在装甲车上，瞄准土耳其边境发出震耳欲聋的爆炸声，以制造一堵声音墙，阻止移民靠近。希腊此举遭到各界批评与反对。欧盟委员会官员认为这是一种"奇怪"的做法，且可能存在法律和基本人权等层面的问题。③

① "Greece: Young People Know Little about Climate Migration, but Still Seek Refugee Status for Climate Migrants," European Commission, April 21, 2021, https://ec. europa. eu/migrant-integration/news/greece-young-people-know-little-about-climate-migration-still-seek-refugee-status-climate_ en.

② "Frontex Tests Aerostat Systems in Greece for Border Surveillance," Frontex, October 14, 2021, https://frontex. europa. eu/media-centre/news/news-release/frontex-tests-aerostat-systems-in-greece-for-border-surveillance-b5E9I8.

③ "Greece Defends Use of Anti-Migrant Sound Cannons," EURACTIV, June 9, 2021, https://www. euractiv. com/section/justice-home-affairs/news/greece-defends-use-of-anti-migrant-sound-cannons/.

四 未来发展趋势

总体来看，2021 年希腊接收的庇护申请数量显著减少，为 2016 年以来的最低水平。由于难民数量大幅减少，希腊各岛屿上难民接收中心的压力大大降低。随着欧洲各国疫情防控常态化与陆续开放边境，2022 年之后进入希腊的难民数量预计会逐渐回升。以 2022 年 1 月为例，该月到达希腊的移民和难民虽然较 2021 年 12 月下降了 38%，但是比 2021 年 1 月同比增长了51%。随着疫情的蔓延与自然灾害频发，希腊境内移民、难民的生活与工作环境恶化。另外，气候变化和极端天气事件也严重影响了国际移民状况，希腊国内也出现了众多受自然灾害影响而被迫迁移的移民。为此，希腊有必要和国际社会一道，充分认识由气候引起的大规模移民运动的趋势以及应对这一棘手问题的迫切性，并制定相应的战略。

随着庇护申请数量的减少，希腊移民政策面临的主要挑战转变为难民与移民的社会融入问题。卡帕研究（KAPA Research）的一项民调显示，20 世纪 90 年代移民至希腊的一代人的社会融入程度较为乐观，而近些年移入希腊的"新移民"的社会融入状况欠佳。后者通常只是将希腊作为一个中转站，并没有长期居住在希腊的未来规划。尽管 21 世纪以来希腊政府更加重视移民融入问题，且出台了多项战略规划和有针对性的政策，但"新移民"并没能复刻"90 年代移民"成功融入希腊社会的范例，这与希腊经济不景气、移民难以进入劳动力市场且缺乏主动融入社会的意愿等多重原因有关。与大多数欧盟国家一样，希腊由于其人口结构与人才流失问题，亟须吸引外来移民。每年涌入希腊的难民与非常规移民均数量庞大，这无异于一把双刃剑：如果希腊能促进移民的融入，实现《国家移民战略》的既定目标，那么希腊自身的人口结构与经济环境等或将随着移民的融入而焕发新的活力；然而，倘若难民和移民的安置与融入问题无法得到解决，希腊将面临严重的人道主义危机，不利于其国家良好形象的塑造；对内势必将加深国内业已严重的失业、治安等问题。

自 2015 年以来，希腊已被欧盟其他国家用作阻拦不受欢迎的移民的缓冲区，这对希腊来说无疑是巨大的挑战。事实上，自 2019 年希腊新民主党执政以来，其实行的更为严厉的移民政策就饱受希腊国内外人士的广泛非议。有欧洲媒体认为，欧洲反移民态度日益加剧，而希腊正是这一趋势的引领者。有学者认为，希腊正在实施"一项致命的移民政策"，并认为希腊将整个欧洲推向舆论的风口浪尖。希腊总理基里亚科斯·米佐塔基斯在回应这些质疑时表示，希腊的政策"强硬但公平"。① 根据英国舆观调查网剑桥全球化项目（YouGov-Cambridge Globalism Project）对全球 25 个国家 26000 人的民调结果，希腊是欧洲各国中反移民情绪最强烈的国家。②

欧洲移民危机爆发至今已达数年，在此期间，欧洲各国特别是欧盟成员国一直面临着国家利益与人道主义精神的两难选择，并旨在两者之间维持微弱的平衡。但是，随着这一"价值观冲突"渐趋明显，难民和移民问题开始被"工具化"，2021 年上半年西班牙北非属地遭数千名摩洛哥难民涌入、2021 年下半年白俄罗斯与波兰边境事件都是移民问题被工具化的突出体现。在此复杂的国际环境下，希土边境的移民问题将不可避免地长期存在，并将与希、土政治与外交关系互相影响、互相作用，为东地中海地区地缘政治与移民问题增添更多的不确定因素。

---

① Daniel Trilling, "Greece Has a Deadly New Migration Policy – and All of Europe Is to Blame," *The Guardian*, August 27, 2020, https：//www. theguardian. com/commentisfree/2020/aug/27/greece – migration-europe-athens-refugees.

② Paul Peachey, "Greece Leads the Way as Europeans' Anti-immigration Attitudes Intensify," The National, October 27, 2020, https：//www. thenationalnews. com/world/europe/greece – leads – the-way-as-europeans-anti-immigration-attitudes-intensify-1. 1100723.

B.5

新冠疫情持续影响下的法国移民政策分析

王　牧　郑思捷*

摘　要： 2021 年，处于新冠疫情持续影响下的法国受国内、国际局势的影响，出现了移民人数反弹的"弥补效应"。在"疫苗注射行动"和"健康通行证"的双重保障下，法国政府逐步有序开放边境，恢复人员流动。出于经济复苏与发展的需要，法国政府着力推进"新创企业"与国际人才移民计划。因为英吉利海峡（芒什海峡）和北海海域非法越境事故频发，法国政府决心开展国际合作，坚决打击非法移民人口走私犯罪。为了更好地安置难民和有效促进移民融入，法国政府大力开展"数字化服务管理机制"，帮助弱势移民群体，并对新到来的移民进行"地区引导安置"以更加合理地分配资源，保障移民权益。未来，法国政府作为新一届的欧盟轮值主席，将寻求在欧洲层面，乃至更大的范围实行有效率、有组织的移民治理策略。

关键词： 新冠疫情　法国　移民政策

2021 年法国的疫情经历了反复的缓解和反弹，最终在年底出现了感染人数激增的情况（见图1）。从 2020 年初至 2021 年底，法国一共出现了5 次疫情高潮，其中 3 次发生在 2021 年：4 月、8 月和 12 月。特别是 12 月

---

* 王牧，博士，广东外语外贸大学西方语言与文化学院教授，硕士生导师，国际移民研究中心研究员，主要从事法国语言文学、区域国别研究；郑思捷，广东外语外贸大学西方语言文化学院法语语言文学硕士研究生。

25 日，单日新增病例首次突破 100000 例，12 月 31 日单日确诊病例达232200 例。[①] 据统计，至 2021 年底，17.1% 的新冠病毒测试结果为阳性，每 100000 名法国人中有 1908 例感染者。[②] 法国公共卫生部（SPF）流行病专家尼古拉·梅蒂（Nocalos Méthy）在评价法国的疫情现状时说道："这是疫情发生以来从未达到的水平。"[③]

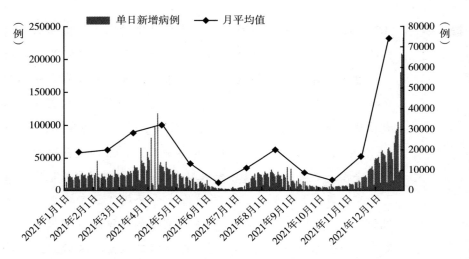

图 1　2021 年 1 月 1 日至 12 月 31 日法国新冠肺炎病例统计

资料来源：法国公共卫生部（Santé publique France），https：//www. santepubliquefrance. fr/dossiers/coronavirus-covid-19/coronavirus-chiffres-cles- et-evolution-de-la-covid-19-en-france-et-dans-le-monde。

---

① "Vagues de Covid en France：5ème, pic, courbe, graphique," Journal des femmes. fr. , 17 décembre, 2021, https：//sante. journaldesfemmes. fr/fiches-maladies/2625401-courbe-covid-france-evolution-vague-5eme-pic-2020-2021-2022-date-graphique-pic/.

② Florence Rosier, "Covid-19：en France, une flambée des contaminations inédite avec le variant Omicron," le monde. fr. , le 8 janvier, 2022, https：//www. lemonde. fr/planete/article/2022/01/08/covid-19-en-france-une-flambee-des-contaminations-inedite-avec-le-variant-omicron_6108650_3244. html.

③ Florence Rosier, "Covid-19：en France, une flambée des contaminations inédite avec le variant Omicron," lemonde. fr. , le 8 janvier, 2022, https：//www. lemonde. fr/planete/article/2022/01/08/covid-19-en-france-une-flambee-des-contaminations-inedite-avec-le-variant-omicron_6108650_3244. html.

　　尽管健康危机仍在持续，2021 年法国的移民人数不减反增，签证、居留、庇护、入籍的人数都较 2020 年有所增长。其中，2021 年法国政府共发放 733069 份签证，相较于 2020 年（712317）增长了 2.9%。2021 年各类居留证发放的数量较 2020 年有明显增长（见表 1），略低于疫情前 2019 年的水平。[①] 同时，不少于 10 万名避难申请人向"法国保护难民与无国籍者办公室"（Ofpra）提交了资料，得到批准的庇护申请数量接近 40%，而法国政府 2021 年驱逐非法入境者比例约为十分之一。[②] 并且，"法国保护难民与无国籍者办公室"和"避难法国家法院"（CNDA）2021 年共批准了 54094 例庇护申请，比 2020 年增加了 62.9%。最后，2021 年法国政府公布的入籍人数为 94092 人，比 2020 年（84864）增加了 10.87%。[③]

表 1　法国政府 2020～2021 年居留证发放数量

单位：份，%

	2020 年	2021 年	增长率
工作	26768	36560	36.6
家庭团聚	75945	88225	16.2
留学	73030	85080	16.5
人道主义	32965	43200	31.0
其他	14220	18610	30.9
总计	222928	271675	21.9

资料来源：法国外国侨民资料管理数据库（AGDREF），https：//www.vie-publique.fr/en-bref/283396-immigration-les-chiffres-pour-2021。

---

① "L' immigration：les premiers chiffres pour 2021," vie-publique.fr., le 5 février, 2022, https：//www.vie-publique.fr/en-bref/283396-immigration-les-chiffres-pour-2021.

② Jean Marc Leclerc, "2021：année d' immigration intense en France," lefigaro.fr., le 31 décembre, 2021, https：//www.lefigaro.fr/actualite-france/2021-annee-d-immigration-d-intense-en-france-20211230.

③ "L' immigration：les premiers chiffres pour 2021," vie-publique.fr., le 5 février, 2022, https：//www.vie-publique.fr/en-bref/283396-immigration-les-chiffres-pour-2021.

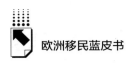
一 "弥补效应"与移民政策

专家认为法国 2021 年出现的移民数量反弹是一种"弥补效应"（un effet de rattrapage），这种效应首先源自法国国内防疫政策的变化对移民流动的影响。虽然 2021 年 4 月 3 日到 5 月 3 日实行了第三次"禁足令"，但是和 2020 年的两次"禁足令"相比，这一次的限制更为"温和"，被允许开放的商铺有所增加，居民没有许可证也可以在离家 10 公里的范围内自由活动。① 同时，2020 年 12 月开始的"疫苗注射行动"（la campagne de vaccination）在 2021 年得到了大力推广。2021 年 6 月，随着"健康通行证"（Pass sanitaire）的实施，"宵禁"也逐步放松，法国的海关和边境相继开放，使 2020 年放缓的移民流动得以恢复，甚至有所增加。

其次，"弥补效应"的产生也源于国际形势的影响。2021 年法国接收避难申请者最多的来源国是阿富汗，显而易见，这和阿富汗国内的政治局势密切相关。排名第 2 位的国家是科特迪瓦，大约有 6000 名申请者向法国提出避难保护。事实上，从 2020 年开始的科特迪瓦总统大选一直纷争不断，暴力事件屡有发生，使得国内局势日趋紧张，引起了科特迪瓦人向国外移民人数的增长。接下来的国家是孟加拉国和几内亚，其中几内亚在 2021 年 9 月爆发了军事政变。紧随其后的土耳其近年来恐怖活动猖獗，国内安全局势不稳定导致向外移民的人数逐年增加。值得注意的是，2021 年来自阿尔巴尼亚的难民人数激增，比上一年增长了 135%，这是因为阿尔巴尼亚人进入申根国家不需要护照，同样的原因也导致近年来法国的格鲁吉亚难民人数快速增长（见表 2）。

最后，"弥补效应"给疫情持续影响下的法国带来了沉重的压力，具体表现在移民安置的各个方面。其一，难民社会融入难度增大。法国政府在 2021 年

---

① "Calendrier confinement en France," veryutile, le 11 janvier, 2022, https：//www.very-utile.com/confinement-coronavirus-2020-2021.php.

表 2　法国主要难民来源国统计（2021 年）

单位：人，%

国家	2021 年	相较于 2020 年的增长率
阿富汗	16126	62
科特迪瓦	6268	35
孟加拉国	6232	36
几内亚	5286	13
土耳其	5001	63
阿尔巴尼亚	4917	148
格鲁吉亚	4606	159

资料来源：法国内政部（Ministère de l'intérieur de la France），https：//www. vie-publique. fr/en-bref/283396-immigration-les-chiffres-pour-2021。

收到了 16000 份来自阿富汗的庇护申请，其中有大约 4000 人搭乘航班来到法国，他们和通过其他各种渠道来到法国的阿富汗难民不同，因为他们在国内属于精英阶层，在社会融入方面没有太大困难。但是，剩下 3/4 的阿富汗难民大都为穆斯林，他们在接受法国文化和学习法语方面将遇到较大的问题。其二，"法国移民与融入办公室"（OFII）与国家医疗系统面临来自移民的巨大压力。2021 年法国给不断到来的难民发放了超过 10000 张居留证。另外，还发放了近 26000 张居留证给予照顾这些难民的人。同时，法国国家医疗帮助体系（AME）面临巨额的财政赤字，因为法律规定国家医疗帮助体系也适用于非常规移民，法国政府每年在移民医疗上要花费约 10 亿欧元。其三，难民的安置资源不足。2021 年法国政府向避难者申请提供了约 11000 个住宿名额，但是仅有 10% 的难民被安置，由于疫情的持续发展，法律规定 2021 年在国家安置机构的居留时间从 2020 年的 435 天延长至 625 天，这样的决定使得难民的安置资源更加紧缺。①

---

① Jean Marc Leclerc, "2021：année d'immigration intense en France," lefigaro. fr., le 31 décembre, 2021, https：//www. lefigaro. fr/actualite-france/2021-annee-d-immigration-d-intense-en-france-20211230.

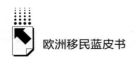

二 双重保障下有序开放的法国边境

2020年12月，法国政府启动"疫苗注射行动"，截至2021年12月26日，法国已完整接受疫苗接种的居民人口占比为77%。按照年龄划分，70岁及以上居民的疫苗接种率为98%，50~69岁以及18~29岁两个年龄段居民的疫苗接种率也超过90%。按照地区统计，法国东部居民的接种率明显高于西部，接种人数最多的是西北布列塔尼大区，达到83%，法国本土接种率最低的科西嘉岛，也达到了66%。① 2021年5月10日，法国政府宣布了有关"健康通行证"的基本规定：第一，"健康通行证"分为纸质版和数字版两种，2021年6月9日起投入使用；第二，获得"健康通行证"的条件为：注射双针疫苗后两周，单针疫苗注射后四周，有新冠病史的人注射疫苗后两周；第三，入境者要得到"健康通行证"还必须提供入境前72小时之内进行的"抗原检测"（SARS-Cov-2）或"病毒生物学筛查"（RT-PCR）的阴性检测结果证明；第四，申请者登录专门的平台（SI-DEP）就可以获得个人的检测信息，并打印检测结果；第五，通过扫描"健康通行证"右侧的二维码就可以将"通行证"保存进手机；第六，如果在6个月之内检测结果曾呈现阳性，将不能获得"健康通行证"。②

2021年，在"疫苗注射行动"和"健康通行证"的双重保障下，法国政府逐步开放海关与边境，放宽对人员流动的限制。2021年4月26日，在法国"健康通行证"政策颁布前夕，欧盟主席冯·德莱恩（Ursula von der Leyen）宣布欧盟国家将逐步对已经接种疫苗的旅行者及其他入境者开放。③

---

① "Covid-19：cinq chiffres sur la campagne de vaccination," franceinfo, le 27 décembre, 2021, https：//www.francetvinfo.fr/sante/maladie/coronavirus/vaccin/covid-19-cinq-chiffres-sur-la-campagne-de-vaccination-un-an-apres-son-lancement-en-france_ 4894509.html.

② "Pass sanitaire：toutes les réponses à vos questions," gouvernement.fr., le 10 mai, 2021, https：//www.gouvernement.fr/pass-sanitaire-toutes-les-reponses-a-vos-questions.

③ "Coronavirus：les touristes américains vaccinés pourront voyager en toute l'Europe," 20 minutess.fr., le 26 avril, 2021, https：//www.20minutes.fr/sante/3029271 - 20210426 - coronavirus-touristes-americains-vaccines-pourront-voyager-union-europeenne.

2021 年 6 月 9 日，法国政府实施了经过修改的《出入境法令》，和 2020 年 3 月 18 日宣布的《为抗击新冠疫情扩散而采取的边境控制决定》相比较，最大的不同有两点：第一，放开对出入境人员的限制；第二，实行疫情分区防控策略。关于第一点，2020 年的《边境控制决定》中明确指出：被允许入境者限于欧盟国家公民、拥有法国或欧盟国家居留许可并申请与家人团聚的外国人及其配偶和子女，从事国际货物运输的外国人，外国卫生专业人员，其他人员除非有必要理由不得入境。① 2021 年的《出入境法令》放宽了入境人员要求，规定以下人员被允许入境：法国公民和他们的配偶及子女，法国旅居欧洲国家的侨民和他们的配偶及子女，在欧洲国家拥有国籍或是住房的居民，以及其他需要在法国中转和入境的外国旅客（按照分区防疫措施经检测入境）。② 关于第二点，2021 年的《出入境法令》根据疫情对出入境人员来源国进行分类：绿色国家和地区指未观察到病毒活跃传播且未发现令人担忧的变种的国家和地区；橙色国家和地区指观察到病毒以受控比例活跃传播的国家与地区。基于分区，往返法国领土的人员是否被允许入境取决于人员来源国家和旅行者的疫苗接种情况。该法令规定如果法国公民和其他欧盟国家公民在入境时没有完整的疫苗接种证明或新冠康复证明，12 岁以上的旅行者必须提供 24 小时以内的"抗原检测"或"病毒生物学筛查"阴性结果证明。来自其他绿色国家和地区以及橙色国家和地区的 12 岁以上旅客，无论其疫苗接种状态如何，都必须在登机时出示 48 小时内进行的病毒筛查测试或抗原测试的阴性证明。另外，未接种疫苗的旅行者除非有令人信服的理由必须自我隔离 7 天，并在隔离期结束时接受

---

① "Instruction：Décisions prises pour lutter contre le coronavirus en matière de contrôle aux frontières," Assistance publique hôpitaux de Paris, le 18 mars, 2020, http：//affairesjuridiques. aphp. fr/textes/ instruction-decisions-prises-pour-lutter-contre-la-diffusion-du-covid-19-en-matiere-de-controle- aux-frontieres-18-mars-2020/.

② "Coronavirus Covid – 19," France diplomatie, le 4 févirier, 2022, https：//www. diplomat ie. gouv. fr/fr/conseils-aux-voyageurs/informations-pratiques/article/coronavirus-covid-19.

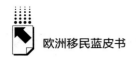

测试。对于所有到达法国领土的人员，都有义务配合病毒筛查检测或抗原检测。[①] 2021年，在严格的检疫措施保障下，法国的边境有序开放，逐步恢复移民流动和人员出入境。

三　推动"新创"人才移民

"新创企业"（Start-Up）是指有巨大潜力和发展可能性的创新型企业，这些企业主要集中于一些新科技领域，尤其是互联网行业。[②] 2021年10月21日，欧洲移民网络（EMN）联合法国财政部、商务部、内政部移民署以及经济合作与发展组织（OECD）召开了一次线上研讨会，主题为"欧盟内部技术领域的新创企业与国际人才签证"。研讨会的参加者包括来自十几个欧盟成员国的企业和政府代表，研讨的目的在于：一方面介绍"欧洲移民网"所搜集的欧盟内部与新创企业相关的移民信息，另一方面介绍欧盟各成员国最新实施的吸引新创企业和国际人才的法令。最后，会议明确提出吸引新创企业和欧洲以外国家的人才移民已经成为法国乃至欧洲的优先政治考量。[③]

"新创人才移民政策"之所以进入法国及欧盟的政治规划，是因为法国及欧洲各国对疫情后经济复兴的迫切需要，各国政府都明白人才是复苏经济的关键因素，技术则是核心动力。事实上，2021年3月的两次"欧洲倡议"（Initiatives européennes）就已经明确提出了"新创人才移民政策"的讨论。第一次倡议名为"提升欧洲倡议"（Scale-up Europe），是由法国和欧盟委

---

① "Coronavirus Covid-19," France diplomatie, le 4 févirier, 2022, https：//www. diplomatie. gouv. fr/fr/conseils-aux-voyageurs/informations-pratiques/article/coronavirus-covid-19.

② "La Start-up：définition et particularités de ces sociétés," le coin des entrepreneurs. fr. , le 8 février, 2022, https：//www. lecoindesentrepreneurs. fr/start-up-definition-particularites/.

③ "Les visas pour les start-ups et les talents internationaux dans le domaine des technologies au sein de l'Union européenne," ministère de l'intérieur. gouv. fr. , le 21 octobre, 2021, https：//www. immigration. interieur. gouv. fr/Info-ressources/Actualites/L-actu-immigration/Les-visas-pour-les-start-ups-et-les-talents-internationaux-dans-le-domaine-des-technologies-au-sein-de-l-Union-europeenne-seminaire-en-ligne-du-Point-de-contact-francais-du-REM-21-octobre-2021.

员会联合策划，旨在加速欧洲技术冠军的出现。该倡议中公布了"提升欧洲-打造全球技术领导者宣言"，将吸引国际人才作为欧洲技术生态系统发展的决定性因素。第二次倡议名为"欧盟创业国家标准"，旨在加速欧洲新创企业的发展。这次倡议提出了管理欧洲创新型企业的八项决定，以加强欧洲的在国际舞台上的竞争力。

2021年3月19日，欧盟成员国签署部长级宣言"欧盟初创国家卓越标准"。宣言中有关新创人才的政治优先事项主要涉及以下几点：第一，签证和居留许可；第二，与经济项目相关的简化启动条例；第三，专门的信息服务与法律咨询服务；第四，公私合作结构的存在与运营和情况指导。① 事实上，为了吸引国际人才，欧盟各国需要改进的地方不少，包括烦琐的行政程序，融资渠道的匮乏，各成员国之间政策的差异等。同时，欧洲国家面临与其他国家在吸引和招聘人才方面的激烈竞争。近年来，欧盟委员会与经合组织致力于发展"欧盟人才库"（Réserve européenne de talents），这个项目也得到了法国内政部移民署的积极响应，并建议在相关平台上提供包括欧洲以及欧洲以外国家候选人的资料，以便让国际人才能够与欧洲的企业建立便捷的交流渠道，使欧盟对高技术人才更具吸引力。2021年10月27日，欧洲议会投票通过了几项关于技术人才的《移民新决议》，具体内容包括：第一，简化移民手续、促进移民流动性；第二，为自由职业者和企业家申请5年的多次入境签证，允许他们每年进入欧盟国家最多达90天；第三，移民技能必须与市场需求相匹配；第四，欧盟应为欧洲以外国家的人才提供合法移民的新途径并保障其工作条件，特别是中小企业和新创企业的创立者，以及来自欧洲以外国家的艺术家和文化领域的专业人士；第五，促进人才在欧盟国家内部的流动，允许长期居住在一个欧盟成员国的外国人也能长期居住

---

① "Les visas pour les start-ups et les talents internationaux dans le domaine des technologies au sein de l'Union européenne," Ministère de l'intérieur, le 21 octobre, 2021, https://www.immigration.interieur.gouv.fr/Info-ressources/Actualites/L-actu-immigration/Les-visas-pour-les-start-ups-et-les-talents-internationaux-dans-le-domaine-des-technologies-au-sein-de-l-Union-europeenne-seminaire-en-ligne-du-Point-de-contact-francais-du-REM-21-octobre-2021.

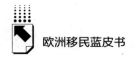

在欧盟内的其他国家；第六，建议欧盟各国于 2022 年 1 月 31 日之前针对以上决议提出新的立法议案。①

法国政府近年来积极推进新创企业"落户"本国。2017 年，法国商务部设立了"接待办公室"（le Welcome Office）和"欢迎来法国——帮助您安顿下来"（Welcome to France - Helping You to Settle in）的官方网站，为来自外国的新创企业国际人才及家属提供信息服务。之后，法国商务部再次设立名为"欢迎来到法国科创"（Welcome to la French Tech）的信息平台，为国际人才及企业投资人提供移民和家庭安置的服务与支持。2020 年，法国政府放宽了 2017 年制定的《新创企业评估标准》并规定：任何企业只要经外部专家评估证明，在可预见的未来，能够发展新的产品、服务或技术手段，明显较之前有所改进，并在没有获得援助的前三年，研发活动的费用至少占其收益的 10%，就可以获得政府专门的资助。② 2021 年，法国政府宣布从 5 月 25 日开始简化"人才护照"申请及发放手续，具体规则如下：第一，申请者可直接在线提交申请，无须去柜台办理手续；第二，"人才护照"适用于新创公司的合格员工、研究人员，以及希望在法国投资的创新经济项目负责人；第三，"人才护照"的居留可长达 4 年，且申请人无须提交工作许可；第四，配偶和子女可享受"家庭人才护照"居留许可，在法国生活和工作；第五，申请人可在个人空间获悉文件办理进度，并可通过短信或其他线上方式获得需要的信息。③ 据统计，截至 2021 年 12 月，法国境内成立时间少于 8 年的新创企业一共雇用了 150 万名员工。虽然目前这些企

---

① "Migration légale：une réserve européenne de talents et plus d'options pour les entrepreneurs immigrants," Parlement européen Actualités, le 27 octobre, 2021, https：//www.europarl. europa.eu/news/fr/press-room/20211019IPR15241/migration-legale-une-reserve-europeenne-de-talents.

② "QUESTIONS RELATIVES À LA LOI DU 18 AVRIL 2020 VISANT A METTRE EN PLACE UN REGIME DE GARANTIE EN FAVEUR DE L'ECONOMIE LUXEMBOURGEOISE DANS LE CADRE DE LA PANDEMIE COVID 19," public. lu.，le 18 avril，2020，https：//te. public. lu/content/dam/tresorerie/fr/garanties/FAQ-loi-18-04-2020-garanties-v2. pdf.

③ "Dématérialisation de la demande de titre de séjour *passeport talent*," Préfet de Seine et Marne. gouv. fr.，le 25 mai，2021，https：//www. seine-et-marne. gouv. fr/Actualites/Actualite-du-prefet/Dematerialisation-de-la-demande-de-titre-de-sejour-passeport-talent.

业的平均营业额不高，约为 277000 欧元，所占出口份额也很小，约为
6%，[1] 但是它们比传统企业创造了更多的就业机会，也具有更大的发展潜
力，对于法国疫情之后的经济复苏将起到重要的作用。

四　合作打击非法移民人口走私犯罪

2015 年 6 月，欧盟制定了《欧盟打击偷渡行动计划（2015～2020）》，
通过情报检测和金融调查来削弱有组织的犯罪网络，制止洗钱并没收犯罪人
的资产，同时呼吁欧盟各成员国采取更全面和平衡的方法，保护和帮助人口
贩运受害者。[2] 2021 年 3 月，欧盟公布了《欧盟打击偷渡行动计划（2021～
2025）》，明确指出偷运移民是一种全球性犯罪，使移民面临致命风险，建
议各国将预防和打击偷运移民作为《移民法》和《庇护法》的核心内容。
新计划与上一份计划相比增加了"合作治理非法移民"的相关措施，提出：
加强欧盟内部的警力、边防合作与信息交流，同时与非法移民的原籍国和过
境国进行有针对性的合作。[3]

据法国北部海域和英吉利海峡海事局统计，自 2021 年初以来，从法国
北部海岸偷渡到英国的企图越境事件达 1281 起，共涉及 33083 人。[4] 一年之

---

[1] Corinne Caillaud, "Elles embauchent 1, 5 million de salariés," lefigaro. fr. , le 1 décembre, 2021, https：//www. lefigaro. fr/societes/la-france-compte-1-million-de-start-up-20211201.

[2] "Plan d'action de l'UE contre le trafic de migrants（2015～2020），" Comité économique et social européen, le 30 juin, 2015, https：//www. eesc. europa. eu/fr/our - work/opinions - information-reports/opinions/plan-daction-de-lue-contre-le-trafic-de-migrants-2015-2020-communication.

[3] "Lutter contre le trafic de migrants：plan d'action de l'Union pour la période 2021-2025," le 29 mars, 2021, Commission européenne, https：//ec. europa. eu/info/law/better - regulation/have-your-say/initiatives/12724-Lutter-contre-le-trafic-de-migrants-plan-d%E2%80%99action-de-l%E2%80%99Union-pour-la-periode-2021-2025_ fr.

[4] Romain Impach, "Immigration vers le Royaume-Uni：les traversées par la Manche ont triplé en 2021," lemonde. fr. , le 26 novembre, 2021, https：//www. lemonde. fr/les-decodeurs/article/2021/11/25/immigration-vers-le-royaume-uni-les-traversees-de-la-manche-ont-triple-en-2021_ 6103611_ 4355770. html.

内，法国北部海域的偷渡人数激增（见图2），引发了不少船只沉没、人员伤亡和失踪事故。2021年11月24日在英吉利海峡附近的北海地区发生了自2018年以来最严重的运送非法移民船只沉没事件，导致27人丧生。据调查，幸存者中有来自索马里和伊拉克的难民。事故的直接原因是加来港及沿线港口的封锁使得非法移民试图搭乘偷渡船只到达英国。这次事件引起了法国政府的高度关注，总统埃马纽埃尔·马克龙（Emmanuel Macron）宣布在次日举行"部长会议"，讨论欧盟各国合作治理边境的相关措施。①

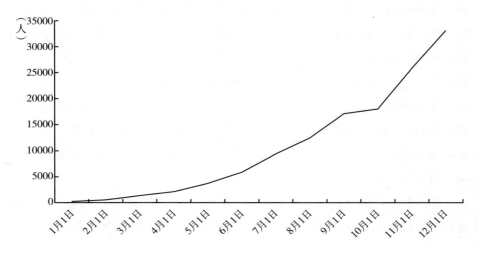

图2　2021年法国北部海域偷渡人数

资料来源：法国内政部（Ministère de l'Intérieur de la France），https：//www. lemonde. fr/les－decodeurs/article/2021/11/25/immigration－vers－le－royaume－uni－les－traversees－de－la－manche-ont-triple-en-2021_ 6103611_ 4355770. html。

11月28日，法国、德国、比利时与荷兰政府，以及负责内政事务的欧盟专员、欧盟边防局（Frontex）、欧洲刑警组织（Europol）代表在法国北部城市加来召开会议并发表联合声明，宣布四国将针对英吉利海峡和法国北海

① "Calais：au moins de 27 morts dans le naufrage d'une embarcation," lemonde avec AFP, le 24 novembre, 2021, https：//www. lemonde. fr/international/article/2021/11/24/calais－au－moins－vingt-migrants－morts－dans－le－naufrage－d'une－embarcation－dans－la－manche_ 6103452_ 3210. html.

区域的非法移民人口走私犯罪进行治安与司法合作，法国内政部部长热拉尔德·达尔马宁（Gérald Darmanin）参加了这次会议。① 根据欧盟在 2008 年 10 月提出的《欧洲移民与难民庇护公约》的分析，目前欧盟范围内观察到的非法海上过境行为是犯罪网络组织的跨越申根地区到英国的移民流动的结果。② 显然，加来周边的海上通道相较于地中海通道更安全，因此非法移民和走私者选择这条海上航线作为过境点。

四国会议上，法国政府代表宣布将尽一切可能有效打击利用弱势移民的走私犯罪活动，其他国家和机构的代表也都表达了共同的信念，要求加强合作以更有效地遏制非法移民在申根区内的二次流动，不仅在英吉利海峡和北海沿岸，而且在整个欧洲以及难民来源国和过境国之间推进共同防御与多边合作。在法国政府的倡导下，基于对目前局势的认识与合作意向，各国制定了两大行动计划。一方面，合作打击非法移民人口走私网络。参与国承诺将采取一切适当手段，以协调方式加强边境地区的警力合作。为此，各国将开展刑事情报交流，联合监视行动，以及国家主管部门之间在执法方面的合作与边境保护。同时，利用现有的结构与伙伴关系，加强"警察和海关合作中心"（CCPD）的力量，深化"欧洲刑警组织"和"欧盟边防局"等机构之间的司法合作，并充分利用各类信息渠道，特别是"欧洲打击犯罪威胁平台"（EMPACT）。另外，法国提出必须联合英国采取合作行动，虽然英国已经脱离欧盟，但是显而易见，英国是目前英吉利海峡和北海海域的非法移民迁徙的最终目的地。另一方面，会议确定与难民来源国和过境国开展合作的行动计划。参与国承诺在重新接纳的问题上与

---

① "Déclaration commune sur les enjeux migratoires et la coopération policière et judiciaire dans la Manche et la mer du Nord," Ministère de l'intérieur, le 28 novembre, 2021, https://www.immigration.interieur.gouv.fr/Info - ressources/Actualites/Communiques/Declaration - commune- sur-les - enjeux - migratoires - et - la - cooperation - policiere - et - judiciaire - dans - la - Manche-et-la-mer-du-Nord.

② "Pacte européen sur la migration et l'asile: quel bilan après un an de son adoption ?," vie-publique.fr., le 8 octobre, 2021, https://www.vie - publique.fr/en - bref/281773 - pacte - europeen-sur-la-migration-et-lasile-un-premier-bilan.

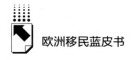

难民来源国进行协商，推进欧洲关于移民和庇护公约的谈判，特别是关于外部边境治理的磋商。同时，推动欧盟边防局、欧洲刑警组织以及欧洲各国，尤其是移民过境国之间的合作，对非法移民路线进行空中监视，推进各国警方的合作与资源分配。①

　　近年来，法国的非法移民人数呈明显的增长趋势，非法入境者和滞留者逃避了立法和监管的制约以及官方的人口普查，成了移民治理的"盲点"。据法国移民部所提供的数据，至2021年8月，法国境内大约有90万名非法居留者，实际的数据有可能远不止于此。非法移民的人数无法确切统计，但是有一个较为可靠的反映机制，那就是法国国家医疗帮助体系，其受益人也包括非法移民。据统计，享受免费医疗服务的外国人逐年激增，② 这就说明非法移民以及相关的人口走私犯罪愈演愈烈。这些非法移民有的是通过非正常渠道，如人口走私入境的难民，有的是临时居留到期后滞留在法国领土的外国人，还有的是被拒绝却没有被遣返的申请庇护者。据政府发言人弗朗索瓦·卢卡斯（François Lucas）的说法，法国境内非法移民人数的增长表明了庇护程序被滥用的情况，尤其是"经济类移民"，2018～2019年此类申请的数量急剧上升，使得法国甚至超过了德国成为对移民"最具吸引力"的国家。③ 由此可见，法国的非法移民治理不仅要加强边境防控，严格"禁入"不合条件者，同时还需要完善相关《移民法》和《庇护法》，坚决"请出"非法移民。

① "Déclaration commune sur les enjeux migratoires et la coopération policière et judiciaire dans la Manche et la mer du Nord," Ministère de l'intérieur, le 28 novembre, 2021, https://www.immigration.interieur.gouv.fr/Info-ressources/Actualites/Communiques/Declaration-commune-sur-les-enjeux-migratoires-et-la-cooperation-policiere-et-judiciaire-dans-la-Manche-et-la-mer-du-Nord.

② "L'immigration illégale en France," observatoire.fr., le 9 août, 2021, https://observatoire-immigration.fr/limmigration-illegale-en-france/.

③ "L'immigration illégale en France," observatoire.fr., le 9 août, 2021, https://observatoire-immigration.fr/limmigration-illegale-en-france/.

五　服务、保护与保障

2021 年，法国政府在疫情持续影响的背景下针对移民提供"数字化服务管理机制"及配套网络服务（ANEF），涉及移民在法国生活的方方面面，从申请签证、居留、庇护到归化、工作及个人情况变更。在官方的网页上，用户可以申请个人账户以便办理相关文件及手续，并及时了解政府的反馈与要求。目前，网上服务模块分为四个部分，分别是：长期居留办理，学生、人才、外交签证办理及更新，工作申请，个人情况变更。申请者可以根据自己的情况在线上咨询、办理相关手续，并跟踪文件审核的整个过程。①

自疫情发生以来，欧洲各国移民失踪和家庭分离的案例明显增长，在法国政府的倡议下，欧盟为处于相对弱势的移民群体提供进一步的保护与帮助。2021 年 10 月 15 日，欧洲移民网络（EMN）的法国联络点联合红十字国际委员会（ICRC）、红十字欧洲办事处和法国红十字会联合举行了一次主题会议，探讨移民的分离与失踪现象，并提出建立相关预防机制的决议。法国外国人管理总署负责人让·巴蒂斯特·赫尔贝（Jean-Baptiste Herbet）明确表示法国政府将把移民的分离和失踪案例列入国家政治优先事项。欧洲移民网络法国联络点官员塔玛拉·布斯切克·舒维尔（Tamara Buschek-Chauvel）表示欧盟已采取措施将新到来的移民和难民以家庭为单元进行安置，但到目前为止，欧洲各国还没有启动专门的程序用来搜寻失踪的移民与难民。会议以荷兰代表介绍的经验为议题，总结了目前各国实行的关于移民家庭团聚的相关法律细则，并着重强调：各国的移民法和庇护法应当以防止移民和庇护者的家庭分离，同时尊重家庭团结为原则，建

---

① "Qu'est-ce que l'administration numérique pour les étrangers en France," Ministère de l'intérieur, le 8 décembre, 2021, https://www.immigration.interieur.gouv.fr/Info-ressources/Actualites/L-actu-immigration/Qu-est-ce-que-l-Administration-Numerique-pour-les-Etrangers-en-France.

议对移民家庭实行"封闭式"管理以避免人员失踪和分离的情况。按照荷兰代表介绍的经验，管理过程可分为三个阶段：进入领土、抵达接待中心和启动自愿返回程序。在此期间，政府将为移民安排封闭式的接待中心，并以家庭为单位提供陪伴和指导。"法国红十字会重建家庭联系机构"（RLF）负责人弗洛伦斯·博雷尔（Florence Boreil）介绍了法国红十字会在寻找失踪移民、维持家庭联系方面所采取的措施，并强调：应当建立包括政府、国际组织、失踪人员家属和志愿者在内的多方合作，在疫情持续期间充分发挥网络平台在收集信息、加强联络以及促进合作方面的关键作用。①

据法国内政部统计，2021 年到达法国的难民主要集中在法兰西岛地区，造成了该地区的安置系统压力陡增，而其他不少外省的安置中心尚有余力（见表3），因此法国政府开始对申请庇护者实行"地区引导安置"，这样不仅能够缓解中心地区的接待压力，更好地分配资源，申请庇护者也能够得到更有效的引导与帮助。按照计划，到达法国的申请庇护者将被允许在当地的"行政检查接待中心"（CAES）停留一个月，然后经政府安排统一转移到指定的"长期住宿点"（CADA）。

法国内政部于 2020 年 12 月 18 日颁布了 2021~2023 年申请庇护者的接待与安置政策决议，并制定了基本路线："更好的住宿、更好的陪伴。"该政策包括"改善接待与融入条件"和"平衡各地区的安置责任"及具体措施。该政策规定：政府采用数字化管理的方式处理申请庇护者的文件，并将相关程序缩减为 6 个月；强化"法国难民与无国籍保护局"和"避难法国家法院"的各项职能；根据政府的"经济复兴计划"与财政支持政策，简化各地住宿接待机构的管理程序，2021 年在各地的接待安置中心新增 4500 个

---

① "La séparation et la disparition des migrants," Minsitère de l'intérieur, le 15 octobre, 2021, https：//www. immigration. interieur. gouv. fr/Info－ressources/Actualites/L－actu－immigration/La－separation－et－la－disparition－des－migrants－les－approches－des－Etats－membres－pour－prevenir－la－separation－des－familles－et－les－mecanismes－de－recherche－des－migrants－portes－disparus－conference－en－ligne－du－Point－de－contact－francais－du－REM－15－octobre.

表3 2021年法国各地区对申请庇护者的安置计划

单位：人，%

地区	申请人数	所占比例	计划比例
法兰西岛	5017	46	23
奥弗涅-罗讷-阿尔卑斯大区	965	9	13
大东部地区	962	9	11
欧西坦尼亚大区	532	5	7
新阿基坦大区	418	4	9
诺曼底大区	354	3	5
中央卢瓦尔河谷大区	338	3	4
布列塔尼大区	260	2	5
勃艮第-弗朗什-孔泰大区	231	2	5

资料来源：法国内政部（Ministère de l'Intérieur de la France），https：//www.france-terre-asile.org/actualites/actualites-choisies/publication-du-nouveau-schema-national-d-accueil-des-demandeurs-d-asile-et-d-integration-des-refugies-pour-la-periode-2021-2023。

位置；建立更为灵活的国家接待体系，联合国家、地区与全社会的力量实行分散接待与安置引导；政府为申请庇护者提供更为有效的陪伴，尽早开展各项服务，帮助其更好地了解国家法律并鼓励融入；延续法国政府2018年9月10日公布的申请庇护者地区引导计划，从2021年初开始加速该计划有效率的实行；预计每月引导2500人从法兰西岛迁往其他地区，避免因移民潮过度集中而导致的接待资源不足；由法国移民与融入办公室根据各省的安置设施和接待能力合理分配申请庇护者的人数。①

六 结语

未来，法国政府对于移民治理的构想将超越领土界线，在整个欧洲，乃

① "Demandeurs d'asile et réfugiés：quelle politique d'accueil en 2021-2023," vie-publique.fr.，le 30 décembre，2021，https：//www.vie-publique.fr/en-bref/277873-demandeurs-asile-et-refugies-politique-daccueil-2021-2023.

至移民过境国和来源国的范围内对移民的接待、安置、遣返和融入实行更为有效的管理模式。自 2022 年 1 月 1 日，法国就任欧盟轮值主席，总统埃马纽埃尔·马克龙表示希望能够从整个欧洲的层面来探讨移民问题，并对欧洲的移民治理提出了新的计划。一方面，法国政府将会有策略地控制移民数量，尤其是申请庇护者的接待人数。马克龙呼吁欧盟各国与申请庇护者的原籍国一起考虑制定更有组织的移民政策，并提出《欧非移民条约》草案，目的是与非洲国家在移民问题上重新建立友谊与信任。同时，法国政府将采取措施更好地保护非法移民，让他们有序地返回原籍国。2021 年 9 月，法国政府决定加强对阿尔及利亚、摩洛哥和突尼斯三国的移民资格审查，将阿尔及利亚和摩洛哥的签证发放数量减少 50%，对突尼斯的签证发放数量减少 30%，并向这些国家遣返处于非正常滞留情况的人员。在一次公开讲话中，马克龙曾回顾，"大多数来寻求庇护的人来自与我们有着完美外交关系的国家，我们向这些国家提供了数十，甚至数百、数千个签证"。① 但是，随着疫情的持续和法国国内经济及社会局势的变化与发展，法国政府将会严格控制移民的数量，这样做也是为了能够保障庇护申请已批准者及已经获得居留权的移民的各项权益。另一方面，法国政府希望推动欧盟成员国之间的团结与合作，在对待移民问题的分歧之上建立"协调机制"。2021 年 10 月，法国国民议会提议加快审查和通过欧盟委员会制定的《全球移民公约》。2021 年 10 月 12 日，欧洲移民网络在荷兰举行会议，主题为"欧盟委员会和成员国在保护移民儿童领域的政策和优先事项"。会议主持人汉斯·勒芒（Hans Lemmens）表示：移民儿童是一个特别脆弱的群体，成员国的政策和做法必须考虑到他们的具体保护需求，以确保尊重儿童的最大利益。会议制定了《加强移民儿童保障的庇护公约》及具体条款，公布了《欧盟儿童权利战略书（2021~2024）》。最后，所有与会成员国发表联合声明，呼吁各国在欧洲层面开展保护移民儿童及未成年人的合作，以找到应对成员国共同

---

① "Immigration, la France veut mettre en place une politique plus organisé," le monde avec AFP, le 27 octobre, 2021, https://www.lemonde.fr/politique/article/2021/10/27/immigration‐emmanuel‐macron‐souhaite‐un‐nouveau‐traite‐europe‐afrique_ 6100053_ 823448. html.

挑战的解决方案。①

　　总之，对新到来的移民，基于"严控"与"合作"的治理原则，法国将寻求在更大范围内解决移民问题，并对移民法及庇护法做出补充与修改。对于已经获得居留权的移民，法国政府将一如既往地坚持"移民融入"路线。总统马克龙表示："我们必须改善面向移民的融入问题。"② 由于疫情引发的经济、医疗、就业、治安等各种社会危机，移民的融入与所有公民的团结显得尤为重要，疫情过后的经济复苏也需要全体人民的共同努力，其中当然也包括占人口 10.3% 的移民。③

① "Compte-rendu de la conférence du Point de contact néerlandais du REM sur les enfants migrants," Ministère de l'intérieur, le 12 octobre, 2021, https：//www. immigration. interieur. gouv. fr/ Info-ressources/Actualites/L-actu-immigration/Compte-rendu-de-la-conference-du-Point-de-contact-neerlandais-du-REM-sur-les-enfants-migrants-12-octobre-2021.

② "Immigration, la France veut mettre en place une politique plus organisé," le monde avec AFP, le 27 octobre, 2021, https：//www. lemonde. fr/politique/article/2021/10/27/immigration – emmanuel – macron-souhaite-un-nouveau-traite-europe-afrique_ 6100053_ 823448. html.

③ "L'essentiel sur les immigrés et les étrangers," INSEE. fr., le 8 mars, 2022, https：// www. insee. fr/fr/statistiques/3633212.

B.6
新冠疫情持续影响下的瑞士移民
形势及特点

刘 巍*

摘 要： 尽管受疫情影响，居住在瑞士的移民的数量不降反增，难民庇护
申请数量也在增加。在瑞士国内，大多数人对于移民的态度较为
宽容，移民群体主动深化社会融入；在外部，瑞士通过与移民来
源国合作，控制进入瑞士的移民数量。2021 年，因疫情持续影
响而加剧的医护人员短缺问题显现出来，来自国外的医护人员可
以部分解决这一结构性问题。另外，来自阿富汗的难民庇护申请
数量最多，成为瑞士社会关注的焦点。

关键词： 新冠疫情 瑞士 移民政策

瑞士虽然相对来说是欧洲的一个小国，但是其独特的政治架构和民族特
性，使得它与其他欧洲国家既有紧密联系，又有着很强的独立性。2021 年，
总体来说，在疫情持续影响的背景下，进入瑞士的移民数量持续增加，难民
庇护申请数量也在增加，但获得难民身份的难民数量并没有相应增加。疫情
不仅仅限制人员流动，它的影响体现在诸多方面，如相关政策、法律、经济
以及人们的态度等。

---

* 刘巍，博士，广东外语外贸大学西方语言文化学院副教授，国际移民研究中心研究员，主要
从事国际移民研究、法语国家与地区研究。

一 2021年瑞士移民和难民概况

（一）瑞士移民情况及变化

根据瑞士移民国务秘书处（SEM）的数据，与2020年相比，2021年在瑞士长期居住的移民总数增加了38439人，总数达到约219.0万人。其中，来自欧盟及欧洲自由贸易区的移民总数为145.2万人，占外国长期移民总数的66%左右。在2021年，共有约7.4万名外国人离开瑞士，但进入瑞士长期居住的外国人约有14万人。[①] 因此，移入瑞士的移民净增加6万多人，与2020年的瑞士移民净增加数基本相同，可以看出，2021年并未因为疫情原因对移民的流动造成太大影响，来到瑞士生活的外国人数量稳中有升。

2021年，以工作为目的进入瑞士的短期或长期居住的移民数量为138315人，比上年增长了3.5%，即4648人。其中短期居住的外国雇员有66360人，长期居住的外国雇员为71955人。另外，以家庭团聚为目的的移民数量为40054人，占长期移民总数的28%，与2020年相比增加4.6%，其中18.9%是瑞士公民的家庭成员。2021年以培训或留学为目的进入的移民共16184人，占长期移民的11.4%，与上年同期相比减少了3.6%。

在瑞士，意大利人是数量最多的移民群体，有331379人长期居住在瑞士，紧随其后的是德国人（313702人）、葡萄牙人（258943人）和法国人（151551人）（见表1）。截至2021年底，移民（包括来自欧洲国家和第三国）中共有36917名获得了瑞士国籍，其中7947人来自德国，4207人来自意大利，3152人来自法国。

[①] "Statistique sur les étrangers," SEM, 5 janvier 2022, https://www.sem.admin.ch/sem/fr/home/publiservice/statistik/auslaenderstatistik/archiv/2021/12.html.

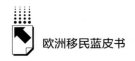

表1　2020~2021年长期居住在瑞士的移民数量（按来源地划分）

单位：人，%

	2020年	2021年	增长率
移民总数	2151854	2190293	1.79
欧洲	1836559	1861243	1.34
移民总数前四位的国家			
意大利	328270	331379	0.95
德国	311481	313702	0.71
葡萄牙	260921	258943	−0.76
法国	146367	151551	3.54
非洲	91754	95356	3.93
美洲	78898	81372	3.14
亚洲	138972	146609	5.5
大洋洲	3673	3603	−1.9

资料来源：瑞士移民国务秘书处（SEM），"Statistique sur les étrangers," SEM, 5 janvier 2022, https：//www. sem. admin. ch/sem/fr/home/publiservice/statistik/auslaenderstatistik/archiv/2021/12. html。

（二）瑞士难民情况

2021年，瑞士共接收14928份难民庇护申请，比2020年增加了3887份（增长35.2%）（见图1）。同年，有5369人获得难民身份（2020年为5409人）。因此，2021年的审批通过率为37.0%（2020年为33.3%）。

2021年，进入瑞士寻求庇护人员的主要来源国是阿富汗，共计3079人（2020年为1681人），打破了自2010年来厄立特里亚一直保持为主要难民来源国的状况。排名第二的来源国是土耳其，共2330人，厄立特里亚为第三名。2021年，瑞士移民国务秘书处初审处理了15464份庇护申请，比2020年（17223份）减少了1759份（减少了10.2%），下降的原因是与新冠疫情防控相关的限制（特别是防疫要求的分开、隔离、听证会时长增加等）。截至2021年12月31日，有342名难民找到工作，就业率为6.2%，在2020年的同一时期为462人，下降了26.0%。在临时入境的人员中，有

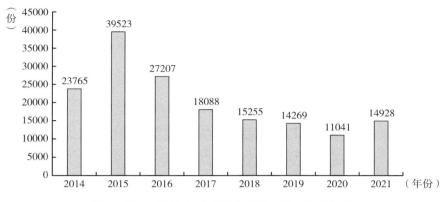

图 1　2014~2021 年瑞士接收难民庇护申请的数量

资料来源：瑞士移民国务秘书处（SEM），"Statistique sur les étrangers," SEM, 5 janvier 2022, https：//www. sem. admin. ch/sem/fr/home/publiservice/statistik/auslaenderstatistik/archiv/2021/12. html。

14947 人找到工作，就业率为 48.0%，与 2020 年相比，减少了 159 人（就业率降低 1.1%）。

　　可以看得出来，2021 年的难民庇护申请和经济活动都受到了新冠疫情的影响。2021 年瑞士庇护申请的变化主要体现在以下几个方面。第一，在年初，为抗击疫情而采取的措施仍然发挥着重要作用，许多申根国家限制了国内的人员流动。春季瑞士在取消这些措施的同时，庇护申请数量稳步增加，在 8 月达到 2018 年和 2019 年的水平，之后每月的庇护申请数在 1500 人左右波动，持续到年底。第二，通过巴尔干路线抵达的移民，特别是经由希腊到来的移民，继续得到较好的控制，水路和陆路的移民数量大量减少。第三，大部分抵达欧洲的移民希望前往德国或法国。与这两个邻国相比，瑞士作为目的国的作用很小。

二　新冠疫情对瑞士移民的影响

　　2021 年，新冠疫情持续对瑞士国内各个方面都产生了深远的影响。疫

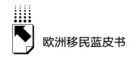

情的持续，限制了人员流动，也反映在瑞士立法的变化上。另外，对于医护人员而言，疫情当下的影响与该行业的长期结构性问题叠加，加重了人员短缺问题。

（一）疫情下的政策变化

2021 年 6 月 23 日，瑞士联邦委员会决定将新冠疫情庇护法令从 7 月延长至 2021 年 12 月末。该法令本应执行至 2021 年 6 月底，法令包含了瑞士庇护法律的特别条款，针对举行听证会、保证庇护申请者在国家庇护中心里有充足能力以及延长难民庇护和驱逐程序中的离境期限。该法令要求在难民庇护程序中，采取必要措施保护所有相关人员免受新冠病毒感染，考虑到疫情的持续，这些措施仍然必要，故该法令还会延长。[①]

瑞士于 2020 年 9 月 25 日通过了《以联邦委员会法令为法律依据的关于抗击新冠疫情流行病的联邦法》，简称 "新冠疫情法"，根据该法律的第 5 条规定，出于卫生防疫的目的，联邦委员会可以针对庇护申请者、难民及遣返中的难民采取特别的住宿措施，并限制外国人入境。

联邦委员会决定从 2021 年 9 月 20 日起，要求所有未接种疫苗和新冠肺炎未治愈的人必须核酸检测结果为阴性才能进入瑞士，同时，每个人都必须填写一张名为 "旅客定位表" 的表格，包括已经接种疫苗和被治愈的人，16 岁以下的儿童免除提交检测证明，但应填写表格。[②] 但该法令还规定了某些例外情况，比如针对跨境劳工，他们可以免予核酸检测和填写表格这两项手续。政府因为考虑到边境地区密切的经济、社会和文化交流，允许来自边境地区的人免除该手续。另外，从 2021 年 9 月 20 日开始，在国外接种了欧洲药品管理局批准的疫苗，并在瑞士生活或旅行的人将获得瑞士的健康证

---

① "Loi COVID-19," FedLex, 25 septembre 2020, https：//www. fedlex. admin. ch/eli/oc/2020/711/fr.

② "Le contrôle des tests aux frontières suisses entre en vigueur," TdG, 20 septembre 2021, https：//www. tdg. ch/le-controle-des-tests-aux-frontieres-suisses-entre-en-vigueur-301597980472.

书。同时，联邦委员会采用了移民国务秘书处的低风险国家名单，不在此列表中的申根区以外的所有国家都被视为风险国家，对未接种疫苗且来自这些风险国家的移民实施入境限制。

在瑞士，难民及庇护申请者与其他人口一样都可以接种新冠疫苗。同时，在疫情防护和新冠疫苗注射信息的宣传网页上，很多资料都提供了除4种官方语言之外的其他语言，包括汉语在内的20多种语言，方便来自不同国家的人充分了解疫情情况以及采取应对措施。在2021年9月后，因为假期中的流动移民是造成大量感染病例和患者住院的原因，因此瑞士各地扩大了针对这一人群的服务。例如，在伯尔尼，自8月初以来一直以20种语言开展宣传活动，包括藏语、汉语和索马里语。8月中旬，纳沙泰尔直接与移民社区开展了各种交流活动，以提高他们的疫苗接种意识。在卢塞恩，拨打热线电话的外国人会得到母语者应答。在沙夫豪森，穆斯林能够在星期五祷告后直接在清真寺选择接种疫苗。①

（二）疫情背景下的医护群体

自2012年以来，医护领域的护士和陪护人员短缺情况有所改善，但未来十年该领域的需求仍然巨大。瑞士卫生观察中心（OBSAN）于2021年9月6日发布新一期关于未来卫生人员需求的国家报告，据该报告，到2029年，这一领域将需要超过70000人。② 2012～2019年，护士和陪护人员的数量增加了19%，新增了2.9万个工作岗位。预计到2029年，该类人员需求可能增加到222100人，需要新增3.65万个工作岗位。即便如此，护士和陪护人员的预期供应与需求之间仍有很大差距。当前主要是具有资格的外国人来弥补人员短缺，他们在护士和陪护人员中的占比平均为30%。

医护人员长期短缺的情况也因受到疫情影响而加剧。《日内瓦论坛报》

---

① "Les Cantons se démènent pour augmenter les piqûres," TdG, 23 septembre 2021, https://www.tdg.ch/les-cantons-se-demenent-pour-augmenter-les-piqures-757483640961.

② "Les efforts portent leurs fruits mais de gros défis demeurent," TdG, 6 septembre 2021, https://www.tdg.ch/les-efforts-portent-leurs-fruits-mais-de-gros-defis-demeurent-795646886872.

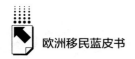
报道，在 2021 年 9 月 18 日那一周，日内瓦大学医院（HUG）关闭了手术室，导致数十项手术不得不推迟。其原因是医护人员缺勤，特别是重症监护室的医护人员。① 新冠疫情带来的影响是原因之一，但这也反映出结构性的问题：工作辛苦，医护人员长期夜班，医疗护理复杂，患者的要求越来越高等。

瑞士议员梅特勒（Melanie Mettler）在 9 月 29 日的国民议会辩论中表示，疫情"无情地"突显出医护人员短缺的现实，已经有超过 10000 个职位空缺。在这种情况下，每年约有 2000 人，近一半的受训者在毕业 5 年内放弃了这一行业，此外很多人越来越感到劳累并开始缺勤。② 实际上，瑞士医护行业非常依赖外国人，根据瑞士经济秘书处（SECO）于 2021 年 6 月 25 日发布的人员自由流动的第 17 次报告，瑞士医护行业依赖外国人员，人员自由流动在确保医护行业正常运作方面发挥着核心作用。③ 新冠疫情危机证明了人员自由流动的重要性，如果没有达成人员自由流动的协议，大约有 34000 名受雇于卫生系统的跨境工作人员将无法进入瑞士提供医疗服务。

三　瑞士移民的管理和融入

瑞士社会对于移民的态度通常较为开放，从法律和制度上保障移民的融入，而移民也会采取多种形式主动融入瑞士社会，虽然移民被排斥的现象在一些地方也客观存在。

---

① "Aux HUG，l'absentéisme explose，"TdG，18 septembre 2021，https：//www.tdg.ch/aux-hug-labsenteisme-explose-333161396295.

② "Plusieurs partis dénoncent le manque de soutien aux soignants，"TdG，29 septembre 2021，https：//www.tdg.ch/plusieurs-partis-denoncent-le-manque-de-soutien-aux-soignants-550541517668.

③ "La libre circulation essentielle pour le système de santé，"TdG，25 juin 2021，https：//www.tdg.ch/la-libre-circulation-essentielle-pour-le-systeme-de-sante-503697100192.

（一）庇护申请审核

瑞士庇护申请审核制度一直在进行改革，总体目标就是要在符合法律的要求下，提高工作效率，缩短时间。根据 2021 年 8 月 23 日发布的一份报告，自年初以来，由联邦行政法院（TAF）发回州移民国务秘书处进行重新审议的庇护申请数量一直在下降。① 申请人比以前更快地知道他们是否可以从保护中受益，或者他们是否必须离开瑞士。但报告指出，快速处理程序仍需改进。难民庇护法修订生效 2 年后，面对难民相关的批评，移民国务秘书处委托外部评估现行措施，本次调查结果显示，自 2019 年 3 月以来，移民国务秘书处已对近 27000 份新的庇护申请做出首次决定，快速处理程序平均耗时为 55 天。移民国务秘书处强调已经采取了一系列措施来提高程序的效率和决策的质量，这些改变已见成效。自 2020 年初以来，进行重新审议后申请成功或退回移民国务秘书处的庇护申请比重有所下降。

（二）庇护申请中的不公正现象

难民经过千难万险，来到瑞士，在申请庇护的过程中，他们可能会受到一些不公正对待，或者威胁。瑞士的非政府组织"留在纳沙泰尔的权利协会"谴责布德里市的联邦庇护中心（CFA）对难民的虐待行为增加。该协会向移民国务秘书处发了一封公开信。该协会谴责 Protectas 安保公司的某些人员"滥用职权"，称他们表现出"蔑视和种族主义的行为"并制造了恐怖的气氛。难民害怕提出申诉，因为他们害怕影响到庇护申请的结果。该协会提到了几例企图自杀的案例和一例死亡案例，要求"采取具体措施来结束这个无效的系统，它将联邦庇护中心变成了监狱"。② 国际特赦组织进行了 1 年多的调查后，于 2021 年 5 月发布相关报告，得出的令人震惊的结论，

---

① "Les procédures d'asile accélérées fonctionnent bien," TdG, 23 août 2021, https：// www.tdg.ch/les-procedures-dasile-accelerees-fonctionnent-bien-420537495993.

② "Des réfugiés victimes de *mauvais traitements préoccupants*," TdG, 12 mars 2021, https：// www.tdg.ch/des-refugies-victimes-de-mauvais-traitements-preoccupants-845050315493.

报告认为瑞士联邦庇护中心可能存在"类似于酷刑或虐待"的行为,① 移民国务秘书处必须努力解决紧迫的系统性问题,采取行动预防虐待、消除种族主义并保护庇护申请者的权利。回应前述提出的问题,移民国务秘书处委托前联邦法官 Niklaus Oberholzer 进行调查,审查了 7 起涉嫌对庇护申请者过度使用管制的案件。他认为没有证据表明联邦庇护中心存在系统性暴力,总体而言,庇护申请者的基本权利和人权得到了尊重。他表示,联邦庇护中心并没有系统地侵犯庇护申请者的权利,有关指控是"不合理和错误的"。

(三)移民融入的行动

瑞士社会的移民融入形式多样,主体多元,即使在新冠疫情的背景下,政府仍然在不断推进和深化移民群体的融入。首先,为了难民和移民的融入,推行举办类似议会的民间会议,使得难民和移民群体可以在政治上发出声音。为了实现更高层次的融合,满足难民和移民在融入过程中政治上的诉求,国家联盟建设研究所(NCBI)于 2021 年 6 月 6 日在瑞士伯尔尼组织举办了首届瑞士难民会议,来自 19 个州的 80 名难民对其政治诉求进行了投票。这是瑞士历史上第一次举办难民会议。难民们事先在 9 个委员会中开会,每个委员会都有 4 次委员会会议,委员会由 7~10 名难民组成,其中 2 人担任主席。参会者反映了瑞士难民群体的多样性:共有 3 种官方语言和 19 个州的代表。根据兴趣和需求,参会者可以自由选择他们想参与的委员会主题,例如:教育和融入计划、F 类居留许可、庇护申请被拒绝者和儿童权利。②

"我们的声音"项目中难民的需求最初是通过听证会为人所知,通过讲述难民的故事和经历,让人们认识到他们的诉求,并将其呈现给政界人

---

① "Mineurs détenus, abus... Amnesty dénonce les centres d'asile," TdG, 20 mai 2021, https://www.tdg.ch/mineurs-detenus-abus-amnesty-denonce-les-centres-dasile-663723411700.

② "NCBI, Premier parlement suisse des réfugié·es réuni à Berne," Asile, 7 juin 2021, https://asile.ch/2021/06/07/ncbi-premier-parlement-suisse-des-refugie%c2%b7es-reuni-a-berne/.

士、公众和媒体。为了在政治层面给予难民更多的关注，国家联盟建设研究所发起了瑞士难民会议。该研究所创建该会议，目的是让难民在政治上有更多的发言权。因为以往制定的政策，虽然常常涉及难民问题，但难民自己却无法发出声音，并且过去已经开设了针对年轻人和移民的会谈委员会，但至今仍没有针对难民的委员会。因此，该研究所通过"我们的声音"项目，在联合国难民署办公室的支持下，创建了第一个难民会谈。通过举办难民会议，难民们可以更好地参与政治制订。会议讨论的主题非常多样，如有关工作融合、临时入境人员到申根地区探亲、促进难民教育等方面的问题。

瑞士对于移民的开放态度以及移民自身的主动性，使得移民融入瑞士社会的形式更多样化。特别是通过运动的形式，移民更容易产生主人翁的精神，更容易融入瑞士社会。在2021年6月20日世界难民日之际，一项大众跑步比赛"一起跑步"（Together Run）在瑞士日内瓦的埃沃体育场起步，约200名运动员参加了比赛的启动仪式。这项跨文化竞赛由日内瓦国际学校的四名学生发起，旨在通过体育运动促进难民和移民的社会融入。瑞士的著名马拉松运动员 Tadesse Abraham 大力支持此倡议，他自己也是一名移民。活动的倡议者之一 Margaux 和团队的年轻难民一起训练，她说"在运动的同时建立联系是一种美妙的方式"。[1]

无独有偶，在另一项活动中一些年轻移民骑自行车探索瑞士，他们于8月16日离开兰西（Lancy），旅程持续了8天，这些年轻的移民在这项活动中已经投入了1年的时间。社工哈谢（Hacène）说，该项目1年前诞生，名叫"Yekenely"（厄立特里亚当地语言中的"谢谢"）。移民一起培养共同生活的精神，"这里大约有80人，其中许多是有孩子的家庭"。[2] 其中，有十几个年龄在19~24岁来自厄立特里亚和阿富汗的移民。兰西市市长葛

---

[1] "Ils courent pour se rapprocher des réfugiés," TdG, 20 juin 2021, https：//www.tdg.ch/ils-courent-pour-se-rapprocher-des-refugies-181754697766? idp=OneLog&new_ user=yes.

[2] "Des jeunes migrants découvrent la Suisse à vélo," TdG, 16 août 2021, https：//www.tdg.ch/des-jeunes-migrants-decouvrent-la-suisse-a-velo-771242559336.

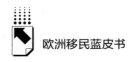
雪（Corinne Gachet）认为："这是一个通过体育运动融入社会的特别项目，这些移民非常投入，他们应该为自己组织的活动感到自豪。"[1]

（四）移民融入的状况

有关瑞士移民融入状况所进行的一个调查，由国家移民与流动研究中心（PRN）的移民和流动性小组（nccr-on the move）对近7400名在瑞士的移民进行，[2] 该调查旨在更好地了解移民与国际流动之间的相互作用以及与之相关的现象，它提供了有关移民在新冠疫情期间对其在瑞士生活的看法的信息。

与疫情对瑞士全国的劳动力市场的带来明显负面影响的推论不一致的是，接受调查的移民中只有5%的人失去了工作。整体而言，企业家和个体经营者比雇员遇到更大困难，低技能的外国劳工和年轻的外国人似乎比高技能的外国劳工和年龄较大的外国人受到的影响更大。此外，越来越多高素质人才移居瑞士。近80%的移民认为，与到瑞士前相比，他们的职业状况有了改善。

大多数受访者认为，即使他们的国际流动受到限制，包括禁止他们回到原籍国以及不能接受家人的探视，瑞士仍是一个适合居住的地方。虽然大多数受访者都不得不在瑞士度过疫情时期，但大多数受访者对瑞士的印象是正面的。77%的移民认为他们来瑞士是对的，只有少数人（7%）表示他们更愿意留在原籍国。多项指标表明，移民在瑞士的"不适感"总体上不大。大约10%的受访者担心疫情及其后果会导致他们失去居留许可。

不仅移民对于瑞士的认同度高，瑞士本国人对于移民的态度总体也比较包容。瑞士联邦统计局（FSO）在2021年3月25日指出，瑞士本国人对居

---

① "Des jeunes migrants découvrent la Suisse à vélo," TdG, 16 août 2021, https：//www.tdg.ch/des-jeunes-migrants-decouvrent-la-suisse-a-velo-771242559336.

② "Les étrangers·ères résidant en Suisse se déclarent satisfaites du pays de leur choix," Presseportal, 8 juin 2021, https：//www.presseportal.ch/fr/pm/100061183/100872244.

住在瑞士的移民普遍表现出开放态度。[1] 与 2018 年的上一次调查相比，受访者的部分态度呈变化趋势，大多数瑞士受访者（52%）表示他们支持外国人参与政治。在融合方面，近 70% 的瑞士受访者支持移民家庭团聚，比 2018 年增加了 8 个百分点。总体而言，59% 的瑞士受访者支持第二代移民自动入籍，近 70% 的瑞士受访者认为移民是经济运行所必需的。同时，很大一部分瑞士受访者意识到种族主义是一个应该解决的社会问题，例如，3/4 的瑞士受访者认为黑人在该国更难找到住房。

2021 年 10 月 28 日公布的另外一项瑞士联邦统计局调查指出，瑞士本国人的思想普遍较为开放，但对移民的消极态度和歧视依然存在，[2] 在瑞士进行的第三次多样性调查显示，只有一小部分人（1.5%）赞同种族主义行为，而 70% 的人谴责这种行为。总体来说，瑞士本国人普遍赞成多元化。但对于某些群体，情况则有些紧张。例如，穆斯林比黑人或犹太人面临更多的困境，大约 4% 的瑞士受访者倾向于对他们怀有敌意，而对黑人或犹太人怀有敌意的占比为 2%。

自 2012 年以来，隶属瑞士联邦内政部的反种族主义司每 2 年发布一份关于瑞士种族歧视的报告。据该机构 2021 年的报告，"40% 的 15～24 岁的移民认为他们在过去 5 年中受到了歧视。新冠疫情助长了种族主义和仇外言论"。[3] 报告还提到，种族主义和仇外言论主要通过互联网和社交媒体传播，自新冠疫情发生以来，针对某些移民群体的偏见在增加。同时，捍卫平等和基本权利的声音也越来越响亮，大部分受访者（58%）认为种族主义是一个需要认真对待的社会问题。该报告称，近 1/3 的受访者还认为需要采取更多措施来应对它。

---

[1] "Les Suisses favorables à la participation politique des étrangers," TdG, 25 mars 2021, https://www.tdg.ch/les-suisses-favorables-a-la-participation-politique-des-etrangers-722774026063.

[2] "La population suisse serait plutôt ouverte à la diversité," TdG, 28 octobre 2021, https://www.tdg.ch/la-population-suisse-serait-plutot-ouverte-a-la-diversite-482010401384.

[3] "La Suisse note une augmentation des discriminations raciales," TdG, 7 septembre 2021, https://www.tdg.ch/la-suisse-note-une-augmentation-des-discriminations-raciales-746164132096.

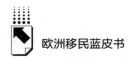

四 瑞士的国际移民政策

瑞士的国际移民政策重点针对那些到达瑞士移民人数最多的来源国，通过与其加强合作，实施相关的政策，以达到其管控移民的目的。

为了协调国际移民政策，2021 年 2 月，联邦司法和警察部（FDJP）、外交部（FDFA）和联邦经济、教育和研究部（DEFR）共同签署了 2021～2024 年的合作协议。这是联邦经济、教育和研究部首次签订该协议，该协议目的是更好地发挥移民政策、外交政策和国际发展合作之间的协同作用。

2021 年，瑞士的国际移民政策仍然受到新冠疫情的影响，但在不同层面都取得了进展，在例如双边合作、遣返被拒绝的寻求庇护者和瑞士重新安置计划等方面都有体现。① 另外，由于阿富汗形势的变化，瑞士特别关注针对阿富汗的移民政策。

（一）移民管理国际合作

在欧洲范围内，2021 年，瑞士继续倡导欧洲庇护和移民制度改革，旨在建立一个能够抵御危机的移民体制，波兰与白俄罗斯边境的难民事件显示出改革的必要性。在其他国家和地区，作为其移民外交政策的一部分，瑞士支持原籍国和过境国努力改善移民的保护和融入，并持续采取行动以减少非法移民和移民被迫迁移的情况。在欧洲之外，新冠疫情带来的困难并没有阻止瑞士与其他国家的双边移民合作发展，如瑞士和冈比亚之间在移民方面签署了合作协议。在非洲之角，瑞士加强当地社会凝聚力，并让逃离本国的人们融入社会。在埃塞俄比亚冲突的背景下，特别是在提格雷地区，加强了紧急援助措施。

与中东、西巴尔干和非洲之角一样，北非、中非和西非是瑞士在其移民

---

① "Rapport 2021 du Conseil fédéral sur les activités de politique migratoire extérieure de la Suisse," Eda，6 avril 2022，https：//www. eda. admin. ch/eda/en/fdfa/fdfa/aktuell/news. html/content/eda/fr/meta/news/2022/4/6/87903.

外交政策框架内采取行动的优先地区。非洲内部移民流动是北非和西非地区的重要现象。贫穷、缺乏经济前景、武装冲突、气候变化或僵化的传统、习俗和社会限制，尤其对女孩而言，这些原因是促使年轻人离开本国的主要原因。新冠疫情及其经济和社会后果加剧了该地区居民向外移民的压力，并进一步增加了移民流动路上的风险。

在此背景下，瑞士发展与合作署（SDC）和移民国务秘书处决定启动联合项目，该项目属于2021~2024年国际合作战略中确定的移民优先主题框架，旨在改善移民儿童和年轻人的生活前景，特别是捍卫他们的权利，保护他们免受一切形式的虐待，另外也意在创造替代方案，使儿童和青少年能够更好地融入他们生活的地区和原籍国，让他们放弃走危险的地中海路线到达欧洲。

另外，瑞士也有政党建议将审查难民资格的程序外包。瑞士右翼政党人民党副主席阿莫德鲁兹（Céline Amaudruz）提出庇护申请方案，借鉴丹麦模式的经验，将庇护申请程序放置在国外进行，但是过程采用瑞士标准。[①] 这种将庇护申请程序外包的方式，遭到众多批评，联合国难民署高级专员格兰迪（Filippo Grandi）指出，"联合国难民署强烈反对将庇护和国际保护义务外包或转移给其他国家"，因为这样做违反了1951年关于难民的公约以及全球难民契约的规定和精神。瑞士人民党副主席知道在议会中通过该提议的可能性很小，因此，不排除在庇护领域发起一项全民公投的倡议。

（二）与阿富汗相关的移民政策

2021年阿富汗塔利班执掌时，瑞士立即从阿富汗撤离和接收约400人，另外把重点放在了对阿富汗及其邻国巴基斯坦和伊朗的人道主义救援上，同时瑞士支持欧盟和联合国在这方面的努力。2021年阿富汗成了在瑞士提出庇护申请人数最多的来源国，来自阿富汗的庇护申请者人数在经历了前一年

---

① "L'UDC veut expédier les requérants d'asile dans un pays étranger," TdG, 11 juillet 2021, https：//www.tdg.ch/ludc-veut-expedier-les-requerants-dasile-dans-un-pays-etranger-227801903563.

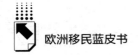

的下降之后，在欧洲提出庇护申请的人数已恢复到疫情发生前的水平。这些申请者中的大部分是由在阿富汗政权更替前已经离开本国的阿富汗人提出的。

另外，瑞士仍然面临管理阿富汗非法移民的问题。2021 年 10 月，瑞士政府在东部地区逮捕了 632 名非法入境的阿富汗人。根据移民国务秘书处的数据，从 7 月到 10 月底，超过 1600 名阿富汗人非法进入瑞士。① 与 2015 年的难民危机不同，只有少数阿富汗人在瑞士申请难民庇护。瑞士边境城市圣加仑市安全主管法斯勒（Fredy Fässler）说，他们在 8 月塔利班掌权之前就已经抵达，因此，阿富汗移民人数的增加不能直接归因于政权变更。

移民国务秘书处发言人里德（Lukas Rieder）说："在瑞士东部被捕的绝大多数人已经在阿富汗境外很长时间了。"鉴于很少有人提出难民庇护申请，可以推断瑞士仍然是阿富汗人的过境国。2021 年 8 月 31 日，在欧盟内政部部长就阿富汗问题举行的会议上，瑞士联邦议员卡琳·凯勒-萨特（Karin Keller-Sutter）呼吁欧洲国家在阿富汗问题上采取协调一致的做法。② 据她说，针对这一问题，瑞士已经批准了 2022 年和 2023 年 1900 人的重新安置计划。如果有必要，可以调整这些计划。但目前最重要的是加强实地援助，支持最需要帮助的人群，例如妇女和女孩。

在塔利班重新掌权之后，瑞士是否应该向阿富汗人敞开大门？一些左派人士和非政府组织呼吁应尽快接收至少 10000 名阿富汗人。不过，瑞士政府并未同意这一看法，联邦委员会于 8 月 18 日否决了这一提议。③ 瑞士政府主要考虑的是国家安全因素，他们认为，快速地、大规模地将外国人身份合

① "De plus en plus d'Afghans entrent illégalement en Suisse，" TdG，11 novembre 2021，https：//www.tdg.ch/de-plus-en-plus-dafghans-entrent-illegalement-en-suisse-626940268362.

② "Keller-Sutter appelle à une action coordonnée sur l'Afghanistan，" TdG，31 août 2021，https：//www.tdg.ch/keller-sutter-appelle-a-une-action-coordonnee-sur-lafghanistan-117978735295.

③ "La Suisse ne cède pas à l'émotion，" TdG，18 août 2021，https：//www.tdg.ch/la-suisse-ne-cede-pas-a-lemotion-492946226259.

法化，并不能保证瑞士的长期安全，瑞士确实可以接收多于原来宣布的 230 名阿富汗人的数量，但必须严谨地、有控制地进行，特别是与联合国难民署协调，分阶段地进行。

五　疫情背景下的思考

2021 年，虽然新冠疫情影响了人员的流动，但是瑞士的移民总数继续增加，瑞士的移民人口主要来自其他欧洲国家，疫情并未对瑞士的移民形势和移民结构造成很大的影响。这一年，瑞士的难民庇护申请数量比 2020 年显著增加，其中最大的变化是来自阿富汗的庇护申请人数增多，阿富汗成为瑞士接收庇护申请的第一大来源国。瑞士的国际移民政策，也是其外交政策的一部分，主要与世界上各个地区的移民来源国加强合作，旨在管控进入瑞士的非法移民。2021 年，阿富汗局势的变化，使得阿富汗相关的难民和移民问题引起瑞士社会的关注和讨论。

在新冠疫情背景下，瑞士实施了与疫情防控相关的入境法令和限制人员流动的措施，并通过了新冠疫情庇护法，与此同时，针对移民群体，开展疫苗接种的宣传服务。瑞士的医护人员群体长期以来面临结构性的人员短缺问题，新冠疫情的发生凸显和加剧了这一问题。在此情况下，瑞士医疗行业极大程度地依赖移民，移民对于该国的医疗行业有巨大的贡献。短期来看，瑞士社会仍然需要大量来自外国的有资质的医护人员；长期来看，瑞士需要改进自身的医疗培训体系，推动医疗制度改革，以改变医护人员短缺的局面。

在对移民的态度方面，瑞士社会总体来说态度较为开放，大部分人能够接受社会多元化。瑞士的移民群体自身有较强的主动性，努力融入社会，例如通过运动的形式促进移民融入，但是瑞士社会仍然存在一些对移民群体的排斥和不公对待现象。可以看到，"移民"这一话题，仍将是各个政治派别互相斗争的重要议题，围绕这一议题，各政党和舆论仍然会进行各种讨论，出台相关政策。

B.7
新冠疫情持续影响下的奥地利
移民治理*

林 璐**

摘 要： 2021 年，新冠疫情对奥地利经济和社会生活的影响仍然持续，全年的新增移民、入籍人数、庇护申请等数据不降反增，移民流动仍然活跃。各界在就业、教育、疫情信息传播等方面加强合作，采取一系列措施帮助移民顺利渡过疫情危机，取得了良好的效果。女性移民的融入继续受到关注，政府不断加大对女性移民融入工作的投资，也推行了多项卓有成效的帮扶计划，但疫情使得女性面临新的挑战，这项工作任重而道远。

关键词： 奥地利 新冠疫情 移民

一 新冠疫情持续影响下的奥地利移民流动状况

2020 年初新冠疫情在全球发生后，奥地利快速做出反应，在 2020 年 3 月实施了第一次彻底封锁，取得了较好的效果，与欧洲其他国家相比更早恢复了开放。2020 年底开始，每日新增感染人数出现了反弹。2021 年，奥地利的新冠确诊病例累计数量持续增长，从 2021 年 1 月 1 日的 363368 例增加

---

* 本报告为广东外语外贸大学2020年度国别与区域研究外语语种专项项目"德语国家移民治理研究"成果。

** 林璐，博士，广东外语外贸大学副教授、国际移民研究中心研究员，主要从事跨文化研究、区域国别研究。

到了 2021 年 12 月 31 日的 1278449 例。[①] 为了有效抗击疫情，奥地利初期便分别在内政部和联邦社会事务、卫生、护理和消费者保护部等成立危机处理小组，2021 年 11 月又成立了"全国新冠疫情危机协调小组"（Gesamtstaatliche COVID-Krisenkoordination，GECKO），为政府提供决策支持。在政策层面，联邦政府从 2020 年 2 月 18 日开始颁布了一系列与疫情防控相关的政策法规，其中包括议会 2020 年 3 月 15 日通过的《防止新冠疫情传播的联邦法律》（Bundesgesetz zur Verhinderung der Verbreitung von COVID-19），简称"新冠疫情措施法"（COVID-19-Maßnahmengesetz），它为抗疫措施的推行提供了法律基础。奥地利主要采取了大规模接种疫苗、增加检测频率等手段抗击疫情，维也纳市、布尔根兰州、萨尔茨堡市、上奥地利州等地都曾实施地区性封锁，2021 年 11 月 22 日至 12 月 13 日则进行了第四次全国性的封锁。[②] 2022 年 2 月，尽管遭到大批政治家和民众的反对，奥地利开始实施注射疫苗义务（Impfpflicht）规定，不接种疫苗的 18 岁以上居民将面临最高 3600 欧元的罚款。该规定适用于所有居住在奥地利的人，除孕妇、青少年等特定人群外，全国有 740 万人口受到这一规定的约束。[③]

尽管与疫情相关的管制措施对人员流动产生了不可忽视的影响，但奥地利有移民背景的居民数量占比在 2021 年仍保持了增长。根据奥地利联邦统计局的统计，截至 2022 年 1 月 1 日，奥地利的总人口数约为 898 万，比上一年增加了 0.36%，该年度的人口增长完全依赖移民人口实现；有移民背景的奥地利人数量达到 224 万，占总人口的比重为 25.4%，该比重连续十年增长（见图 1）。

---

① "Entwicklung der Coronavirus-Epidemie（COVID-19）in Österreich seit Februar 2020," Statista, May 5, 2022, https：//de. statista. com/statistik/daten/studie/1101412/umfrage/entwicklung-der-fallzahlen-des-coronavirus-in-oesterreich/.

② Austria Press Agentur, "Lockdowns, Lockerungen, Verschärfungen：Eine Chronologie der Pandemie," Die Presse, November 18, 2021, https：//www. diepresse. com/6062811/lockdowns-lockerungen-verschaerfungen-eine-chronologie-der-pandemie.

③ Max Miller, "Impfpflicht ab 18 Jahren startet Anfang Februar, Strafen bis 3600 Euro ab Mitte März," Kleine Zeitung, January 16, 2022, https：//www. kleinezeitung. at/politik/innenpolitik/6086181/Finaler-Gesetzesentwurf_ Impfpflicht-ab-18-Jahren-startet-Anfang.

图1 2011～2021年奥地利有移民背景人口总数及其占比

资料来源：奥地利联邦统计局，https：//www.statistik.at/web_de/statistiken/menschen_und_gesellschaft/bevoelkerung/bevoelkerungsstruktur/bevoelkerung_nach_migrationshinter grund/index.html。

　　2021年全年，奥地利共对第三国居民发放有效居留许可证505930份，数量首次超过50万份，比上一年增长了5.4%（见表1）。其中数量最多的是欧盟永久居留证（Daueraufenthalt-EU），占比达到62.18%，排在第二位的则是向专业人才发放的高级红白红卡（Rot-Weiß-Rot-Karte plus），占21.65%，家庭团聚类居留许可（Familienangehörige）以8.11%的占比排在第三位。

表1 奥地利2017～2021年对第三国居民发放有效居留许可证数量

单位：份

2017年	2018年	2019年	2020年	2021年
458545	468735	485013	480075	505930

资料来源：奥地利内政部（Bundesministerium Inneres），https：//www.bmi.gv.at/312/statistiken/start.aspx#nag_jahr。

　　2021年共有16171人被授予奥地利公民身份，与2020年8796人归化入籍相比有了显著增加。这一增长的主要原因是2020年9月奥地利议会一致通过了对《奥地利公民法》的修正案，为受纳粹统治迫害者及其后代入籍提供了便利。在此之前，无论是犹太人的后裔、国家社会主义的政治反对派还是罗姆人和辛提人等其他群体，都只有男性受害者的后裔才能获得奥地利公民身份。修正案颁布后，女性受害者的后代及二战期间持有哈布斯堡君主国其他所属国护照或以无国籍身份不得不逃离奥地利的人都有权入籍。2021 年利用这一新规定入籍的主要是居住在国外的人，占全年入籍总人数的 40%。[①]

2021 年全年奥地利收到的庇护申请数量大幅增长到 39939 份，接近 2016 年的水平（见图 2）。其中仅 2021 年 11 月的申请数量就达到 5956 份，这是 2016 年初以来的单月申请数量最高值。其中 95% 是初次申请，5% 是初次申请被驳回后再次提出的庇护申请。在 37920 份初次申请中，有 2463 份是家庭团聚类申请，3082 份是寻求庇护者和保护受益者为他们在奥地利出生的孩子提交的申请。无人陪伴的未成年人提出的申请数量为 5605 份。申请数量的急剧增长主要有两个原因，其一是已经在希腊和其他巴尔干国家停留了很长时间的寻求庇护者开始离开这些地区，其二是奥地利加强了边境管制，那些本打算前往德国等其他国家的人在被安全部队抓住后可能改为在奥地利申请庇护。

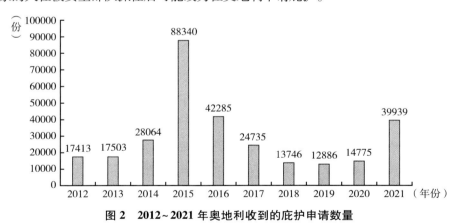

图 2 2012~2021 年奥地利收到的庇护申请数量

资料来源：移民信息与数据网，https：//www. migration - infografik. at/at - asylstatistiken - 2021#asylantragszahlen - pro - jahr - und - monat。

---

① Austria Press Agentur，"NS-Opfer-Nachfahren können leichter österreichische Staatsbürger werden," Der Standard，August 31，2020，https：//www. derstandard. at/story/2000119685687/ns - opfer - nachfahren-koennen-leichter-oesterreichische-staatsbuerger-werden.

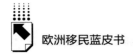

从庇护申请者的来源国看，绝大部分（79%）的申请者来自亚洲（包括土耳其）。其中来自叙利亚的申请数量以 16281 份遥遥领先，几乎是排在第二位的阿富汗（8739 份）的两倍之多。排在第三到第五位的分别是摩洛哥、索马里和巴基斯坦，但申请数量都没有超过 2000 份。

值得注意的是，尽管在 2021 年 6 月初至 12 月底期间奥地利共收到了 31279 份庇护申请，但在此期间获得基本护理福利（住宿、食品、医疗保险和其他基本福利）的寻求庇护者仅增加了 4881 人（从 12371 人增至 17252 人）。再加上被中止的庇护程序的数量增加，这表明相当多的寻求庇护者在奥地利提出申请后又去了其他国家。对无人陪伴的未成年难民庇护申请的裁决统计也证实了这一情况：根据议会发布的一个问题回复，2021 年共对 3183 个被采纳处理的庇护申请程序做出了"其他决定"，这主要是指因当事人无法追踪而中止程序。①

从以上数据可以看出，尽管新冠疫情的影响继续持续，2021 年奥地利全年的新增移民、入籍人数、庇护申请等数据都不降反增，移民流动仍然活跃，移民融入仍然是全社会关注的重要议题。

二 新冠疫情背景下的移民融入挑战及其应对

从 2020 年 3 月开始，新冠疫情大范围地限制了奥地利的社会生活，带来了公共卫生、经济和社会多方面的严峻挑战，它不仅给居民的日常生活带来了种种不便，还带来了更加深远的影响，包括影响社会团结、加剧社会不平等、造成价值观的转变、使民众对未来更加悲观等，这些变化无疑为移民的融入带来了更多的障碍。2021 年度奥地利移民融入工作的重点领域与过去几年保持一致，即促进劳动力参与市场、价值观课程和德语培训、加强妇女平等权利、促进交往和志愿工作、防止平行社会和极端主义等。为落实融

---

① "Asylstatistik Österreich 2021," migration info & grafik, May 5, 2022, https://www.migration-infografik.at/at-asylstatistiken-2021.

入目标，各方进一步加强了合作，项目之一是融入基金会在联邦总理府和奥地利城市协会的支持下，为自愿性融入倡议提供最高 2500 欧元的资助。[①]其中的一个成功典范是融入基金会、奥地利联邦经济商会（WKO）和奥地利公共就业服务局（AMS）合作的"移民指导"项目，邀请来自企业界的经验丰富的人士指导有移民背景的人员进入教育领域和劳动力市场。[②] 2021年 1 月 1 日，政府专门成立了联邦指导和支持服务部（Bundesagentur für Betreuungs- und Unterstützungsleistungen），旨在为需要援助和保护的外国人提供照顾、咨询和支持，其业务范围包括提供法律和遣返咨询、帮助外国人返回原籍国、监管人权状况、提供口译和笔译服务等。此举体现了奥地利政府在疫情长期影响背景下对移民融入工作的重视。下面将分别介绍几个重点领域的融入措施及其效果。

（一）劳动力市场

在经历了 2020 年国内生产总值的大幅下跌后，奥地利的经济在 2021年开始逐渐恢复，制造业和贸易业的产值都有了不同幅度的上升，但移民劳动力集中的餐饮和住宿行业由于受到疫情管控的影响仍继续面临严重的危机，实际产值比上一年下降了 15.9%。总的来说，2021 年奥地利移民在劳动力市场上的情况持续恶化，难民的失业率超过 50%，妇女受到的影响尤其大。

2020 年开始，奥地利联邦政府实施了大规模的资助措施来应对就业方面的挑战。以投资额达 7 亿欧元的"新冠疫情就业攻坚战"（Corona-Joboffensive）为例，它面向失业者和从事短期工作的人，旨在通过进一步的培训和资格认证措施，使人们为预期中的经济复苏和对合格工人的需求做好最佳准备，确保他们能迅速重新融入劳动力市场。因家庭原因中断工作的女

---

① "Ehrenamtliches Engagement stärken: ÖIF fördert ehrenamtliche Integrationsinitiativen," ÖIF, https://www.integrationsfonds.at/ehrenamtsfoerderung/.

② "Integration im Kontext der Corona-Pandemie Integrationsbericht 2021," Expertenrat für Integration, p. 63.

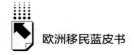

性、希望重新进入劳动力市场的人、没有职业资格认证的年轻失业者以及因语言问题难以就业的人将特别受益于该措施。未来奥地利还计划推出一系列围绕劳动力再培训和提高技能的职业培训计划，这是"国家恢复和复原计划"（der nationalen Aufbau- und Resilienzplan）的一部分。① 与其他教育措施相比，这类资格认证计划覆盖了大量的低技能人群，因此它们也特别有利于有移民背景的人。

根据疫情对劳动力迁移造成的影响，奥地利政府在 2021 年实施了多项立法改革。首先，先后颁布了《技术工人条例》（Fachkräfteverordnung）和外国人在旅游业和农业及林业领域的《临时就业的配额条例》（Kontingentverordnung über die befristete Beschäftigung von AusländerInnen），明确了外国技术工人短缺的行业及可签发居留证的数量。其次，《外国人就业法》（Ausländerbeschäftigungsgesetz）和《定居和居住法》（Niederlassungs- und Aufenthaltsgesetz）的修正案通过了一项新的常规季节性工人条例，简化了符合标准的季节性工人的就业许可，并宣布从《2022 年居留条例》实施开始，关于季节性工人人数上限的规定将不再适用。最后，奥地利宪法法院（Verfassungsgerichtshof）的一项裁决废除了两项限制寻求庇护者就业的法令，判定其因公布方式不当而不合法。与此同时防止社会倾销和劳动剥削的立法工作也得到了推进，例如在国家法律中引入了欧盟派驻劳工指令（EU Entsenderichtlinie），为外国员工制定了新的保护标准。② 这些举措都有利于确保奥地利的吸引力，满足奥地利对技术工人的需求，防止社会倾销和劳动力剥削。

---

① "Der EU - Aufbauplan：Wirtschaftliches Comeback mit grünem und digitalem Schwerpunkt," Bundeskanzleramt, https：//www.bundeskanzleramt.gv.at/eu - aufbauplan/der - eu - aufbauplan.html.

② Europäisches Migrationsnetzwerk Österreich, "Jahresbericht 2021 über Migration und Asyl in Österreich：Beitrag zu den Jahresberichten der Kommission und EUAA," Internationale Organisation für Migration (IOM), 2022, p. 6.

（二）学校教育、德语和价值观课程

新冠疫情发生之前的教育调查和 PISA 测试结果就表明，移民儿童在教育中处于落后位置，具有移民背景和非德语母语的年轻人在融入劳动力市场方面面临更大的困难。2020 年 3 月至 2021 年 4 月，奥地利全国实施网络授课的时间长达四个多月，个别地区和学区暂停线下教学的时间还要更长，这加剧了有移民背景学生的落后。对那些在家里不讲德语的儿童和青少年来说，核心家庭之外的社会交往严重不足，线上学习和其他一些限制接触的措施（企业关闭，体育、文化和娱乐设施关闭）减少了他们用德语交流的可能性，这使得语言学习更加困难。为此 2021 年奥地利教育部推出了一项覆盖各个学段的全面支持方案（Förderpaket für alle Schulstufen），金额为 2 亿欧元，用于在夏季学期增加约 4500 名教师。这意味着到 2022 年 2 月之前可以为学生提供约 300 万节额外的辅导课，其中 2/3 已经在夏季学期完成。原则上该项目是面向所有学生的，但特别能从中受益的其实是包括移民儿童在内的在学习上特别落后的学生。[1] 此外融入基金会还组织学校开设了专门面向德语水平不佳或有特殊需求的中小学生的暑假课程，帮助他们为下一学年做好准备。

疫情期间家庭环境差异对孩子学习效果的影响同样不容忽视，现有研究表明，家庭越重视对孩子的教育支持，他们在教育中掌握的社会选择权就越大。[2] 移民父母的正规教育水平往往较低，而且更有可能在疫情期间无法转为居家办公的部门工作，因此，他们无法为孩子提供足够的教育支持。此外有移民背景的家庭收入往往较低，住房面积更狭窄，网络等基础设施更差。在这些因素的影响下，有移民背景的儿童所受到的教育支持有可能差于无移民背景的儿童，特别是在家庭教育方面。根据斯坦纳等人在 2020 年春季进

---

[1] Bundesministerium Bildung, Wissenschaft und Forschung, "Corona-Förderpaket für Schülerinnen und Schüler," January 25, 2021, https：//www.bmbwf.gv.at/Ministerium/Presse/20210125.html.

[2] Gudrun Biffl, " Bildung und Familie," in *Beitrag zum gemeinsamen Forschungsseminar der UniversitätKyoto und Wien zum Thema：Familie, Kultur, Bildung*, September, 2011, pp.19-21.

行的研究，平均有 61% 的奥地利有移民背景的家长表示对在线学习期间的家庭教育感到不知所措，而在处境不利的家庭中这一占比为 86%。[1] 为此融入基金会专门开设家长课程，帮助有子女的移民了解奥地利的教育体系，协助他们为孩子提供教育支持。绝大部分参加了家长课程的人都表示他们的预期得到了满足，并且会向其他人推荐这一课程。[2]

从 2021 年开始，所有针对奥地利境内获得庇护者和辅助保护受益者的德语课程都由奥地利融入基金会（简称 ÖIF）集中协调。2020 年该组织在全国范围内提供了超过 33000 个德语课程名额。这一全新德语培训体系的一个重要特点是涵盖了从扫盲班到欧盟语言标准 B1 甚至 C1 的不同水平，且全国统一的质量检验体系保证了课程质量，使人们无需等待即可连续学习德语。除常规线下课程外，2021 年该组织还提供超过 1600 门免费在线课程，帮助近 10 万名参与者提高他们的德语技能。学员可以方便地在语言门户网站（www. sprachportal. at）上查询课程安排，选择参加周一到周五的各个语言级别的在线课程。除普通语言课程外，奥地利融入基金会还与维也纳商会（WKW）合作提供针对特定行业的德语课程，2021 年有约 9000 人参加了以食品贸易和餐饮及酒店业为重点的常规德语课程。

奥地利《融入法》中规定的价值观和导向课程涵盖了与融入相关的基本主题，如劳动力市场融入、自主权、男女平等、民主和法治等。课程一般以 15 人左右的小组形式免费开展，还可以为有需要的学员提供翻译服务。2021 年约有 8000 名学员参加了线下举办的这一课程。从 2022 年开始，该课程将增加关于劳动力市场和志愿工作的内容，课时量也将从 8 小时增加到 24 小时。与此同时，融入基金会还为移民和难民提供咨询服务，针对后者的咨询包括为获得庇护和辅助保护的人提供关于庇护的法律信息、根据《庇护法》为他们提供导向指引，以及协助他们签署《融入

---

[1] Steiner, Mario et al., "COVID－19 und Home－Schooling," 2020, https：//www.ihs.ac.at/fileadmin/public/2016_ Files/Documents/2020/IHS_ Homeschooling_ Studie.pdf.

[2] "Integration im Kontext der Corona－Pandemie. Integrationsbericht 2021," Expertenrat für Integration, p. 63.

声明（Integrationserklärung）》。2021 年，融入基金会记录了超过 20 万次的咨询联络，其中大部分发生在维也纳（约 11 万次）。

（三）疫情防控信息和疫苗推广

许多移民处于较低的社会地位、弱势的工作岗位，教育水平低下，德语知识不足，习惯使用原籍国的媒体，这使得他们很难获得疫情的相关信息。调查显示，大众媒体（尤其是电视）和社交媒体是奥地利本国人最重要的疫情信息来源，但对于移民——尤其是来自叙利亚和阿富汗的移民——来说，家人和朋友是他们更重要的信息来源。[①] 尽管有移民背景的人也使用"奥地利广播公司"和《奥地利日报》等传统媒体，这些高质量的媒体被认为是最严肃和最值得信赖的疫情信息来源，但语言能力的缺乏往往使得他们难以获得完整的内容，对于难民等新来的人来说尤其如此，因为他们的德语水平更低。同样无助的是有移民背景的老年人，由于不使用社交媒体，他们非常依赖子女和孙子女的帮助，而电视和广播中也几乎没有多语种信息。[②] 为此融入基金会在网站上提供了 17 种语言的防疫信息，自疫情开始以来该网站的点击率已超过 75 万次。此外融入基金会通过与移民组织和媒体的合作随时提供关于新冠病毒、疫苗接种和最新防疫措施的信息。此外，基金会还利用开设德语课程的机构向难民和移民介绍接种疫苗的途径，难民可以在各融入中心预约配备翻译服务的疫苗接种。阿拉伯语和波斯语的翻译会直接前往疫苗接种点为移民和难民提供帮助，有需要的人可以不经预约即时接种疫苗。2021 年奥地利各地有超过 3200 人使用了配备翻译的疫苗接种服务。[③]

---

① Flooh Perlot, Peter Filzmaier, "Mediennutzung in der Corona – Pandemie," Österreichischer Integrationsfonds, 2021, p. 19.

② Kohlenberger, Judith et al, "COVID-19 und Migrations– hintergrund: Erreichbarkeit, Umgang mit Maßnahmen und sozioökonomische Herausforderungen von Migrant/inn/en und Geflüchteten," 2021, p. 21.

③ "Integration in der Corona–Pandemie: Rund 117. 000 Teilnehmer/innen in ÖIF–Onlinekursen; über 33. 000 angebotene Deutschkursplätze," Integrationsfonds, December 30, 2021. https: // www. integrationsfonds. at/newsbeitrag/integration– in – der – corona – pandemie – rund – 117000 – teilnehmer–innen–in–oeif–onlinekursen–ueber–33000–angebotene–deutschkursplaetze–12365/.

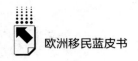

综上所述，奥地利在外国人法律、劳动力市场整合、社会和教育支持、健康信息等领域采取了一系列的措施，以尽可能地减轻疫情对移民治理带来的负面影响，也取得了一定的效果。

三　女性移民的融入

女性移民的融入在奥地利一直受到特别的关注，这一方面是由于女性移民数量的持续增加，另一方面是因为女性移民所面临的处境本来就更为严峻，疫情更使她们面临巨大的困境和挑战。在 2021 年的最新"融入晴雨表"调查中，有 55% 的受访者首次将对妇女的态度列为与移民和难民共同生活的最大问题。[①] 奥地利政界对女性移民融入的重要性有着清晰的认识，2020~2040 年政府施政计划中明确指出要在就业、教育、健康等领域加强女性作为"融入推动者"（Multiplikatorinnen der Integration）的作用。[②] 奥地利总理府融入部部长拉博在 2021 年妇女节前夕举办的一次交流活动中指出，女性是其家庭和周围人的"融入驱动器"（Integrationsmotoren）。[③] 有鉴于此，奥地利每年的融入目标都会将女性移民作为一个重点关注的话题。

从女性移民的数量来看，2017 年有 27037 名从第三国移民到奥地利的女性首次获得了居留证，到 2020 年这一数量大幅下降到 16502 名，降幅达 39%。但第三国女性在奥地利女性人口中的占比在此期间从 6.8% 增加到 7.5%。根据欧盟统计局的统计，第三国女性主要是由于避难、人道主义等"其他"原因（占比为 43%）和家庭原因（占比为 41%）来到奥地利。[④] 她们的性别、

① Hajek, Peter et al., "Integrationsbarometer 2/2021, Integrationsbefragung," Österreichischer Integrationsfonds, p. 17.
② "Regierungsprogramm 2020-2040," Bundeskanzleramt Österreich, 2020, p. 146.
③ "Bundesministerin Raab: Frauen stärken Frauen in der Integration," Bundeskanzleramt, March 1, 2021, https://www.bundeskanzleramt.gv.at/bundeskanzleramt/nachrichten-der-bundesregierung/2021/03/integrationsministerin-raab-frauen-staerken-frauen-in-der-integration.html.
④ "Erstmals erteilte Aufenthaltstitel nach dem Grund fr die Erteilung, Alter, Geschlecht und nach der Staatsangehörigkeit," Eurostat, December 1, 2021.

移民原因和其他个人特征相交叉，会对融入产生重要影响。女性移民无论在教育水平还是就业方面都与男性存在显著差异。2020 年，奥地利18~64 岁的第三国女性移民中有 43%仅完成了义务教育或更低的教育，第三国男性移民则有 41%拥有中等教育水平。就业方面，20~64 岁的第三国女性移民的就业率仅为 56%，远远低于第三国男性移民的 80%，与奥地利本国女性的就业率77%也相距甚远。在疫情的影响下，第三国女性移民的就业率下降了 4%，而第三国男性移民和奥地利本国男性的就业率都仅下降了 1%，本国女性的就业率更是只下降了 0.2%。女性难民的处境也同样糟糕：获得庇护和辅助保护的女性难民中有 43%在抵达奥地利前从事学术性职业，而男性难民中之前从事体力劳动的人占比最高（33%）。不仅在奥地利就业的女性难民之前从事学术职业的占比（13%）比男性难民高（5%），而且与男性难民相比，女性难民在原籍国的最后一份工作相较在奥地利的第一份工作之间的落差也要大得多，她们几乎没有任何可能回归原来的职业道路。① 还有研究表明，与男性难民相比，女性难民失业后更倾向于停留在失业状态，返回就业岗位的可能性也更小。② 此外，2019 年的一项研究表明，奥地利有第三国移民背景的人遭受歧视的频率（81%）比没有移民背景的人（38%）高出 1 倍以上，而女性移民遭受歧视的可能性比男性移民高 1.3 倍。她们在原籍国、性别和子女等方面遭受多重歧视，后果体现为工作、教育、卫生和住房方面的不平等和更差的待遇，这反过来又对女性移民的融入进程产生了负面影响。③

为了推动女性移民的融入，奥地利政府加大了投资力度，2018~2021 年针对女性移民的融入所投入的金额从 137 万欧元增加到 479 万欧元，增幅达

---

① Leitner, Sandra & Landesmann, Michael, "Refugees' Integration into the Austrian Labour Market: Dynamics of Occupational Mobility and Job – Skills Mismatch," Wiener Institut für Internationale Wirtschaftsvergleich, 2020, pp. 11-13.

② Leitner, M. Sandra & Landesmann, Michael, "Problematik der Arbeitsmarktintegration von Geflüchteten in Österreich in Zeiten der Coronakrise," International Centre for Migration Policy Development, 2021, pp. 13-14.

③ 参见 Schönherr, Daniel et al., "Diskriminierungserfahrungen in Österreich: Erleben von Ungleichbehandlung, Benachteiligung und Herabwürdigung in den Bereichen Arbeit, Wohnen, medizinische Dienstleistungen und Ausbildung," Kammer für Arbeiter und Angestellte, 2019。

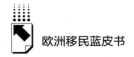

3 倍之多。在联邦层面负责开展工作的主要是奥地利融入基金会，自 2018 年以来它一直致力于促进女性移民参与融入的进程，具体措施包括为女性移民提供研讨会、交流会、包含儿童保育和指导的课程等补充服务，还组织了大量咨询和信息推广活动。此外，奥地利融入基金会负责开设《融入法》规定的德语课程、价值观和导向课程，这是接触女性移民的有效措施。自立法规定获得庇护和辅助保护的人有义务参加这些课程后，女性参与者的占比在 2019 年上升了 14 个百分点，达到 47%。①

在地方层面也有一系列针对女性移民的融入措施，例如维也纳就业服务局 2016 年开始资助的"女性技能检测"（Kompetenzcheck für Frauen）项目，它的目标是帮助 18 岁及以上获得庇护身份的女性移民融入就业市场。评估显示，2016~2020 年，每年平均有 48% 的女性在结束培训后 3 个月内成功就业或获得职业资格证书，该项目获得了 2019 年联合国公共服务奖。另一个成功的典范是始于 2012 年的"维也纳的女邻居"（NACHBARINNEN in Wien）项目，该项目资金 1/3 来自联邦社会事务、卫生、护理和消费者保护部和维也纳市及就业服务局的资助，2/3 来自捐款收入、私人赞助和缝纫车间的收入。为了以最佳方式接触女性移民，负责项目的协会把讲相同语言和具有相同文化背景的女性培训成担任社会助理的"女邻居"。这些"女邻居"会到家里拜访女性移民，向她们介绍现有的服务，并鼓励她们参与现有的融入进程。第一次接触往往发生在公园、幼儿园门口或其他公共场所，社区、学校和其他机构也会帮助"女邻居"与其他移民建立联系，疫情发生后她们越来越多地通过社交媒体来开展工作。2014 年对该项目的一次评估表明项目投资的社会回报值为 4.61，这意味着每投入 1 欧元，就会产生相当于价值 4.61 欧元的影响，因此评估专家认为该项目卓有成效。除了为女性移民提供支持外，还能对她们的家庭和参与该项目的工作人员、项目资助者、公共机构等其他利益相关者产生积极的影响，因此该项目多次得到国

---

① "Integrationsbericht 2020: 10 Jahre Expertenrat - 10 Jahre Integrationsbericht," Expertenrat für Integration, 2020, p. 64.

家级奖项的表彰。① 类似的项目推陈出新，仅 2021 年就有 16 个专门针对女性移民的项目受到资助，涵盖了教育、就业、家庭等领域，既有针对成年女性的，也有面向未成年女孩的，它们的共同目标是防止针对女性的暴力和促进女性移民的社会融入。②

在贸易、护理和健康等领域，女性从业者占大多数，因此疫情危机中女性对维持全社会的正常运转功不可没。疫情一方面凸显了女性对社会的贡献，另一方面又给她们带来了沉重的负担。疫情中大量在商业和服务业就业的女性移民失去了工作，从事教育工作的女性移民也面临转为线上教学带来的挑战。同时疫情导致了传统性别角色的回归，强化了女性在家务和育儿方面的性别角色，对于女性移民来说这意味着在性别平等和妇女自决方面的倒退和越来越多的挑战。奥地利融入专家委员会和融入基金会的专家都指出，传统的性别角色模式和社会经济条件（狭窄的住房条件、社会隔离、经济不安全）这两个导致家庭暴力的决定性因素由于疫情变得更加突出，这对有移民背景的女性影响尤其大。联邦社会事务、卫生、护理和消费者保护部委托开展的一项关于奥地利在疫情背景下社会状况的调查表明，原本就面临过度贫困或社会排斥风险的群体在经济和社会生活两方面同时受到疫情的严重影响，女性移民正是这一群体的重要组成部分。受疫情影响，德语课程、就业咨询服务等融入措施也不同程度地受到影响，因此在未来很长一段日子里，女性移民的融入工作任重而道远。

四 结语

新冠疫情对每个国家都是一个巨大的挑战，但是在这一危机中又隐藏着

---

① "Integration von Migrantinnen in Österreich: Politiken und Maßnahmen," Heilemann, Saskia, Internationale Organisation für Migration, 2021, pp. 29-33.

② 参见 Österreichischer Integrationsfonds, "Geförderte Projekte - Frauenaufruf: Maßnahmen gegen Gewalt und zur Stärkung von Frauen und Mädchen im Kontext von Integration," 2021, https://www.integrationsfonds. at/fileadmin/user_ upload/2021_ Frauenaufruf_ 2020_ UEbersicht_ gefoerderte_ Projekte. pdf, https://www.integrationsfonds. at/fileadmin/user_ upload/2021_ Frauenaufruf_ 2020_ UEbersicht_ gefoerderte_ Projekte. pdf。

机会。总体而言，奥地利政府在疫情背景下采取的一系列融入措施能够覆盖移民在就业、教育、社会生活等各方面的需求，但在接下来的很长时间内，疫情带来的深远影响将继续存在，因此有必要广泛地从危机处理的过程中吸取经验教训，为今后的融入工作做好准备。

2020 年疫情发生后，奥地利社会各界一度展现出强烈的团结意识，邻里之间自发形成互助倡议，许多人在正常活动中断期间参与志愿工作，社会凝聚力明显增强。疫情初期的抗疫措施得到了民众的普遍支持，政府的支持率一度走高。但随着疫情的持续，民众对防疫政策的态度渐渐转向两极，社会上对防疫效果的批评越来越多。① 专家观察到了所谓的"疫情倦怠"（Pandemiemüdigkeit）现象，这一方面是由于疫情的复杂性和持续性，另一方面是由于其巨大的社会和经济影响。② 目前奥地利各界都非常担心疫情会加剧社会分裂，一个重要的原因是人们对社会和政治的信任有所减弱。为了使民众高度接受疫情防控政策，必须深入分析政治界和科学界的危机沟通策略，尤其是民众对它们的看法，以便为危机管理提供经验。

新冠疫情还加剧了原先就存在的右翼极端主义的威胁，右翼极端分子已将与疫情有关的内容加入他们的宣传中，特别是通过阴谋论吸引了新的社会群体。有学者指出右翼极端主义等极端主义分子有针对性地散布阴谋性的、可怕的信息，已使西方应对疫情的一些努力脱轨，造成"本国人"和"移民"之间、已接种和未接种疫苗的人之间的两极分化加剧，并造成普遍的不信任气氛。换句话说，疫情为极端主义分子提供了一个机会，他们可以利用这种情况实现其破坏西方国家和社会稳定的目标，尤其是动摇民众对政府的信任。③ 这一发展必将为移民融入带来新的障碍，因此奥地利有必要在未

---

① Aschauer, Wolfgang et al, "Die österreichische Gesellschaft während der Corona – Pandemie," Springer VS. 2022, p. 10.

② Bundesministerium für Soziales, Gesundheit, Pflege und Konsumentenschutz, "Die COVID-19-Pandemie, Bestandsaufnahme und Handlungsrahmen, Version 2. 0," 2022, p. 75.

③ Pisoiu, Daniela, "Rechtsextremismus und neue Akteure in Zeiten der Pandemie: ein Blick aus Österreich undDeutschland," Österreichisches Institut für Internationale Politik, 2021, https://nbnresolving. org/urn: nbn: de: 0168-ssoar-77357-6.

来数年内做出前所未有的努力打击极端主义。

　　人际接触和社会交流是有移民背景的人融入社会的重要前提。过去两年因为疫情防控需要，移民与他人的接触不得不被减少到最低，他们的社会活动被困在家庭范围内，这意味着提高语言技能、扩大社会网络及获得其他就业资格的机会变得更少。即使各界努力以数字化方式提供与融入工作相关的服务，这些补偿性服务也不能完全取代人与人之间的交往。因此，必须特别关注移民对外的社会交流，让志愿服务等积极经验充分发挥其作用。[①]

　　总而言之，尽管奥地利的经济、社会生活已经开始逐步恢复正常，但疫情的影响仍将持续，它既暴露了奥地利移民所面临的种种困境，也凸显了移民对社会发展的重要性。针对疫情给移民融入带来的新挑战，未来有必要对现行的移民融入措施进行修正和补充，以真正实现各个移民群体的融入。

---

① Haas, Sabine et al, "Soziale Faktoren der Pandemie," Gesundheit Österreich GmbH, 2021, pp. 88－89.

B.8
新冠疫情持续影响下的德国移民治理

赵 凯*

摘　要： 对比2020年，2021年德国移民总数明显增长。在疫情持续和防控常态化的过程中，德国政府把推广新冠疫苗接种作为抗疫的第一要务。为了加快疫苗接种，德国引入"2G""2G+""3G""3G+"等限制性规则。移民群体的接种率低于德国本土居民，主要原因在于缺乏语言知识和害怕因暴露身份而被遣返。新一届政府上任之后，德国的移民政策变得更加宽松，德国对专业技术移民的吸引力得到进一步加强。大量非法移民越过波兰边境进入德国，给德国的移民治理带来了困难。持续的疫情推动了德国移民治理的电子化进程，也改变了人们的社会心理，未来的德国将可能还要直面因乌克兰危机而产生的难民所带来的巨大压力。

关键词： 德国　疫苗接种　移民治理

一　德国的移民状况

2021年，新冠疫情仍然在全球肆虐，对全球人口迁移造成了巨大影响。尽管如此，德国移民总数仍然上涨了约40万。根据德国联邦统计局最新统计结果，截至2022年4月12日，德国有2230万人拥有移民背景，占全国人口总数的27.2%。与上一年相比，2021年德国移民总数增加了2%（2020

* 赵凯，博士，西安外国语大学欧洲学院讲师，主要研究方向为区域国别（德国）、语料库语言学。

年德国移民总数为 2190 万人），已经超过全国总人口的 1/4。其中 53% 的移民（近 1180 万人）拥有德国国籍，47% 的移民拥有外国国籍（近 1060 万人）。

从来源来看，德国多数移民来自欧洲本土。在具有移民背景的所有人中，几乎 2/3（62%），接近 1390 万人，来自其他欧洲国家，其中 750 万人来自其他欧盟成员国。第二多数量的移民来自亚洲，来自亚洲的 510 万移民及其后代占有移民背景人口的 23%，其中包括 350 万与中东有联系的人。近 110 万人（5%）来自非洲。最后，约有 70 万人（3%）是来自北美洲、南美洲和澳大利亚的移民及其后代。

从国籍来看，移民的主要原籍国是土耳其（12%），其次是波兰（10%）、俄罗斯（6%）、哈萨克斯坦（6%）和叙利亚（5%）。值得一提的是，2021 年居住在德国的有移民背景的人中有 1.38%（约 30.8 万）的人来自乌克兰，其中绝大多数（82%）移民已在德国平均生活 19 年。由于最近乌克兰危机产生大量难民和移民，来自乌克兰的人数将来可能会大幅增加。

据德国联邦移民与难民局统计（见表 1），2021 年德国共接收庇护申请超过 19 万份，其中属于首次申请的为 14.8233 万份，较 2020 年同比多出 4.5652 万份，上涨了 45%。庇护申请者人数排名前三的国家仍然是叙利亚、阿富汗、伊拉克，仅这三个国家庇护申请者人数就占到总人数的 59%。从年龄结构来看，超过一半的成年首次庇护申请者年龄在 30 岁以下，占比约为 64%。最突出的变化是来自阿富汗的难民增幅突升。占比从 2020 年的 9.7% 急剧上升到 2021 年的 15.7%。其主要原因是美国和北约从阿富汗撤军，塔利班于 2021 年 8 月执掌政权，许多人离开阿富汗，相当一部分前往德国。

根据德国联邦移民与难民局的分析报告，近年来阿富汗难民的女性占比有所上升，从 2017 年时的 29% 上升到 2021 年的 39.4%。与 2015 年至 2016 年的难民潮相比，男性难民居多。在过去的 5 年里，来自阿富汗的难民中已婚人口呈逐年增加态势。这也是导致阿富汗女性难民增加的原因。2017 年

45.4%的人已婚，到 2021 年这一比例增长到 59.1%，单身人口从 2017 年的 49.9%下降到 2021 年的 35.7%，下降了近 1/3。

表 1　2011~2021 年德国接收的庇护申请数量

单位：份

年份	庇护申请		
	首次庇护申请	再次庇护申请	总计
2011	45741	7606	53347
2012	64539	13112	77651
2013	109580	17443	127023
2014	173072	29762	202834
2015	441899	34750	476649
2016	722370	23175	745545
2017	198317	24366	222683
2018	161931	23922	185853
2019	142509	23429	165938
2020	102581	19589	122170
2021	148233	42583	190816

资料来源：德国联邦移民与难民局，"Schlüsselzahlen Asyl 2021," BAMF, July 23, 2022, https：//www. bamf. de/SharedDocs/Anlagen/DE/Statistik/SchluesselzahlenAsyl/flyer － schluesselzahlen － asyl－2021. html。

二　全国疫苗接种运动

通过疫苗构筑新冠病毒防护屏障是走出新冠危机的核心，因此，德国政府把取得抗疫胜利的希望寄予全民的新冠疫苗接种，制订了详细的疫苗接种战略[①]：从 2020 年 12 月 27 日开始，德国民众可以在各个疫苗接种中心或者

[①] "Impfstrategie Covid－19," RKI, July 23, 2022, https：//www. rki. de/DE/Content/Infekt/ Impfen/ImpfungenAZ/COVID－19/Impfstrategie_ Covid19. pdf.

流动接种小组进行新冠疫苗接种，全国疫苗接种运动正式开启。① 由于初期疫苗紧缺，德国政府在出台的新冠疫苗接种条例中规定了对高风险人群进行优先接种，其中难民和无家可归者被划入第二优先组。② 为了使移民和难民更加方便地获取疫苗接种相关信息，德国卫生部还提供了该条例的 23 种语言版本。鉴于 2021 年 6 月初德国已有超 45% 的人接种了第一针疫苗，超过20% 的人接种了第二针疫苗，德国政府于 2021 年 6 月 7 日废除了关于新冠疫苗接种的优先排序，自此所有人都可以不受年龄、健康状况或职业限制进行预约接种。新一届政府上任后为了加大疫苗接种力度，规定全国必须在2022 年 1 月前达到 80% 的新冠疫苗接种率，未接种疫苗者则被排除在公共生活之外。但德国疾控中心罗伯特·科赫研究所统计，截至 2022 年 1 月 31日，德国实际疫苗接种率只达到了 75.8%。③

为了应对不断攀升的七日感染率和提高疫苗接种率，德国采取了多项措施。

第一，引入"2G""3G"规则。随着疫情形势加剧，德国政府通过修改《感染保护法》陆续出台适用于公共场所（如图书馆、博物馆、游泳馆、零售商店和公共交通等）的"3G""3G+""2G"和"2G+"规则。④ 自2021 年 8 月 23 日起，德国多州开始实施"3G"规则（标准见表2）。⑤

---

① "Impfkampagne gegen Corona startet," Die Bundesregierung, July 23, 2022, https://www. bundesregierung. de/breg-de/themen/coronavirus/impfstart-1832496.

② "Impfpriorisierung," Zusammengegencorona, July 23, 2022, https://www. zusammengegencorona. de/faqs/impfen/aufhebung-der-impfpriorisierung/.

③ "Corona - Pandemie: Bundesregierung verfehlt Impfziel," ZDF, July 23, 2022, https://www. zdf. de/nachrichten/politik/corona-faq-scholz-ampel-impfziel-100. html.

④ "Geimpft, genesen, getestet: 3G-Regel gilt seit dem 23. August," Bundesregierung, July 23, 2022, https://www. bundesregierung. de/breg - de/aktuelles/bund - laender - beratung - corona - 1949606.

⑤ "Corona - Warn - App zeigt jetzt Status an," ZDF, July 23, 2022, https://www. zdf. de/nachrichten/panorama/corona-warn-app-funktion-status-100. html.

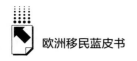

表 2　德国新冠警报 APP 状态分类标准

2G	德语为 geimpft oder genesen，即已接种或已痊愈
2G+	德语为 geimpft oder genesen und negativ getestet，即已接种或已痊愈并持有核酸检测阴性报告（24 小时内快筛或 48 小时内 PCR 检测）
3G	德语为 geimpft oder genesen oder negativ getestet，即已接种或已痊愈或出持有核酸检测阴性报告（24 小时内快筛或 48 小时内 PCR 检测）
3G+	德语为 geimpft oder genesen oder negativ PCR-getestet，即已接种或已痊愈或持有 48 小时内 PCR 检测阴性报告

从限制程度来看，"2G+"规则最严格，其次是"2G"，再次是"3G+"，最宽松的是"3G"。"3G"规则允许已接种疫苗者、感染过新冠病毒的已痊愈者或新冠检测阴性（抗原 24 小时以内、核酸 48 小时以内）者三类人进入餐馆、电影院、会展中心等大部分室内场所；"2G"规则将新冠检测阴性者亦排除在外，即仅允许已接种疫苗者和曾感染过新冠病毒的已痊愈者入内。通过这些规则，德国政府意图达到两个目的，一是遏制全国疫情的进一步蔓延，二是迫使未接种疫苗者接种疫苗。

第二，紧急制动（Notbremse）。随着 4 月份感染人数的不断增加，德国政府修订《感染保护法》，规定：如果某个地方的感染率连续 3 天超过 100 例（每 10 万人感染人数），那么该地将从次日起实行更严格的全国通用的管控措施；若感染率连续 5 个工作日低于 100 例（每 10 万人感染人数），那么"紧急制动"就会自动取消。这项规定根据感染率拟定了详细的抗疫行动措施，例如，如果感染率超过 100 例（每 10 万人感染人数），则关闭餐厅和酒店以及休闲文化设施；每户家庭同时最多只接待 1 个人；晚上 22 点到凌晨 5 点禁止外出；学校每周做 2 次核酸，感染率超过 165 例（每 10 万人感染人数）则居家上网课。感染率在 150 例（每 10 万人感染人数）以下，商店可以营业，超过 150 例（每 10 万人感染人数）则关闭。

第三，批准家庭医生为民众接种疫苗。为了加快疫苗接种进程，从复活节后开始，德国政府除官方的疫苗接种中心外，还允许家庭医生为人们接种。全德 3.5 万所家庭医生诊所也开始接受接种预约，全德新冠疫苗接种率在数周内快速上升。但与欧盟其他成员国相比，德国的新冠疫苗接种率还是较低。截至 2022 年 7 月 22 日，德国 59.9%的人口接种了疫苗，西班牙 69%的人口接种了疫苗，葡萄牙的疫苗接种率超过 73%。

第四，流动接种小组走入民众。为了促使民众接种疫苗，德国卫生部部长施潘（Jens Spahn）发起"疫苗接种行动周"，掀起更为热烈的疫苗接种运动，并通过流动接种小组将疫苗直接带到人们经常去的地方，包括游乐场、超市、体育俱乐部和步行区等，甚至在宜家停车场或者火车上接种疫苗。从 10 月 11 日星期一开始，除了无法接种疫苗的儿童和个人之外，未接种疫苗的德国人和其他国籍的居民将不得不自己支付核酸检测费用。

对于移民和难民的接种任务，德国卫生部部长施潘表示，在移民中推广疫苗接种是一项巨大的挑战。[1] 与德国本土居民相比，移民的社会环境和经济状况处于劣势。特别是难民，其居所大多采用公用厨房和公用卫生间。即使佩戴口罩，难民也难以避免更多的社交接触，进而导致更高的感染风险。所以移民和难民属于高风险人群，更应该接种疫苗。但根据德国疾控中心罗伯特·科赫研究所的调查研究，德国有移民背景的人的新冠疫苗接种率要低于本土居民。[2] 该调查除使用德语外，还使用了阿拉伯语、英语、波兰语和土耳其语进行。调查结果显示，德国有移民背景的疫苗接种率为 84%，而无移民背景的疫苗接种率为 92%。

这项调查结果表明，一方面德国政府所推行的疫苗接种行动在移民群体中并没有充分展开。另一方面，移民群体相对低的接种率有其自身原因，主要包括以下几个方面。

首先是德语语言知识的缺乏，特别是医疗保健方面的知识。这使得移民群体在与疫苗接种工作人员的沟通交流中处于十分不利的位置，特别是在疫

---

① "Wir benötigen Ihre Unterstützung Cookies helfen uns, unseren Journalismus zu finanzieren," Tagesspiegel, https://www.tagesspiegel.de/politik/spahn – sieht – grosse – herausforderung – haben-menschen-mit-migrationshintergrund-eine-staerkere-impfskepsis/27137260.html.

② "COVID-19 Impfquoten-Monitoring in Deutschland（COVIMO）- 9. Report," Robert Koch - Institut, https://www.rki.de/DE/Content/InfAZ/N/Neuartiges_ Coronavirus/Projekte_ RKI/ COVIMO_ Reports/covimo_ studie_ bericht_ 9. pdf.

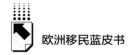
苗接种中心需要填写各种表格的时候。同时，这也造成移民不能及时地获取有关疫苗接种的最新信息。许多移民即使在德国生活多年后，其德语水平仍然很低。有些移民平常宁愿生活在他们自己的"平行社会"，在那里，移民更多的使用自己家乡的语言和媒体。在新冠疫情中，移民在语言上的劣势更加凸显。

其次是很多移民对疫苗的安全性表示怀疑，尤其是在德国政府开展疫苗接种运动的初期特别明显。有相当一部分移民认为，接种疫苗会导致不孕不育，或者对身体机能造成破坏。这种错误的信息在移民群体中广泛传播，使得那些本身就犹豫不决的人最终拒绝接种。还有一部分移民持观望态度，想看看疫苗究竟如何影响其他已接种疫苗的人。

再次，对于那些还没有获得居留许可的难民等人群，他们更不愿意去接种疫苗，因为在接种时要出示本人的身份证明，此时极有可能被遣返回国或者驱逐出境。因此，他们绝不会冒着极大的风险去接种，从而暴露自己的身份。①

最后，大多移民家庭并没有自己的家庭医生，即使德国政府允许家庭医生为民众接种疫苗，但对于这一部分人来讲并没有什么意义，他们还是要去疫苗接种中心，仍然要面对交流不便等问题。②

此外，一些移民曾在德国卫生部门因外表、口音或者理解力有过被歧视的经历，这也会导致移民心生畏惧，因此不愿意去接种疫苗。③

根据德国政府的规定，在德国拥有居住地或常住地的每个人都有权接种

① "Bayerns Innenminister ruft Asylbewerber zu Impfung auf - absurde Gerüchte im Umlauf," RND, July 23, 2022, https：//www. rnd. de/politik/bayerns - innenminister - ruft - asylbewerber - zu - impfung-auf-absurde-geruchte-im-umlauf-7AB2Y6U2OJAJBLVZVZZOSAS4BE. html.
② "Haben Menschen mit Migrationshintergrund eine stärkere Impfskepsis?," Tagesspiegel, July 23, 2022, https：//www. tagesspiegel. de/politik/spahn - sieht - grosse - herausforderung - haben - menschen-mit-migrationshintergrund-eine-staerkere-impfskepsis/27137260. html.
③ "RKI-Studie：So oft lassen sich Migranten impfen - Berliner Morgenpost," Morgenpost, July 23, 2022, https：//www. morgenpost. de/vermischtes/article234478933/rki - studie - migranten - impfen - haeufigkeit-corona. html.

新冠疫苗，包括非法移民。① 为鼓励移民和难民接种新冠疫苗，德国一些地方的卫生部门允许无证人员匿名接种，并且可以在疫苗接种中心进行。然而，在大多数联邦州，尚且没有类似规定。世界卫生组织和欧洲理事会生物伦理委员会2021年1月就呼吁为无证人员接种疫苗。

三　德国新政府的移民政策

2021年11月24日，德国社民党、绿党和自民党召开联合新闻发布会，宣布组阁成功并达成联合执政协议，12月8日，正式组成三方执政联盟并宣誓就职。因三党代表颜色分别为红、绿、黄，因此被称为"交通灯联盟"。社民党的雷姆·阿拉巴里-拉多万（Reem Alabali-Radovan）取代基民盟的安妮特·维德曼-莫兹（Annette Widmann-Mauz）成为联邦政府移民、难民和融合事务专员。新政府计划使德国成为对移民更有吸引力的目的国，同时使愿意融入德国社会的寻求庇护者生活得更加轻松。为此，交通灯联盟达成统一意见，要让德国成为一个多元化的移民国家。

根据"交通灯联盟"达成的协议内容，② 德国将对移民政策进行大刀阔斧的改革，其主要内容如下。

第一，在入籍方面：新政府将改革国籍法，进一步简化外国人取得德国籍的程序。以后在德国居留满5年即可入籍，若有特殊的融合贡献，则满3年就可入籍。目前德国的合法入籍程序最短也只能缩短到6年。此外，德国将认可多重国籍。例如，对于欧盟国家的公民或难民，可以保留原来的国籍。交通灯联盟还希望更多在德国出生的孩子能入籍，只要父母一方在德国居住满5年，其在德国出生的孩子就自动获得德国国籍，而目前的这一年限

---

① "Aktuelle Informationen zur COVID-19-Impfung," Bundesgesundheitsministerium, July 23, 2022, https://www.bundesgesundheitsministerium.de/coronavirus/faq-covid-19-impfung.html.

② "Koalitionsvertrag zwischen SPD, Bündnis 90/Die Grünen und FDP," Bundesregierung, July 23, 2022, https://www.bundesregierung.de/breg-de/service/gesetzesvorhaben/koalitionsvertrag-2021-1990800.

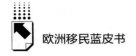
为 8 年。此外，"交通灯联盟"将进一步免除移民过程中强制性的语言测试或降低语言证明等方面的要求。过去想要获得德国护照都必须要求申请人有德语语言证明。但是，改革后移民当局可以自行决定是否需要语言证明，例如入籍人是病人或有学习困难的话，就可以免除语言证明。对于外来劳工及其家属，降低语言水平要求，并为他们提供一系列语言课程，使外国工作者及其家属更容易入籍。

第二，在引入劳动力方面：新政府将继续推行《专业人才移民法》和欧盟蓝卡制度。欧盟蓝卡的范围扩展到非学术专业，这意味着德国将允许没有大学学位的移民进入德国，而在此之前只有大学毕业才能获得蓝卡。除了欧盟蓝卡的改革之外，新政府还将为外国技术工人引入新的居留许可，即所谓的机会卡，实行积分制，将积分与移民个人联系起来，包括教育水平、工作经验和德语水平等。而在签证方面将更多地使用数字化程序，来德更加方便。另外，移民的居留许可在国外临时居留期间将不会再过期。这对于劳工移民是一大利好。为了使移民能够迅速融入劳动力市场并找到符合资质的工作，新执政联盟将加快对国外任职资格证书的认可程序，并进一步促进移民和难民妇女融入劳动力市场。为创业的移民提供资助和补贴。此外，还计划取消对居住在德国的外国人的工作禁令，帮助寻求庇护者实现从庇护身份到劳工移民的"转变"，这样一来，寻求庇护者就可以获得有薪就业的居留许可，但前提条件是入境时已满足居留许可要求的条件。

第三，在庇护程序方面：新政府将进一步加快庇护程序审批过程，以减轻联邦移民和难民局以及决议投诉机构的负担。为了加快程序，应优先考虑来自承认率低的国家的寻求庇护者的申请。此外，决议的撤销也不再统一检查，而是根据需要进行检查。3~5 年内对于获得庇护身份的难民不再检查其庇护理由是否存在，而只有当有迹象表明该寻求庇护者使用了虚假身份时才须检查其庇护理由。

第四，在容忍居留方面：新政府为容忍居留者放宽条件，截至 2022 年 1 月 1 日，5 年来一直居住在德国、无刑事犯罪、拥护德国社会自由民主基本秩序的容忍居留者，可以获得 1 年试用居留许可，这样一来，容忍居留者将额外获得 1 年时间来满足取得在德居留权的要求，比如生活保障和身份证明等。而在德国居留生活超过 3 年，已较好融入德国生活的年轻人可以在27 岁之前获得在德国的居留权。如果容忍居留者融入表现突出，德国移民当局可在 4 年或 6 年后对其家属开放居留申请。

第五，在遣返方面：无权居留的外国人应返回原籍国，因此新政府将更加坚定地支持各联邦州加强遣返力度，特别是那些犯罪的人和对社会存在危险的人。但原则上儿童和青少年将不再被遣返。

第六，在融入方面：新政府将提高移民及其后代的代表权和参与度。例如制定移民参与法、设立移民参与委员会、建立移民自营组织等。为了实现移民的快速融入，所有移居德国的人都要从一开始就参加融入课程。但是，寻求庇护者通常无权参加融入课程。

第七，在多样性与反歧视方面：新政府将致力于建设多元化的移民社会，为联邦反歧视局提供充分的人员和财政资源，扩大对各种形式歧视的研究，支持德国融入与移民研究中心，增强社会凝聚力、促进民主和防止极端主义。

从以上内容来看，新政府着重强调外来移民对未来德国发展的重要性，期望通过改革相关法律法规，进一步降低外籍在德人员获得居留或国籍的困难。同时也将着手多方面改革，意图帮助移民更快融入德国社会。协议还强调，德国是一个多元化的移民社会，并承诺平等参与，而此前默克尔称多元文化已死，这表明德国移民政策发生"变道"。但联盟协议中为塑造移民、融合和难民政策而制定的计划并不代表与近年来的移民政策彻底决裂。交通灯联盟更强烈地强调了移民的潜力，移民及其后代将发挥更重要的社会功能。

四　波白边境的难民事件与非法移民

2021 年 5 月，白俄罗斯总统卢卡申科（Alexander Lukashenko）宣布，他不再阻止移民继续前往波兰和波罗的海国家，以应对欧盟收紧的制裁。一时之间大量来自中东的非法难民通过波兰涌入欧洲，他们的主要目的地是德国。因此，德国东部的勃兰登堡州、萨克森州和梅克伦堡-前波莫瑞州首当其冲，因为这三个州都与波兰接壤。勃兰登堡州内政部部长迈克尔·施图根（Michael Stübgen）透露，每天有 100 多名难民越过德波边界进入德国。自 2021 年 8 月以来，由于大量难民通过白俄罗斯和波兰边境，德波边境的联邦警察一直面临巨大的难民压力。数据显示，2021 年 1 月至 7 月，德国波兰边境的联邦警察仅发现了总共 26 名与白俄罗斯有联系的非法入境人员。而仅仅在 8 月，就已经记录了 474 个此类非法入境事件。随后的 9 月此类案件数量进一步增加到 2049 起，10 月与白俄罗斯有关的非法入境事件增加到 5294 起。11 月，这一数字仍然保持在较高水平，共有 2849 起。整个 2021 年，德国联邦警察共发现 11228 起与白俄罗斯有关的非法入境事件。直到 2022 年 1 月，德国联邦警察局登记了 361 起非法入境，虽然呈明显下降趋势，但德波边境仍然是媒体和大众关注的焦点。①

大量难民非法越界对德国东部各州造成很大影响。首先是难民庇护中心人满为患，媒体报道，有 2600 人分散在不同地点居住，导致政府需要不断加置帐篷。原来 3500 个座位的容量在短时间内增加到 4600 个，甚至可能会增加到 5000 个。萨克森州因白俄罗斯路线导致难民数量增加了 1 倍多：截至 2021 年 11 月底就已有 9342 名寻求庇护者到达萨克森，而 2020 年这一数字是 4463 名。②

德波边境属于申根国家内部边界，原则上可以随时跨越，德国无法关闭国门阻挡难民。按照规定，拒绝申根国家内部边界只有在（临时）重新引入边境管制且已通知欧盟委员会的情况下才被法律允许，但德国波兰边境的情况并不构成该条件。因此，对于非法入境者，德国只能逐案审查是否可以居留。面对这样的情形，一方面，德国联邦警察在边境地区与波兰边防警卫

---

① "Illegale Migration aus Belarus über Polen nach Deutschland konstant auf niedrigem Niveau: 361 Feststellungen durch die Bundespolizei seit Jahresbeginn," Bundespolizei, July 23, 2022, https://www.bundespolizei.de/Web/DE/04Aktuelles/01Meldungen/2021/10/staendige_aktualisierung_migrationslage.html.

② "Zahl der neu angekommenen Geflüchteten in Sachsen mehr als verdoppelt," MDR, July 23, 2022, https://www.mdr.de/nachrichten/sachsen/neue-gefluechtete-menschen-zahl-verdoppelt-100.html

密切协调，加紧搜查；另一方面，德国总理默克尔与白俄罗斯总统卢卡申科通电话进行协调。随后法国总统马克龙和俄罗斯总统普京也介入调节，白俄罗斯终于开始转移难民。①

非法入境者和在德国无居留权者将被驱逐出境或遣返回国，特别是新政府上台之后，驱逐出境和遣返工作将被严格执行。从图 1 可以看到，2021 年德国有 11982 人被驱逐出境，其中大多数人被驱逐回原籍国。相比之下，2020 年共有 10800 人被驱逐出境。2021 年，被驱逐者主要来自格鲁吉亚、阿尔巴尼亚、塞尔维亚、摩尔多瓦和巴基斯坦。

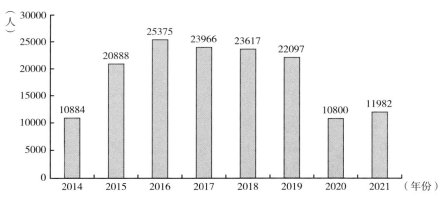

图 1 2014~2021 年德国驱逐出境人数

资料来源：德国联邦政治教育中心，"Abschiebungen in Deutschland," BPB, July 23, 2022，https：//www.bpb.de/themen/migration － integration/zahlen － zu － asyl/265765/abschiebungen-in-deutschland/。

五 结语

自 2020 年 1 月以来，德国在抗击疫情方面经历了从被动式应对到常态

---

① "Merkel nach Telefonat mit Lukaschenko in der Kritik," RP-Online, July 23, 2022, https：//rp-online.de/politik/eu/belarus － merkel － nach － telefonat － mit － lukaschenko － in － der － kritik_aid-64118717.

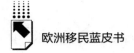

化防控的过程。面对疫情的发展，德国始终保持着谨慎的态度和紧张的状态，把全民的新冠疫苗接种视为年度第一要务，最终目标是达到群体免疫。根据新冠疫情的发展，德国政府不断修订相关法律法规，使疫情下的公民生活和移民治理实现规范化。

新冠疫情也改变了人们的生活和行为方式。据德国会议促进局（GCB）公布的"会议和活动晴雨表2021/2022"报告，有关虚拟与现实相结合、虚拟与现实相混合、能够可持续发展的活动策划在德国2021～2022年的会议中举足轻重；混合模式的活动已经成为未来商业活动的驱动力之一。① 这意味着在未来几年，各种线上线下相结合，虚拟与现实相结合的活动将成为人们日常工作的重要组成部分。在疫苗接种和移民治理中，数字化受到欢迎，例如德国官方推出的手机应用程序德国健康码（CovPass）和新冠警报（Corona-Warn-App）在疫情中得到广泛应用。前者用于显示核酸检测结果和储存数字证书，后者用于查询疫情实时状况和预警信息。

此外，德国官方透露，受乌克兰危机影响在德国登记在册的乌克兰难民数量已达90余万人。② 而有媒体报道，在人流量极高的边境地区，却鲜有人戴口罩。和逃离战争相比，新冠病毒似乎已经是很小的威胁了。即便有可能感染新冠病毒的发热病人，在边境地区既没法检测确认，也无法对其进行针对性地治疗。难民没有防护措施的聚集和亲密接触，各国边境无暇顾及难民疫苗接种情况，无疑给疫情的传播创造了有利条件。随着欧盟国家对乌克兰难民敞开大门，乌克兰难民不需要签证即可进入欧盟，在这样的形势下，德国未来的疫情防控和移民治理仍然面临挑战。

---

① 《报告显示新冠疫情推动德国会议活动行业转型》，中国新闻网，2022年7月23日，https：//www.chinanews.com.cn/gj/2022/05-07/9748223.shtml。

② "Flüchtlinge aus der Ukraine," Mediendienst, July 23, 2022, https：//mediendienst-integration.de/migration/flucht-asyl/ukrainische-fluechtlinge.html.

B.9
新冠疫情持续影响下的
荷兰移民现状与政策*

吕云芳　沈倩影**

摘　要： 新冠疫情发生以来，荷兰采取了相对严格的防控措施以减少人员流动，2022年3月底荷兰政府宣布取消所有限制措施，引导社会生活回归正常。三年来的疫情及相关防控对移民现状是否产生影响？移民、相关政策与当地社会之间的关系是否要进行调整？未来将如何发展？本报告将这些问题置于荷兰移民历史脉络和政策变迁的背景中加以考察。疫情之下的荷兰移民现状是移民历史特征的延续和叠加。因疫情防控限制，移民总数虽有短暂的小幅波动，但其主要发展方向和特征并未发生根本性变化。疫情之后的移民发展将受到当前国际形势和荷兰疫后经济复苏需要的强力影响。

关键词： 荷兰　移民政策　新冠疫情

　　荷兰并非传统意义上的移民国家，由于其独特的地理特征和传统，20世纪60年代之前荷兰基本上是移民净输出国，以至于一些民众至今有"荷兰人口过剩"的心态。60年代后，来自前殖民地的移民、地中海沿岸国家的客工移民及随后的家属移民、寻求庇护者、教育和高技术移民等，形成多

*　本报告为国家社科基金一般项目"中国城市社区与外籍移民的社会融入研究"（项目编号19BSH036）的阶段性成果。

**　吕云芳，博士，厦门大学外文学院副教授，主要从事社会人类学、跨国移民和跨文化研究；沈倩影，厦门大学外国语言学及应用语言学专业硕士研究生。

波入境移民浪潮。总体而言每年入境移民人数大于出境移民人数, 2014 年之后荷兰人口的增长主要由国际移民贡献。2021 年境外出生人口占荷兰总人口的比例为 14.03%, 有移民背景的人（自己或父母一方或双方）占总人口的 1/4。[①] 尽管荷兰政府于 1998 年官方承认荷兰已成为移民国家, 然而荷兰社会对移民问题的看法相当矛盾, 尤其是 21 世纪以来公众对移民的态度转向, 移民政策在宽松和严格之间摇摆, 被称为"犹豫的移民国家"。[②] 在此社会背景中疫情来袭之际, 荷兰移民情况是否受到影响? 移民、政策与当地社会之间的关系是否进行调整? 未来将如何发展? 这些问题的回答应该被置于荷兰移民历史脉络和政策变迁背景中加以考察。本报告试图在追溯二战后荷兰社会对移民态度和政策形成路径的基础上, 探讨疫情危机之下的移民困境, 并尝试分析移民未来发展方向。

一 移民历史及政策

（一）移民历史

二战之后由于重建经济需要, 荷兰开始了引进移民的过程, 20 世纪 90 年代发展成为移民热门国家, 至今热度不减。入境移民人数于 2015 年首次超过 20 万人, 并成为人口增长的推动力量。其历次移民潮与移民来源地和移民动机紧密相关, 殖民地移民、劳工移民、家庭移民、难民等等不同移民类型主导了各次移民潮。

战后第一波移民是 20 世纪 50 年代末 60 年代初开始的客工（guest worker）移民。在战后重建中荷兰政府及公司从南欧国家如西班牙、葡萄

---

① "Population on 1 January by Age Group, Sex and Country of Birth," Eurostat, April 17, 2022, https://ec.europa.eu/eurostat/databrowser/view/MIGR _ POP3CTB _ _ custom _ 2495472/default/table? lang=en.

② Jan Rath, "The Netherlands: A Reluctant Country of Immigration," *Tijdschrift voor Economische en Sociale Geografie* 100 (2009): 674-681.

牙、意大利招募客工，按照合同他们工作几年后返回原籍国。60年代中期荷兰经济蓬勃发展需要更多的劳工，于是政府又从土耳其和摩洛哥招募大量男性劳工。1974年荷兰通过家庭团聚法，外籍客工家属有权来到荷兰团聚。随着客工妻儿大批抵达，尤其是土耳其和摩洛哥移民社群迅速形成，至今仍在不断发展。第二波为前殖民地的移民涌入。二战后印尼独立前后至少有30万人移民荷兰，1975年苏里南独立后亦有30多万移民涌入。还未独立的荷属安第列斯从90年代起大量移民迁居荷兰，目前其人口的1/3约13万人居住在荷兰。第三波移民潮以1990年前后进入的难民为主，包括南斯拉夫、苏联、中东和非洲等地的政治动荡和战乱引发的难民。政府在1999~2000年批准了43000份申请。2001年新《外国人法案》对庇护申请的要求和程序更为严格，导致庇护申请数量急剧下降。① 21世纪的荷兰移民则更为多元，首先是欧盟扩容后，来自东欧新成员国的大量移民进入荷兰，同时因应全球化进程，荷兰加入全球人才的争夺中，出台政策吸引大量投资和高技术移民。2001年新法案实施以来，移民类型更为多样，且来自更多国家和地区，荷兰的人口结构呈现出"超级多样性"。迄今人口排名前三位的非西方裔少数群体为土耳其裔、摩洛哥裔、苏里南裔。

（二）对移民的态度及政策演化

荷兰社会对移民的态度经历了时代变迁，推动了从鼓励保持族裔文化向鼓励融入荷兰社会的政策转变。19世纪到二战前，移民发展缓慢，且事实上净移出人数明显大于移入人数，久而久之，荷兰民众形成了"荷兰人口过剩"的习惯认知。② 移民潮初期移民与本国人均认为移民是暂居，最终会回到原籍国。为使移民回国后顺利适应，荷兰政策上采取多元文化主义，鼓

① Masja van Meeteren et al. , "Destination Netherlands: History of Immigration and Immigration Policy in the Netherland," in Judy Ho, ed. , *Immigrants: Acculturation, Socioeconomic Challenges and Cultural Psychology* (New York: Nova Science Publishers, 2013) .
② Jan Rath, "The Netherlands: A Reluctant Country of Immigration," *Tijdschrift voor Economische en Sociale Geografie* 100 (2009): 674-681.

励移民保持本族群认同，家庭团聚政策出台后更是在小学引进移民母语教学。由于移民对荷兰经济发展做出了贡献，荷兰社会认为福利国家应该平等对待移民与本国人。总体而言，当时荷兰社会的态度相当于将移民当成对己有恩的客人对待。80 年代开始，荷兰经历工业转型，推高了失业率，移民集中的低技术工种首当其冲，移民与荷兰社会的矛盾开始突显。荷兰政府意识到移民的群体差异性，推出"少数族裔政策"（Dutch ethnic minorities' policy），可概括为政府支持的"保持本族裔认同的融入"（integration with intention of identity）模式。① 一定程度上承认了荷兰多族群社会现实，也允许一定程度的多元文化存在，从族裔社群视角出发，鼓励族裔语言广播系统和母语学校的建立，对族裔组织、族裔语言媒体等进行大量资助。同时推动移民与本国公民平等待遇和平等机会，如移民享受国家的所有福利、赋予移民地方选举与被选举权、除军警之外的公务部门工作机会向移民开放。然而此政策主要针对非西方传统来源国的移民，如前殖民地移民和客工移民社群，其他族裔社群如华人移民无资格享受。进入 90 年代，在族裔政策推动下，部分族裔社群逐步壮大，在荷兰出生或接受教育的移民二代更了解认同荷兰社会，同时荷兰移民人口快速增长且来源国多样化，荷兰社会开始出现对族裔政策的反思。一些右翼政党政客公然提出"伊斯兰与西方文化不相容"，称民众已厌倦多元文化主义。② 政府因此调整政策，将族裔政策调整为融合政策（integration policy），决定性地转向同化模式。③ 强调移民个体性而非族群性，关注社会经济而非文化层面，减少政府对族裔群体的资助。同时在政策对象上不再局限于移民，而是将移民与边缘弱势群体都囊括进来，展现出无差别的普适特征。然而，21 世纪以来，移

---

① H. Entzinger, "The Rise and Fall of Multiculturalism: The Case of the Netherlands," Toward Assimilation and Citizenship (2014): 59-86, https://doi.org/10.1057/9780230554795_3.

② H. Entzinger, "The Rise and Fall of Multiculturalism: The Case of the Netherlands," Toward Assimilation and Citizenship (2014): 59-86, https://doi.org/10.1057/9780230554795_3.

③ Peter Scholten, *Framing Immigrant Integration Dutch Research-Policy Dialogues in Comparative Perspective* (Amsterdam: Amsterdam University Press, 2011).

民问题尤其是穆斯林移民问题逐渐被极右翼党派政治化，[①] 并成为地方和国家选举的重要议题。特别是难民危机之后，民众对移民的态度也与对欧洲一体化的态度相交织，陷入自由主义与民粹主义的纠结矛盾。公众舆论认为移民融入不理想，应通过劝导或强制进行同化，于是移民融入成为单向的过程，"当地社会不用变，但是移民必须变。"[②] 政府主导的移民融入计划出台并实施。

2001 年鹿特丹伊拉斯谟大学教授皮姆·福图恩（Pim Fortuyn）组建政党，提出反移民反伊斯兰政策，挑战荷兰多元文化主义和穆斯林问题，刮起了一股政治旋风，迅速获得许多民众支持，然而 2002 年 5 月 6 日福图恩遭到暗杀。此谋杀事件及两年后出现的另一宗因激进反移民的政治谋杀反映出荷兰社会对移民态度的撕裂，反移民情绪通常在较低阶层民众间弥漫且不断有精英阶层加入。美国独立性民调机构皮尤研究中心（Pew Research Center）2018 年在 18 个国家对民众看待移民的态度进行了一项民意调查，其中包括荷兰。在被问及"你认为移民的工作和才能使我们的国家更强大，还是认为今天的移民是我们国家的负担，因为他们抢走了我们的工作和社会福利"时，50%的荷兰公众选择了前者，认为移民是一种优势，而 42%的荷兰民众选择了后者，将移民视为一种负担。具体到不同的群体，76%的意识形态左派积极地看待移民对荷兰的影响，将移民视为一种优势，而持这种观点的中间派和右派仅分别占 51%和 39%。超半数的受访者（55%）认为移民的存在增加了恐怖袭击的风险，但同时认为移民并不比其他群体更应该为犯罪负责的人（53%）超过了持相反观点者（42%）。此外，大多数人（72%）都支持将非法居住在荷兰的移民驱逐出境。[③]

① Swen Hutter, Hanspeter Kriesi, "Politicising Immigration in Times of Crisis," *Journal of Ethnic and Migration Studies* 48 (2022): 341-365, https://doi.org/10.1080/1369183X.2020.1853902.

② Jan Rath, "The Netherlands: A Reluctant Country of Immigration," *Tijdschrift voor Economische en Sociale Geografie* 100 (2009): 674-681.

③ "Around the World, More Say Immigrants Are a Strength than a Burden," Pewresearch, March 14, 2019, https://www.pewresearch.org/global/2019/03/14/around-the-world-more-say-immigrants-are-a-strength-than-a-burden/.

2020 年电讯报（Telegraff）进行了一项关于荷兰人如何看待居住在荷兰的移民的调查，大多数人（65%）认为应减少移民数量。① 当时的荷兰经济部国务秘书莫娜·凯泽（Mona Keijzer）在接受周日 WNL 电视节目采访时对此做出了回应，她认为移民增长必须受到限制，因为荷兰的移民人数已经面临极限。她的党内同事兼副总理雨果·德容格（Hugo de Jonge）也曾表示每年 80000 名移民太多了，并声称他会考虑限制难民和劳工移民的人数。财政部部长沃普克·胡克斯特拉（Wopke Hoekstra）早些时候也表示他希望对移民施加更严格的要求。② 然而据称大部分政党还是对"限制移民的讨论感到不舒服"。③

2021 年 1 月 15 日荷兰爆发"托儿津贴丑闻"。由于几年前荷兰税务机构的行政过失，数千个在 2013~2019 年间领取了托儿津贴的多重国籍移民家庭被错误地认定为"具有欺诈行为"，并被要求退还大笔资金，有的甚至高达数万欧元，部分家庭因不可承受的经济和心理压力而支离破碎。荷兰议会调查报告称税务部门承认之所以对相关人员进行额外审查，仅仅是因为他们具有多重国籍。这一事件在荷兰国内引发有关"歧视少数族裔"现象的广泛讨论，荷兰政府内阁因此集体辞职。④

（三）融合计划与融合现状

1998 年以来荷兰移民政策经历了从多元文化主义到同化主义的转向，借助其传统文化中的支柱化（pillarisation）思想，⑤ 承认多元族群的存在和

---

① "Staatssecretaris Mona Keijzer wil rem op immigratie," Telegraaf, February 9, 2020, https://www.telegraaf. nl/nieuws/19837530/staatssecretaris-mona-keijzer-wil-rem-op-immigratie.

② "Staatssecretaris Keijzer wil grens stellen aan immigratie," Leeuwarder Courant, February 9, 2020, https://lc. nl/binnenland/Staatssecretaris－Keijzer－wil－grens－stellen－aan－immigratie－25330385. html.

③ "Staatssecretaris Mona Keijzer wil rem op immigratie," Telegraaf, February 9, 2020, https://www.telegraaf. nl/nieuws/19837530/staatssecretaris-mona-keijzer-wil-rem-op-immigratie.

④ 《荷兰首相因育儿津贴丑闻下台：福利国家与新自由主义的斗争》，人民视觉，2020 年 6 月 23 日，https://www. sohu. com/a/445413647_ 313745。

⑤ Peter Scholten, Framing Immigrant Integration Dutch Research－Policy Dialogues in Comparative Perspective (Amsterdam：Amsterdam University Press, 2011).

贡献，设计了同化移民的"融合模式"。这个模式旨在提升移民的社会经济能力，关注移民个体而非族裔群体的社会参与，强调公民身份和共同的价值观为主导。① 当年荷兰开始施行公民融合计划（Civic Integration Project），申请移民荷兰的人须按要求完成公民融合测试。在国籍方面的管理也渐趋严格。荷兰采取有限度承认双重国籍的做法，即对因出生或婚姻等被动情况获得双重国籍的做法给予承认，但会逐步加强限制。

公民融合计划测试内容包括荷兰语和荷兰社会概况，因针对人群不同而分为两个方案。第一方案针对海外公民融合，18～65 岁申请非临时居留身份的外国人，进入荷兰之前须在当地荷兰使领馆完成测试。第二个方案为新公民融合方案，针对新老移民，18～65 岁未在荷兰接受义务教育但已在荷兰居住的非荷籍人员均必须在 3 年半到 5 年内参加测试。申请归化者必须通过新公民融合测试。然而，此政策展现出很强的针对性和选择性，因为欧盟国家和欧洲自由贸易区国家公民及高技术移民可免于融合测试。

融合计划要求对荷兰语和荷兰社会概况有一定了解，并通过工作安置或志愿工作，使新移民能够在荷兰生活并积极参与荷兰社会，增加他们进入劳动力市场的机会。新的《2021 年公民融合法》于 2022 年 1 月 1 日生效。根据该法案，必须参加公民融合计划的外国公民（如庇护许可证持有者和家庭移民）有三种不同的学习途径来履行其公民融合义务。②

语言和（志愿）工作途径：在 3 年内，参与者要学会用荷兰语说和写，达到 B1 水平，同时从事有偿或无偿工作。

教育途径：主要面向希望获得高等教育证书的年轻人，他们需要学习荷兰语到 B1 或更高的水平。这为他们进一步接受中等职业（MBO）、专业（HBO）或学术水平的教育做好准备。

---

① H. Entzinger, "The Rise and Fall of Multiculturalism: The Case of the Netherlands," Toward Assimilation and Citizenship (2014): 59-86, https://doi.org/10.1057/9780230554795_ 3.

② "Civic Integration (Inburgering) in the Netherlands," https://www.government.nl/topics/integration-in-the-netherlands/civic-integration-in-the-netherlands; "New Civic Integration Act 2021," https://www.government.nl/topics/integration-in-the-netherlands/civic-integration-act.

赋权途径：为那些受强制公民融合约束但其他两种途径对他们来说太难的人提供。他们学习较低水平（A1）的荷兰语，为基本参与荷兰社会做准备。

融合计划在文化融入和社会参与方面拉近了移民与荷兰社会的关系，在经济融合方面，荷兰政府于 2019 年启动"进一步融入劳动力市场"（Verdere integratie op de arbeidsmarkt）计划，旨在促进移民青年（特别是第二代移民）的劳动力市场定位。来自非欧盟国家的新移民可以在所有公共和私营部门工作，长期居民和家庭移民平等地享有获得教育、培训和学习补助金等机会。

实施公民融合计划二十多年，荷兰的移民融合现状如何？根据欧洲移民和融合领域学者网络 IMISCOE 发布的 2020 年《全球移民融合政策指数》,[1]荷兰的综合指数在纳入考察的全部 56 个国家中处于中高水平，总评分为57/100 分，高于国际平均水平（49/100 分），且高于欧盟国家的平均水平。在按融合程度从高到低划分的十个等级中荷兰被归类为第三梯队：暂时性的融合——一半有利，与法国、意大利、德国和英国同一等级。这意味着在荷兰的外国公民可以平等地享受基本权利和较为优惠的政策，但不享有永久定居、投资融合和作为正式公民参与等长期保障。荷兰的政策鼓励公众将移民视为平等的人，但同时也将其视为外国人而不是潜在的公民。

各项核心指标之中，荷兰在"家庭团聚"政策方面的评分最低，仅 31分，远低于所考察国家的平均得分（56 分），"政治参与"、"永久居留"和"国籍获取"三个指标评分也略低于国际平均水平。移民只能参加地方级别的选举，移民了解和改进对他们影响最大的政策的机会有限。在国籍获取方面，语言和融合要求可能会阻碍移民入籍，而不是鼓励他们学习荷兰的语言和核心公民价值观。

评分最高的一项为"反歧视"指标（85 分），远远高于所考察国家的

---

① Solano, Giacomo and Huddleston, Thomas, "Migrant Integration Policy Index 2020," MIPEX, 2020, https://mipex.eu/netherlands.

平均分（56 分），荷兰移民在生活的所有领域都受到保护，不受族裔、种族、宗教和国籍歧视。"劳动力市场的流动性"和"健康"指标评分也较高。移民享有略具包容性的医疗保健权利，但常常会由于语言沟通障碍而无法完全享有，尤其是无证移民在这方面处于弱势。从 2019 年 12 月起，寻求庇护的成年申请者在接收申请的头两个月内获得的护理仅限于医疗上必要的、紧急的护理，这意味着寻求庇护者获得医疗服务的条件更加严苛。

二 疫情危机之下的移民概况

2020 年 3 月欧洲发生新冠疫情，感染人数直线飙升，各国被迫采取关闭边境、强制社交距离 1.5 米、健康通行证明、物理隔离等措施减少人员流动，对社会及移民产生了极大的影响。移民人数有所波动，移民动机和来源地等也因边境控制措施而发生了些许变动。

（一）移民数量

荷兰人口近年来逐年增加，且与移民增长密切相关。2014 年对于荷兰人口净增长来说是一个分水岭：2014 年之前人口增长主要是源于自然增长，2014 年之后则主要由国际移民贡献。2013～2019 年期间，荷兰入境移民数量和净移民数量总体呈强劲增长态势，入境移民人数于 2015 年首次超过 20 万人，净移民人数于 2019 年首次超过 10 万人。出境移民数量在 2019 年之前总体呈小幅增长态势，但 2019～2021 年呈现连续下降趋势。

2020 年受新冠疫情影响，荷兰人口净增长量猛跌 46%（自然增长仅 3 人，净移民人数下跌到 68359 人，降幅高达 37%），且入境移民人数出现了自 2013 年以来的首次下降，与 2019 年同期相比降幅为 18%。2021 年疫情的影响缓慢平复，虽然病毒带来的死亡人数增长，自然增长数仅恢复到疫情前的四成水平，但是移入移民数量和净移民数量基本恢复到疫情前水平，由此带动了人口净增长数的稳定回升（见表 1）。

据荷兰中央统计局（CBS）估算，截至 2022 年 1 月 1 日，荷兰人口总数为 17591394 人，较 2021 年同期（17475415 人）增加了 0.66%。这一变化源于人口自然增长的 7704 人（178506 人出生，170802 人死亡）和净移民数量增加的 108275 人（250792 名入境移民和 142517 名移出移民）。

表 1　2013~2021 年荷兰移入移民、移出移民、净移民数量

单位：人

年份	移入移民数量	移出移民数量	净移民数量
2013	164772	145669	19103
2014	182949	147862	35087
2015	204615	149509	55106
2016	230739	151545	79194
2017	234957	154292	80665
2018	243737	157366	86371
2019	269064	161029	108035
2020	220853	152494	68359
2021 *	250792	142517	108275

注：* 表示临时数据。

资料来源：荷兰中央统计局（Centraal Bureau van Statistiek），https://www.cbs.nl/en-gb/dossier/migration-and-integration/how-many-people-immigrate-to-the-netherlands-。

在国际移民已经成为荷兰人口增长主要来源的背景之下，2021 年荷兰的外国出生人口继续增长，无论是外国出生人口还是外国出生人口占总人口的比重在 2019~2021 年期间都呈现逐年小幅增长趋势（见表 2），这表明疫情对荷兰国际人口流动的影响较为有限且短暂。

表 2　荷兰 2019~2021 年外国出生人口与外国出生人口占总人口的比重

单位：人，%

2019 年		2020 年		2021 年	
外国出生人口	外国出生人口占总人口的比重	外国出生人口	外国出生人口占总人口的比重	外国出生人口	外国出生人口占总人口的比重
2298705	13.30	2399804	13.79	2451157	14.03

资料来源：欧盟统计局（Eurostat），https://ec.europa.eu/eurostat/databrowser/view/MIGR_POP3CTB_custom_2495472/default/table?lang=en。

（二）移民来源

对移民来源国的界定，反映了荷兰对"移民背景""出生地"以及地理划分的独特理解。2022 年开始，为更好地展示移民与融合情况，荷兰中央统计局对移民来源信息的统计分类标准进行变更，主要针对移民父母及其在荷出生的子女，停止使用"移民背景（世代）"的概念，代之以子女本人出生地的新分类。如移民父母的子女之前标注为"移民背景（二代）"，但是按最新标准，将依据子女本人出生地在荷兰或外国进行分类。在此之下，也会标注父母一方或双方是否在荷兰出生。影响最大的是本人在外国出生但父母在荷兰出生的群体，旧有分类标注为"荷兰人"，但按最新标准将在"移民"一类（见表3）。

表3　荷兰移民来源信息的统计分类标准

子女本人出生地	父母出生地	新分类	旧分类
荷兰	双方荷兰	荷兰人	荷兰人
荷兰	一方荷兰，一方外国	移民子女	移民背景（二代）
荷兰	双方外国	移民子女	移民背景（二代）
外国	双方荷兰	移民	荷兰人
外国	一方荷兰，一方外国	移民	移民背景（一代）
外国	双方外国	移民	移民背景（一代）

资料来源：荷兰中央统计局（Centraal Bureau van Statistiek），https：//www.cbs.nl/en-gb/longread/statistische-trends/2022/new-classification-of-population-by-origin/4-the-new-classification-born-in-the-netherlands-or-abroad-and-country-of-origin-。

在 2021 年 1 月 1 日居住在荷兰的 1750 万人中，约有 14.0% 的人在国外出生，即他们作为移民来到荷兰。依据新的分类标准，其中 1/3 的人来自荷兰以外的欧洲地区（约 82.9 万人），余下 2/3 的人（约 162.2 万人）则来自欧洲以外地区（见表4）。在传统移民国家中，来自土耳其的移民人数最多（20.1 万人），其次是苏里南（17.8 万人）和摩洛哥（17.3 万人），荷兰也有一个较大的来自亚洲国家的移民群体（49.7 万人）。另外，荷兰总人口中有 11.4% 是在荷兰出生的移民子女。

2021 年入境荷兰的 250792 名移民中，除小部分拥有荷兰背景之外，53% 来自欧洲，20.9% 来自亚洲，其次是美洲、非洲和大洋洲。从具体来源国分布情况看，2021 年 10% 的移民来自波兰，排名第一。其次，俄罗斯、叙利亚、德国、罗马尼亚和土耳其也是荷兰移民的主要来源国（见表 5）。

表 4 荷兰移民来源地区（2021 年 1 月 1 日）

来源地区		人数（万人）
荷兰以外的欧洲地区		82.9
欧洲以外地区	印度尼西亚	10.8
	摩洛哥	17.3
	荷属加勒比	99.0
	苏里南	17.8
	土耳其	20.1
	其他—非洲国家	20.2
	其他—美洲与大洋洲国家	16.3
	其他—亚洲国家	49.7
	总数	162.2

资料来源：荷兰中央统计局（Centraal Bureau van Statistiek），https：//www.cbs.nl/en-gb/longread/statistische-trends/2022/new-classification-of-population-by-origin。

表 5 荷兰移民六大来源国（2021 年）

来源国	入境人数	出境人数	净移民
波兰	24877	−16005	8872
俄罗斯	12460	−5784	6676
叙利亚	11631	−586	11045
德国	11214	−8290	2924
罗马尼亚	11053	−6171	4882
土耳其	10593	−4326	6267

资料来源：荷兰中央统计局（Centraal Bureau van Statistiek），https：//www.cbs.nl/en-gb/dossier/migration-and-integration/how-many-people-immigrate-to-the-netherlands-。

总的来说，荷兰移民中，约半数左右为欧洲地区的移民，但欧洲以外地区的移民人数也在稳步增长。

（三）移民动机

就移民动机而言，移民来到荷兰，希望在此工作、学习、与家人团聚、申请庇护，或希望通过入籍成为荷兰公民。家庭组建或团聚是 2009～2018 年非欧盟/欧洲自由贸易区国家移民来到荷兰的主要动机，平均每年家庭团聚移民为 19000 人。难民（平均每年约 18000 人）、教育移民（平均每年约 12000 人）、劳务移民（平均每年约 11000 人）和其他移民（平均每年约 4000 人）紧随其后。如表 6，2019 年荷兰接收的 124230 名来自欧盟/欧洲自由贸易区的移民中，43160 人为劳务移民（35%），33820 人为家庭团聚移民（27%），17560 人为教育移民（14%）。在来自非欧盟/欧洲自由贸易区的 91075 名移民中，家庭团聚移民 30350 人（33%），劳务移民 20445 人（22%），教育移民 19520 人（21%），寻求庇护者 14245 人（17%）。

表 6 2019 年移民人数（以移民动机分类）

单位：人

移民动机	欧盟/欧洲自由贸易区	非欧盟/欧洲自由贸易区
劳务	43160	20445
家庭团聚	33820	30350
教育	17560	19520
寻求庇护	—	14245
其他及未知	29690	6515

资料来源：荷兰中央统计局（Centraal Bureau van Statistiek），https://www.cbs.nl/en-gb/dossier/migration-and-integration/how-many-people-immigrate-to-the-netherlands-。

由于新冠疫情，各国采取各种疫情防控措施，关闭边境或限制流动是主要措施。其影响直接体现在 2020 年提交给荷兰移民和归化局（IND）的申请数量上，基本上各种类型申请人数全面下降。基于教育的居留许可申请（2020 年为 12310 份，2019 年为 20430 份，下降了 39.75%）和作为高技术移民的居留许可申请（2020 年为 13710 份，2019 年为 20970 份，下降了34.62%）下降幅度最大。提交家庭和亲属相关居留申请的人也有所减少。2020 年共提交了 32730 份申请，相较于 2019 年的 40830 份，下降了 19.84%。

2021 年，移民局收到了超过 194000 份各类型移民申请，数量再次达到2019 年的水平。庇护申请数量也高于预期（包括首次申请、后续申请和与家庭团聚有关的申请），共有 40480 份，约占申请总数的 30%，与前两年（2020 年为 24570 份，2019 年为 31380 份）相比大幅增加。其中申请人还包括 2200 多名在荷兰通过加速庇护程序的阿富汗疏散人员。值得注意的是，与家庭团聚有关的申请数量上升到 13980 份。其他类型申请占比为 70%（94220 份），其中 20560 份学习申请、22840 份知识和人才移民申请，以及42690 份亲属和家庭团聚申请。

多年来，入籍申请数量保持高位。但受新冠疫情的影响，2020 年新入籍的人数小幅下降，共有 43660 人获得荷兰国籍，比前一年减少 1.67%。2021 年荷兰移民局收到了更多的入籍申请，上升到 59680 份，相比于 2020年上升了 36.69%（见表 7）。这一增长与前几年的难民潮相关，特别是2015 年和 2016 年寻求庇护者的大量涌入，他们在荷兰合法居住多年后可以申请入籍。从原国籍来看，2021 年排前三位的来源国为叙利亚、厄立特里亚和印度。

表 7 2019~2021 年移民加入荷兰国籍的数量信息

单位：份

	2019 年	2020 年	2021 年
申请数	44400	43660	59680
已裁决数	27090	50870	55930
已批准占比	97%	97%	98%

资料来源：荷兰移民和归化局，https：//ind. nl/en/news/pages/ind - annual - figures - 2021 - despite-corona-a-busy-year-for-ind. aspx。

三 疫情对移民的影响

2020 年 3 月 18 日，荷兰开始关闭边境，并实施疫情防控措施。之后疫情较温和时有条件解除封控措施。2020 年 12 月 29 日起，所有进入荷兰的人员均必须提供核酸阴性证明，且被强烈建议隔离 10 天。面对病毒以及防控，移民的正常生活和身心健康受到严重威胁。虽然在 2020 年融合指标（MIPEX）中，荷兰在"健康"方面的得分相对较高（65 分），但相对于荷兰本地人，他们是更为脆弱的群体。且由于疫情防控措施，移民受到的影响已溢出健康领域。本部分考察移民健康、教育和就业三方面面临的困境。

（一）移民面临的健康风险

相对于荷兰本地人，移民面对病毒的威胁显示出更大的脆弱性。荷兰中央统计局的研究人员证实在 2020 年，与本国背景的荷兰人相比，移民背景的荷兰人死于新冠病毒的比率更高。摩洛哥裔荷兰人的死亡率最高，其中 25%的死亡原因为新冠病毒感染，远高于其在同年总人口死亡原因中所占比例（15%）。土耳其裔、苏里南裔或印度尼西亚裔背景的荷兰人因为感染新冠病毒而死亡比例也较突出，但安第列斯群岛或西方移民背景的人的情况却并非如此。[1]

显然移民面对疫情所表现出的脆弱性，是阶层和文化模式共同作用的结果。研究人员认为移民群体中糖尿病、肥胖和心血管疾病等更为常见，这些基础疾病增加了死于新冠疫情的概率。此外，有移民背景的人更常居住在大城市，收入较低，导致新冠病毒感染率和死亡率更高。[2] 荷兰政府机构和社

---

[1] "Nederlanders met migratieachtergrond stierven vaker aan corona," Nos, March 29, 2022, https：//nos. nl/artikel/2423012-nederlanders-met-migratieachtergrond-stierven-vaker-aan-corona.

[2] "Nederlanders met migratieachtergrond stierven vaker aan corona," Nos, March 29, 2022, https：//nos. nl/artikel/2423012-nederlanders-met-migratieachtergrond-stierven-vaker-aan-corona.

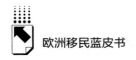

会推行疫情防控措施的同时亦推出一些帮扶措施，然而移民由于荷兰语水平相对较低，获得有关疫情和医疗保健最新信息的机会也相对更少或滞后，应对疫情的能力相对较弱。

（二）移民面临的教育问题

2020 年融合指标中移民教育得分为 57 分，表明移民在荷兰的受教育权能得到保障。然而疫情所引发的线下教育暂停，给移民带来了诸多影响，放大了其经济弱势的特点和群体的依赖性。新冠疫情初期，荷兰卫生防疫部门推出一系列防疫措施，包括居家办公、居家隔离、保持 1.5 米安全距离等措施，对移民的教育提出了很大的挑战。线上远程教育要求学生家庭有电脑和良好的网络设施，但移民家庭由于经济弱势，在这方面的设备不如本国学生家庭。除此之外，对移民儿童教育和移民融合相关的学习与测试影响较大。

疫情防控措施的限制意味着一些移民相关课程和考试必须取消和推迟。疫情开始后荷兰所有考试地点关闭，包括新移民融合考试和将荷兰语作为第二语言的考试。疫情中荷兰成人学校不得不停止针对移民的语言课程。疫情初期大面积课程取消之后，一些学校逐渐采用远程在线教育方式提供课程，然而效果不佳。一些移民不愿意通过电脑远程听课，有一半人暂停了学习。荷兰中等专业 MBO 教育委员会主席范·豪特（Frank van Hout）在荷兰广播基金会（Nos）电台节目中说，人们对远程教育质量的信心不足，还有些人认为培训费用太高。学生减少意味着学校收入减少，他希望政府予以解决，否则针对移民的荷兰语课程将不得不停办。而这些课程对参加融合计划考试的新移民的重要性不言而喻，课程取消和推迟显然延迟新移民的入籍和融入荷兰社会的过程。[①]

---

① "Roc's vrezen te moeten stoppen met taalcursussen voor inburgeraars," Nos, June 29, 2020, https://nos.nl/artikel/2338902-roc-s-vrezen-te-moeten-stoppen-met-taalcursussen-voor-inburgeraars.

（三）移民面临的就业问题

2020 年融合指标中荷兰移民"劳动力市场的流动性"得分较高（65 分），然而疫情对经济的广泛冲击下，移民就业受到极大影响。移民从事的工作更多地需要实地和密集劳动，由于工作场所的传染风险更高而在防控中首当其冲地暂停或取消。

移民从事的工作更多地需要实地和密集劳动，因而工作场所的传染风险更大。总体而言，虽然疫情对本国和外国出生的工人的就业都造成了严重的打击，但对后者的负面影响更大。据欧盟统计局数据，与外国出生的工人相比，疫情期间荷兰本国出生人口就业率下降时间更短，并且绝对数值始终更高。本国出生人口就业率仅经历了 2020 年第二季度一个季度的下跌，从该时间点之后就业率便一路回升，且在 2021 年第一季度就超过了疫情前水平（见图 1）。

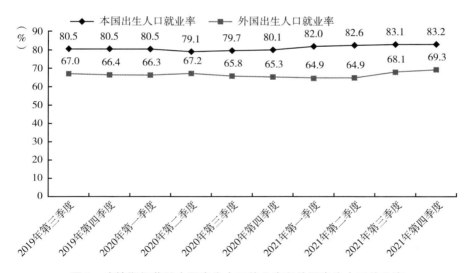

图 1　疫情期间荷兰本国出生人口就业率和外国出生人口就业率

资料来源：欧盟统计局（Eurostat），https：//ec. europa. eu/eurostat/databrowser/view/LFSQ_ ERGACOB_ _ custom_ 2550882/default/table? lang＝en。

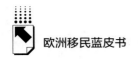

在荷兰，外国出生的工人受到疫情的最初影响小于本国出生的工人。移民就业在 2020 年第二季度实际上比前一年同季度略有增加。但随后该群体就业率便经历了连续四个季度的持续下降，从 67.2% 下降到了 64.9%，下降了 2.3%。从 2021 年第二个季度开始，外国出生人口就业率开始迅速回升，至 2021 年第四季度已经超过疫情前就业率，达到 69.3%，同期本国出生人口就业率为 83.2%。但无论是疫情前，还是疫情中，外国出生人口的就业率都远低于本国出生人口就业率。

四　未来的移民发展

2022 年 3 月底荷兰宣布所有疫情限制措施取消，引导社会生活逐步回归正常。总体而言，疫情之下的移民现状是荷兰移民历史特征的延续和叠加。因疫情防控，移民总数虽有短暂的小幅波动，但其主要发展方向和特征并未发生根本性变化。疫情之后的移民发展将受到当前国际形势和荷兰疫后经济复苏需要的强力影响。

首先，荷兰针对移民的"公民融合计划"，以文化融入和社会参与为出发点，有效提升了移民的经济水平和市场竞争能力。2019 年的"进一步融入劳动力市场计划"，更多地帮助移民青年和女性提升经济参与。但是这些政策依赖市场力量而非政府主导，在新冠疫情的冲击下，针对移民的救助措施相对缺乏，无力迅速缓解其各方面面临的困境。新冠疫情发生以来，荷兰政府出台了一系列社会援助措施，如允许企业延期纳税，向企业发放疫情财务津贴，包括为了防止公司破产或者辞退员工而设的 NOW（因疫情预期营业额将有超过 20% 跌幅的雇主可以根据营业额的损失情况申请工资补偿，这样雇主应该继续支付被申请的长期和临时雇员的工资）和 TVL（公司固定成本补贴）等措施，但并未有针对移民脆弱性进行特别的支持措施。2022 年 3 月 24 日所有强制性防疫措施宣告解除，同时对企业的相关支持措施也于 4 月停止。2022 年第一季度共有 440 宗破产个案，390 家荷兰公司已经部分或全部破产。根据荷兰中央统计局的分析，其中近 44% 发生在 2021

年下半年使用了新冠疫情支持措施的公司。尽管如此，破产企业数仍处于低位，但有不断增加的趋势，此现象必将影响移民意愿及移民就业。

其次，2022 年 2 月底乌克兰危机爆发，乌克兰难民涌向欧洲，成为欧洲包括荷兰在内国家的优先处理事项。荷兰政府开辟快速通道办理乌克兰难民事务，同时应对由此引发的物价和能源价格上涨。截至 2022 年 1 月，荷兰已有 21000 名乌克兰难民。乌克兰难民的到来对荷兰移民结构的影响会在未来逐步显现。

最后，21 世纪以来发展中的荷兰移民政策表现出高度的选择性。随着全球经济努力摆脱疫情而复苏，一场争夺资金和人才的战斗已经开始。通过承诺快速签证和永久居留权，许多推动经济复苏的富裕国家正在向世界各地的技术移民发出一个信息："我们需要帮助！现在就要。"[1] 荷兰亦是如此，加大吸引投资移民、高技术人才移民将是其移民政策的努力方向。在此类移民中，来自中国的高技术和人才移民已经成为荷兰移民类别中的突出群体。2020~2021 年度留学移民申请人数来源国排名第一为中国，第二为印度；高技术和人才移民申请人数来源国排名第一为印度，第二为中国。[2] 因而在荷兰传统移民族裔群体之外，华裔和印度裔群体的发展值得进一步关注。

---

[1] 《新冠促进全球移民变革，发达国家开启人才争夺战》，纽约时报中文网，2021 年 11 月 25 日，https：//cn.nytimes.com/world/20211125/immigration - pandemic - labor - shortages/zh - hant/。

[2] "Staat van Migratie 2021," Ministerie van Justitie en Veiligheid, 2021, p. 12, https：//www.rijksoverheid. nl/documenten/rapporten/2021/07/07/staat-van-migratie-2021。

B.10
波兰边境移民危机透析：
背景、现状及其影响[*]

王弘毅　卢月新[**]

摘　要： 2021年8月以来，来自叙利亚、阿富汗、伊拉克和也门等战乱不断国家的数千难民在白俄罗斯宽松的签证程序下，取道明斯克，希冀以此为跳板进入到欧盟境内。难民在波白边界的集结引发了波兰和其他欧盟国家的强烈批评，并将此次危机定性为一次由"白俄罗斯策动、得到俄罗斯支持"的"混合战争"。加之这一难民中的大多数都是穆斯林，因而遭到了波兰右翼民族主义政府的强硬抵制。在多方利益交汇的中东欧地区，波兰与白俄罗斯之间发生的边境移民危机显然不只是一场孤立的人道主义灾难，也是一场地缘政治危机。这场危机不仅导致波兰与白俄罗斯的关系加速恶化，也加剧了西方与俄罗斯之间的敌意程度。然而，这些非欧洲难民的"闯关"威胁，也为波兰平衡欧盟在法治争端问题上对其施加的压力创造了一个机会。

关键词： 波兰-白俄罗斯关系　移民　欧盟

---

[*] 本报告为国家社会科学基金青年项目"百年变局下中东欧国家的外交选择及中国应对研究"（项目号：22CGJ031）的阶段性成果。

[**] 王弘毅，博士，北京外国语大学欧洲语言文化学院、教育部国别和区域研究培育基地北京外国语大学中东欧研究中心讲师，主要研究方向为中东欧政治与外交；卢月新，华沙大学政治科学与国际关系学院硕士生。

一 波兰移民危机发生的背景

波兰边防卫队的记录显示，2021 年 8 月波兰共挫败了 3500 余次难民的非法越境企图，9 月这一次数达到近 7700 次，10 月则飙升到了近 17300 次，11 月达到巅峰，其中仅在 11 月上旬就达到 7000 多次，累计聚集在波白边境的难民总人数超过 1 万人。① 9 月 2 日以来，由于移民压力，波兰宣布与白俄罗斯接壤的波德拉谢省和卢布林省的 183 个地方进入紧急状态。波兰还在边境部署了上万名士兵，架起高 2.5 米、长达 180 千米的带刺铁丝网，并设立了 3000 米宽的戒严区，对试图跨越边境的难民使用高压水炮和催泪弹，甚至以开火相威胁。同样遭受难民涌入压力的还有立陶宛和拉脱维亚，两国也均在不同程度上效仿波兰，紧急加固防护设施，增派边境军队。长达数月的边界对峙正在促使此次难民危机朝着军事化方向演变。俄罗斯和白俄罗斯于 9 月 10 日在靠近波罗的海和波兰边境地区举行了代号为"西部 21"的联合军事演习，②11 月 11 日，俄罗斯还派出了两架轰炸机在白俄罗斯领空进行了巡航。与此针锋相对的是，北约秘书长延斯·斯托尔滕贝格 11 月 19 日表示，北约对波白边境局势保持高度关切，并随时准备帮助其相关盟国。③

"波白"矛盾早在 2020 年就已初现端倪，并随着西方与俄罗斯之间多个矛盾的叠加而升级。2020 年 8 月，白俄罗斯举行了总统大选，亲俄总统卢卡申科再度赢得大选，实现了自 1994 年就职以来的第六次连任。卢卡申

---

① "Services Report 346 Attempts to Illegally Cross Border in Last 24 Hours," Telewizja Polska S. A, November 22, 2021, https：//tvpworld. com/57050602/services – report – 346 – attempts – to – illegally – cross – border – in – last – 24 – hours.

② 2021 年 9 月 10 日，俄罗斯和白俄罗斯军人从这天开始联合举行为期一周的跨界军演，这个名叫"西部 21"的军事演习在靠近波罗的海和波兰边境进行。

③ "NATO Chief Calls Situation at Belarus – Poland Border 'Deeply Concerning,'" VOA News, November 19, 2021, https：//www. voanews. com/a/nato – chief – calls – situation – at – belarus – poland – border – deeply – concerning –/6320509. html.

科的再次胜选成为西方攻击白俄罗斯的导火索，美国和欧盟方面对白俄罗斯此次选举结果不予承认。欧洲理事会主席米歇尔在 8 月 19 日表示，欧盟将对参与"选举舞弊"和"镇压抗议活动"的个人实施制裁。此外，西方还竭力支持白反对派。西方此举就是要扩大在独联体地区的影响力，培植亲西方势力，进一步蚕食俄传统"后院"。①波兰和波罗的海三国是其中起带领作用的几个西方国家。波兰不但支持白俄罗斯反对派，要求举行新的公平选举，还呼吁释放所有政治犯。不仅如此，波兰还为卢卡申科的反对派候选人维罗妮卡·谢普卡洛（Veronika Tsepkalo）和反对派活动家奥尔加·科瓦尔科娃（Olga Kovalkova）提供了政治庇护。除此之外，波兰政府宣布了一项 5000 万兹罗提（约合 1120 万欧元）的援助计划，以帮助白俄罗斯人民来波兰工作或学习。②即使是在西方存在感很低的立陶宛，也公开坚定地站在了声援白俄罗斯反对派的立场上，并与波兰一样为白俄罗斯的反对派代表人物斯维特兰娜·季哈诺夫斯卡娅（Sviatlana Tsikhanouskaya）提供了政治庇护。③白俄罗斯方面则指责其邻国波兰和立陶宛干涉其国内事务，接待反对派领导人，并拒绝承认白俄罗斯的选举是被故意操纵的。作为对波立两国的惩罚，白俄罗斯要求波兰和立陶宛削减在明斯克的使馆外交人员。④

　　需要指出的是，波兰对于白俄罗斯反对派的支持，并发动对白俄罗斯政治宣传战和价值观攻击战在 2004~2005 年就已经开始了。彼时，波兰不仅为被白俄罗斯驱逐出境的学生发起了一项入学计划，还在波兰国内创办了一个白俄罗斯语电视频道 Belsat TV。2009 年时任波兰外交部部长西科尔斯基

---

① 蒋莉、李静雅：《西方与俄罗斯的干涉和反干涉》，《现代国际关系》2020 年第 10 期。
② Adam Easton, "Belarus Protests: Why Poland Is Backing the Opposition," BBC News, September 10, 2020, https://www.bbc.com/news/world-europe-54090389.
③ Vanessa Gera, "Small Lithuania Has Outsized Role as EU Faces Belarus Crisis," AP News, August 15, 2020, https://apnews.com/article/alexander-lukashenko-belarus-democracy-poland-sviatlana-tsikhanouskaya-4328a58942f748a362c6b036d44450a1.
④ "Poland and Lithuania Recall Diplomats from Belarus," Reuters, October 10, 2020, https://www.reuters.com/article/us-belarus-election-poland-lithuania-idUSKBN26U2FK.

作为主要策划人之一发起了"东部伙伴关系计划"，该计划随后成功地被欧盟纳入东部政策框架之内。2010 年，西科尔斯基专程访问了白俄罗斯，双方主要围绕民主改革问题展开了谈判，最终并未取得共识。① 在此之后，波兰和立陶宛等国一直是推进欧盟持续东扩的最积极倡导者。作为对西方战略攻势的回击，2010 年 1 月，俄罗斯与哈萨克斯坦、白俄罗斯组建了关税同盟，为成立于 2000 年的欧亚经济共同体注入了新的活力，赋予了实质意义。② 一个标志性进展是在 2012 年，欧亚经济联盟委员会正式开始运作。再到 2014 年 5 月，俄、白、哈三国正式签署了《欧亚经济联盟条约》，最终欧亚经济联盟在 2015 年 1 月 1 日正式启动。从这个历程可以清晰地发现，波兰、立陶宛与白俄罗斯以及乌克兰之间的争斗实质上只是西方与俄罗斯战略博弈的一个"马前卒"，尤其是 2014 年乌克兰危机的发生更是印证了这一点。这场危机主要受到三个层面互动关系的塑造和驱动，首先是以波兰、波罗的海国家为代表的中东欧国家与白俄罗斯、乌克兰等国的互动关系；其次是欧盟与俄罗斯的互动关系；最后是美国与俄罗斯的大国博弈态势。其中，美俄两国的地缘博弈占据着主导地位。因此，此次波白关系恶化的根源可以看作俄罗斯对西方不断挤压其地缘战略空间的一次"触底反弹"。

二　移民来源与移民危机的生成过程

此次波白边境移民迁徙其实早在 2021 年上半年已初露迹象。2021 年 5 月底，白俄罗斯总统卢卡申科曾就此对欧盟表态，"我们已经拘留了这些瘾

---

① Maryia Sadouskaya - Komlach, "Poland Has a Credibility Problem in Belarus," Politico, September 10, 2020, https://www.politico.eu/article/polands-clash-with-brussels-dampens-push-for-reform-in-belarus/.

② 2000 年 10 月，俄罗斯与白俄罗斯、哈萨克斯坦、吉尔吉斯斯坦、塔吉克斯坦成立了欧亚经济共同体，亚美尼亚、摩尔多瓦和乌克兰为观察员国（乌兹别克斯坦曾加入但后又退出）。但欧亚经济共同体发展并不顺利，多数时间是在空转。参见李自国《欧亚经济联盟：绩效、问题、前景》，《欧亚经济》2016 年第 2 期。

君子和移民，现在你们将自行处理他们"。一个多月后，他改变态度，宣布白俄罗斯将不再阻止试图绕过官方检查进入欧盟的移民，理由为该国现在既没有力量也没有资金来阻止移民流动。

　　根据白俄罗斯独立门户网站 Reform. by 的新闻调查，2021 年春季，伊拉克旅行社陆续开始向大众积极宣传前往白俄罗斯的旅行。同年 5 月，从伊拉克首都巴格达飞往明斯克的飞机从之前的每周 2 架增加到 4 架，① 与此同时还开设了与伊拉克其他三个城市的新连接航线。此外，执行该飞行任务的客机也从以往的波音 737 客机变为宽敞的容量近 400 名乘客的波音 777 和 747 客机。根据白俄罗斯反对派记者塔德乌什·吉赞（Tadeusz Giczan）的报道，将伊拉克人带到白俄罗斯的活动由白俄罗斯国有公司 Centrkurort 执行。Centrkurort 与这些伊拉克旅行社合作，后者向 Centrkurort 提供伊拉克人的名单。② 为了吸引伊拉克人民前往白俄罗斯，从伊拉克前往白俄罗斯的费用直线下降。2020 年 8 月前往白俄罗斯最便宜的八日游费用为 949 美元，不包括签证和保险费。而在 2021 年，该费用已降至 560 美元到 950 美元不等，还涵盖了机票、签证、保险、酒店住宿等费用，这比普通民众自己购买飞往明斯克的机票还便宜得多。③

　　观察到此趋势，欧盟驻伊拉克大使马丁·库特（Martin Kuth）于 2021 年 8 月 4 日表示，从伊拉克直飞明斯克的航班将被暂停。然而这并没有打断移民潮的流动，因为大多数伊拉克人随后选择前往伊斯坦布尔

---

① Nasta Zacharewicz, "Kryzys Migracyjny: Jak Łukaszenka Gra Ludzkim życiem i Dlaczego Warto Się Przygotować do Nowej Fali," Outride, September 23, 2021, https://outride.rs/pl/kryzys-migracyjny-jak-lukaszenka-gra-ludzkim-zyciem-i-dlaczego-warto-sie-przygotowac-do-nowej-fali/.

② Jerzy Kwaśniewski, "Kryzys Migracyjny: Odpowiedzialność Białorusi z Tytułu Szanta żu Migracyjnego w świetle Zasad Prawa Międzynarodowego Publicznego," Ordo Iuris, Augest 30, 2021, https://ordoiuris.pl/dzialalnosc-miedzynarodowa/kryzys-migracyjny-odpowiedzialnosc-bialorusi-z-tytulu-szantazu.

③ Nasta Zacharewicz, "Kryzys Migracyjny: Jak Łukaszenka Gra Ludzkim życiem i Dlaczego Warto Się Przygotować do Nowej Fali," Outride, September 23, 2021, https://outride.rs/pl/kryzys-migracyjny-jak-lukaszenka-gra-ludzkim-zyciem-i-dlaczego-warto-sie-przygotowac-do-nowej-fali/.

机场，然后通过乘坐火车或飞机（每天 4 班）前往明斯克。除此之外也有每天 2 班的定期航班从迪拜出发飞往明斯克，以及非定期包机执行大马士革—明斯克航线的航班（10 月 8 日至 26 日有 9 次这样的飞行记录）。①

就波兰-白俄罗斯边境的情况而言，根据波兰边防 2021 年 11 月 1 日提供的数据，自移民危机开始以来，总计记录了超过 2.85 万次"非法越境的企图"。2021 年 8 月该记录超过 3500 次，9 月达到 7700 次，而仅 10 月就激增至 17300 次，即几乎一半的数量发生在 10 月，可见越境规模越来越大。值得注意的是，这些数据不能汇总并转化为具体的人数，因为一个人可能尝试多次越境。②

数据表明，截至 2021 年 11 月 11 日，波兰边境上约 1400 人被边防卫队拘留。2021 年 8 月 4 日至 11 月 11 日来自伊拉克的被拘留者人数最多（近 600 人），其次是阿富汗（超过 150 人）、叙利亚（近 100 人）、刚果民主共和国（29 人）、土耳其（26 人）和伊朗（18 人）。被拘留者还包括来自喀麦隆、尼日利亚、黎巴嫩、安哥拉、几内亚、古巴、斯里兰卡、卢旺达、索马里和塔吉克斯坦的移民。③

此外，从 2021 年 10 月 27 日起，波兰边防的数据新增了一个报告类别：针对非法越境移民颁布的强制其离开波兰领土的指令数。10 月 27 日至 11 月 10 日，波兰边防共对 1098 人发布了该项指令。这一新类别是波兰当局 2021 年 10 月 14 日对《外国人法》和其他法案修改生效的后果，其目的是使边防卫队现有活动合法化。该法案理论上要求移民在非法越境后立即被拘留，但事实上很难断定当移民在波兰森林中度过几天或距离边境几千米时会满足这一条件。另外，来自专门致力于为此次边境危机中移民人权问题发声的波兰社会运动组织"集团边境"（Grupa Granica）的报告

---

① Piotr żochowski, "Białoruś: Eskalacja Kryzysu Migracyjnego," OSW, October 27, 2021, https://www.osw.waw.pl/pl/publikacje/analizy/2021-10-27/bialorus-eskalacja-kryzysu-migracyjnego.

② Grupa Granica, "Kryzys Humanitarny na Pograniczu Polsko-Białoruskim," December 1, 2021.

③ Grupa Granica, "Kryzys Humanitarny na Pograniczu Polsko-Białoruskim," December 1, 2021.

还收集了关于帮助组织非法越境而被捕的人的信息。据边防消息称，截至
11月10日，大约有330名这样的人，他们是波兰和其他欧盟国家的公民，
以及来自移民原籍国，但拥有比利时、德国和波兰签发的居留文件
的人。①

多数移民选择加入此次迁移的原因是想逃离原住国艰苦的生活条件。伊
拉克的平均失业率为14%，其中在15~24岁的人群中高达25%，该国居民
获得电力和水的机会有限。而大多数在边境的伊拉克人来自库尔德地区，主
要原因是当地岌岌可危的社会政治局势，极端恐怖组织"伊斯兰国"
（ISIS）的现役部队仍然在库尔德地区徘徊，使得人心惶惶。② 库尔德地区
政府发言人称，来自伊拉克北部库尔德地区多达8000人愿意前往白俄
罗斯。③

不仅如此，叙利亚和也门仍处于内战状态，黎巴嫩经济正面临历史上最
大的危机，导致燃料、电力短缺，生活水平急剧下降，约76%的黎巴嫩人
如今仍生活在贫困线以下。黎巴嫩和约旦是世界上人均收容难民最多的国
家，难民营中恶劣的生活条件以及极难获得工作和教育的机会鼓励移民尝试
进一步移徙。④ 而土耳其的100多万移民（非土耳其人，而是土耳其领土上
来自邻国的移民），由于在土耳其过于恶劣的居住条件，很多人想要进入欧
盟国家寻求更好的生活。

值得注意的是，此次边境移民危机事件的发生也恰逢北约部队撤出阿富
汗和塔利班迅速占领该国期间。尽管塔利班政权保证不会对平民造成威胁，
但一部分阿富汗平民还是决定离开该国。根据商业内幕网（Business

---

① Grupa Granica, "Kryzys Humanitarny na Pograniczu Polsko-Białoruskim," December 1, 2021.
② Sara Nowacka, "Migracje z Państw Arabskich w świetle Sytuacji na Granicy UE z Białorusi", July
18, 2021, Pism, https：//www. pism. pl/publikacje/migracje-z-panstw-arabskich-w-swietle-
sytuacji-na-granicy-ue-z-bialorusia.
③ Adam Frelich, "Kryzys Migracyjny - Nowy Czynnik Białoruskiej Polityki," *MILMAG*, December
25, 2021, https：//milmag. pl/kryzys-migracyjny-nowy-czynnik-bialoruskiej-polityki/.
④ Sara Nowacka, "Migracje z Państw Arabskich w świetle Sytuacji na Granicy UE z Białorusi,"
Pism, July 18, 2021, https：//www. pism. pl/publikacje/migracje-z-panstw-arabskich-z-
swietle-sytuacji-na-granicy-ue-z-bialorusia.

Insider）援引联合国难民事务高级专员办事处的数据，仅 2021 年，阿富汗国内就产生了大约 40 万名流离失所的人。由于多年震荡的局势，总共有500 万阿富汗人被迫前往其他地区和国家。国际移民组织估计，每周约有 3万名公民离开该国，迁徙方向主要为其邻国，即巴基斯坦、塔吉克斯坦和伊朗以及土耳其。联合国还估计，由于局势恶化，还将另有 50 万阿富汗人向外迁徙，其中主要的方向之一是欧洲。因此，白俄罗斯的决定为阿富汗人提供了一个简单的解决方案，即通过白俄罗斯进入欧盟国家，而不是一直以来沿用的巴尔干路线。①

随着移民潮形势的不断加剧，波兰边防收到的国际保护申请的数量也相应增加。2021 年 8 月，有 1155 份申请被受理。2021 年前三个季度，此类申请提交人数近 5200 人，其中大部分是阿富汗公民（主要是喀布尔政府撤离的人）和白俄罗斯公民。在 2021 年 1 月 1 日至 11 月 15 日期间，与白俄罗斯接壤的边防军接收了 273 份申请，涉及 585 人：俄罗斯（可能是车臣籍）92 份（涉及 248 人），伊拉克 71 份（涉及 163 人），白俄罗斯 22 份（涉及 38 人），阿富汗 18 份（涉及 23 人），叙利亚 9 份（涉及 11 人）。②

白俄罗斯推行的政策被认为是针对欧盟国家的，尽管现在事件的直接影响对象是波兰、立陶宛和拉脱维亚等邻国，但德国也正在成为一个越来越重要的角色。大多数移民并不想留在与白俄罗斯接壤的国家，而是计划在西欧申请庇护，例如在德国。值得回顾的是，自 2021 年年初以来，非法越过波兰-德国边境的人数已达到近 9000 人，仅在 10 月就超过5000 人。③

---

① Adam Frelich, "Kryzys Migracyjny - Nowy Czynnik Białoruskiej Polityki," *MILMAG*, December 25, 2021, https://milmag.pl/kryzys-migracyjny-nowy-czynnik-bialoruskiej-polityki/.

② Grupa Granica, "Kryzys Humanitarny na Pograniczu Polsko - Białoruskim," December 1, 2021.

③ Grupa Granica, "Kryzys Humanitarny na Pograniczu Polsko - Białoruskim," December 1, 2021.

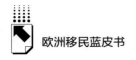

三 波白双方关于移民危机的政策立场

针对该事件，两国在官方报道上展现出完全相反的立场。2021 年 8 月，白俄罗斯总统亚历山大·卢卡申科强烈否认白俄罗斯有意介入并推动移民潮，并要求各国提供证据。① 但按照波兰的说法，白俄罗斯方面最初为移民的迁移提供了积极援助，白俄罗斯边防的官方车辆直接护送大群移民到达边境。② 来自立陶宛边境农民的照片也印证了该点，照片中显示白俄罗斯边防军拆除了带刺铁丝网，以便移民更容易越过边界。③ 此外，波方报道还称，白俄罗斯方面定期为一群在乌斯纳兹·戈尔尼（Usnarz Górny）附近露营的移民提供膳食，但白方拒绝了波兰人道主义车队的援助。④ 这番矛盾的行为更让白方招致"移徙讹诈"（即以政治和战略目的进行移民人口操控）的嫌疑，其被指责为有目的地创造人道主义危机。

两国在报道对待边境移民的方式上都将焦点集中在人道主义问题上。白方指责波兰对移民使用爆炸物和有毒物等不人道的行为（包括使用灯光或激光致盲）。但波方对此进行了一一反驳，称是白俄罗斯为移民配备了手榴弹（用于向波兰边境投掷），且白俄罗斯边防军使用激光和频闪仪导

① Jerzy Kwaśniewski, "Kryzys Migracyjny: Odpowiedzialność Białorusi z Tytułu Szanta żu Migracyjnego w świetle Zasad Prawa Międzynarodowego Publicznego," Ordo Iuris, Augest 30, 2021, https: // ordoiuris. pl/dzialalnosc − miedzynarodowa/kryzys − migracyjny − odpowiedzialnosc − bialorusi − z − tytulu − szantazu.

② Jerzy Kwaśniewski, "Kryzys Migracyjny: Odpowiedzialność Białorusi z Tytułu Szanta żu Migracyjnego w świetle Zasad Prawa Międzynarodowego Publicznego," Ordo Iuris, Augest 30, 2021, https: // ordoiuris. pl/dzialalnosc − miedzynarodowa/kryzys − migracyjny − odpowiedzialnosc − bialorusi − z − tytulu − szantazu.

③ Bartosz Fraszka, "Sytuacja na Granicy Polsko − Białoruskiej: Przyczyny, Aspekt Geopolityczny, Narracje", Warsaw Institute, December 23, 2021, https: //warsawinstitute. org/pl/sytuacja − na − granicy−polsko−bialoruskiej−przyczyny−aspekt−geopolityczny−narracje/.

④ Jerzy Kwaśniewski, "Kryzys Migracyjny: Odpowiedzialność Białorusi z Tytułu Szanta żu Migracyjnego w świetle Zasad Prawa Międzynarodowego Publicznego," Ordo Iuris, Augest 30, 2021, https: // ordoiuris. pl/dzialalnosc − miedzynarodowa/kryzys − migracyjny − odpowiedzialnosc − bialorusi − z − tytulu − szantazu.

致波兰官员失明。①相反，波方则指责白俄罗斯军人一直在看守移民，强行拘留他们，不允许移民私自返回，导致成群的移民被困在边境，被迫生活在森林里，一边不能进入欧盟，而另一边则不允许返回白俄罗斯。面对波方指责，白方边境服务局在通信软件电报（Telegram）的官方账号同样也控诉了波兰边防警卫以野蛮手段，并使用武力和出动警犬对待移民，使他们被迫跨越白俄罗斯边境。还指出波兰边防把包括妇女和儿童在内的人留在森林中间，不提供食物或衣服。②两国都通过指责对方制造人道主义危机而试图挑起全世界范围内人道主义者的情绪，以极力维护本国的国际形象。白俄罗斯由于长期以来不向欧洲及西方政治靠拢，在这场舆论战中更弱一筹，其新闻报道的可信度远不及波兰，在全世界的范围内影响极其有限。

除上述外，白俄罗斯和俄罗斯国内媒体还批判了波兰的冷漠，将报道重点指向波兰当局修改移民法规，使驱逐移民变成更加容易的行为。根据"日内瓦难民公约"，在没有所需文件的情况下越过边境是一种犯罪行为，但如果越境者提出庇护或保护的请求（即使是口头上的），该国就不得为此进行惩罚。即使在此之前波兰法律也与"日内瓦难民公约"保持一致，但如今波兰当局不顾欧洲安全与合作组织民主制度和人权办公室、监察员办公室和难民署等多个机构的负面评价，仍然推出了《外国人法》的修正案，即对非法越境的外国人实施逮捕，并立即将其驱逐出境。在该情况下，若该被捕者之前提出了国际保护申请，那此申请将不被处理，国际保护的意义被进一步削弱。

另外，包括波兰在内的北约国家在阿富汗和伊拉克的行动被白俄罗斯和俄罗斯指责为干预主义。白方和俄方认为，北约的干预主义旨在在这些国家

---

① Klaus Bachmann, "Kryzys Polsko-Białoruski i Kwestia Migracji. Międzynarodowy Kontekst i Możliwe Sposoby Zarządzania," Fundacja im. Stefana Batorego, Warszawa, 2021.

② Jerzy Kwaśniewski, "Kryzys migracyjny: Odpowiedzialność Białorusi z Tytułu Szantażu Migracyjnego w świetle Zasad Prawa Międzynarodowego Publicznego," Ordo Iuris, Augest 30, 2021, https://ordoiuris.pl/dzialalnosc-miedzynarodowa/kryzys-migracyjny-odpowiedzialnosc-bialorusi-z-tytulu-szantazu.

制造危机，试图通过重新武装移民来挑起冲突，从而故意将移民引向白俄罗斯，以破坏其稳定。而波兰武装部队介入边境地区是北约日益严重的军事威胁的一种表现。值得注意的是，与白俄罗斯相比，俄罗斯的报道没有那么激进。俄罗斯记者并不回避批评卢卡申科政权的行为，此举被西方解读为俄罗斯尝试在西方国家中树立"建设性伙伴"形象的表现，以便俄罗斯在白俄罗斯和欧盟的谈判中进行调解。

波兰当局对移民潮的反应更侧重于防御等安全方面。波兰当即宣布边境地区进入紧急状态，并在那里部署部队，建造障碍物，以物理方式阻止移民的涌入。此举得到了波兰国内大多数民众的认同。根据波兰民意调查中心（CBOS）2021 年 9 月的调查，77% 的受访者支持加强与白俄罗斯边境的管控，而只有 14% 的受访者认为没有必要。值得注意的是，波兰民众对波白边境来自中东、非洲和阿富汗等国家和地区寻求政治庇护难民的态度普遍比对接受来自其他地区难民的态度更加消极，这与波兰民众认为白俄罗斯政权此次故意转移移民，使用"移徙讹诈"有关。因此，仅有 1/3 的波兰人表示应该允许波白边境的移民申请庇护，而 52% 的人持相反意见。①

但从民间立场看，波兰社会运动组织"集团边境"的报告显示，波兰和白俄罗斯双方的行动都不尊重移民的尊严和权利——"非法越境的人被波兰部门抓住，并被强行带到白俄罗斯一侧。在那里，他们又被白俄罗斯边防军残酷地强迫重新进入波兰"。该报告客观指出了波兰当局违反了包括"日内瓦难民公约"和相关的欧盟难民法在内的关于申请国际保护的法律，指责波兰在这场人命攸关的争斗中放弃保护人权、保护难民的行为。该报告认为，边境的情况虽然是由白俄罗斯造成的，但也是波兰政治家的决定和选择的结果。②

---

① Grupa Granica, "Kryzys Humanitarny na Pograniczu Polsko - Białoruskim," December 1, 2021.
② Grupa Granica, "Kryzys Humanitarny na Pograniczu Polsko - Białoruskim," December 1, 2021.

四　移民危机对利益相关方产生的影响

这场危机导致波兰与白俄罗斯的关系加速恶化，也加剧了西方与俄罗斯之间的敌意程度。然而，这些非欧洲难民的"闯关"威胁，也为波兰在法治争端问题上对欧盟施加压力创造了一个机会。当前波兰右翼政府将边境移民视为一场"在俄罗斯支持下、由白俄罗斯导演"的"混合攻击"。法律与公正党自 2015 年在波兰执政以来，在波兰因司法改革问题与欧盟矛盾不断扩大、造成国内支持率下降的背景下，波兰政府坚持对于非欧洲难民采取强硬的立场，这样既可站在捍卫民族身份和边境安全的道德制高点上，亦可团结国内的民族主义力量，从而提振其正在走低的支持率。

对白俄罗斯而言，危机的发生对其产生的影响"喜忧参半"。原因是在白俄罗斯"默许"下辗转至波兰和立陶宛等欧盟边境的难民在短期内为欧盟带来了困扰，但从长期来看这一危机并不能真正迫使欧盟承认卢卡申科政府，更不能改变欧盟对白俄罗斯的人权攻势，反而进一步恶化了欧盟与白俄罗斯之间的政治关系，致使白俄罗斯在政治和经济上遭到新一轮的制裁。正如欧盟委员会主席冯·德莱恩所表态的："白俄罗斯当局必须明白，通过对移民进行愤世嫉俗的工具化，以这种方式向欧盟施压将无助于他们实现其目的。"[1] 另外，欧盟外交与安全政策高级代表博雷利（Josep Borrell）11 月 15 日表示，欧盟通过了对白俄罗斯实施新一轮制裁的决议，他们将对"所有参与"非法推动移民的人实施资产冻结和旅行禁令。[2] 欧盟之所以能够在本次危机上态度强硬，有以下几点原因。其一，与 2015 年欧洲难民危机相比，

---

① Wojciech Kość, "Hundreds of Migrants Head toward Polish-Belarusian Border," Politico, November 23, 2021, https://www.politico.eu/article/migrants-poland-belarus-border/.

② Madeline Roache, "In the Standoff between Belarus and Europe, Migrants Are Being Used as Human Weapons," Time, November 17, 2021, https://time.com/6119488/belarus-poland-border-dispute-humanitarian/.

本次危机的规模和威胁程度要小很多，欧盟完全有能力应付；其二，"民主和人权"是欧盟的核心价值观，本次危机在欧盟方面看来是一场对其价值观的破坏；其三，为了维护欧盟内部团结的需要，欧盟在主客观上都必须对东部边境的难民持反对态度，否则将再度放大东西欧之间在难民接收政策上的裂痕。当然，在客观上此次危机也给欧盟以及东部前沿的波兰和立陶宛等国敲响了警钟，在很大程度上这可以改变白俄罗斯自 2020 年总统选举以来的被动局面。除此之外，白俄罗斯还有一个杀手锏，即切断从俄罗斯过境其领土输往波兰和德国方向的天然气管道。近期，卢卡申科在接受采访时已经提及，将不排除通过封锁亚马尔管道来回应西方的攻势。

欧盟是最大的输家。波白边境大多数难民的最终目的地是发达的西欧国家，而不是东欧，但讽刺的是，长期高举"民主和人权"大旗的欧盟对从白俄罗斯入境的难民却予以强硬抵制。这充分暴露了西方人权概念的空洞与虚伪性，也是白俄罗斯对西方人权战争的一次有力回击。此次危机也导致欧盟内部的凝聚力遭到进一步削弱。在危机发生之前，波兰因国内司法改革问题与欧盟矛盾不断升级，尤其在波兰政府宣布其国内法优先于欧盟宪法之后，公然挑战了欧盟存在的合法性地位，引发了欧盟严厉的经济惩罚。波兰政府此举引发了国内欧盟支持者的示威游行，导致该执政党支持率下降。而此次危机却凑巧地缓解了该党在疑欧政策上的压力，同时也压制了国内挺欧派的声音。这意味着现任右翼政府获得了更多的与欧盟抗争到底的政治资源，无疑将对欧盟带来更大的负面影响。

对俄罗斯而言，白俄罗斯与西方关系的持续恶化，会使得白俄罗斯与西方道路彻底疏离，进而对俄罗斯的经济和安全依赖更深，心甘情愿地融入俄白一体化联盟之中。就在 2021 年 11 月 4 日，俄罗斯和白俄罗斯签署了一项旨在落实联盟国家一体化的法令，这项法令涵盖 28 个行业一体化计划，明确了 2021~2023 年落实建立俄白联盟国家条约的基本方向。① 这也基本宣告

---

① 《俄白签署落实联盟国家一体化法令》，新华网，2021 年 11 月 5 日，http：//www.news.cn/world/2021-11/05/c_ 1128032397. htm。

了西方对白俄罗斯价值观外交的破产。此外，美国也从中有所获益，边境难民危机的发生只会让波兰和波罗的海等东欧国家与白俄罗斯和俄罗斯等国的敌对关系雪上加霜。这场危机会让东欧国家更加依赖美国的安全保证，从而坚定地追随美国，充当美国在中东欧地区遏制俄罗斯的排头兵，符合美国在中东欧地区的离岸平衡目的。

B.11
后脱欧时代英国移民政策
的转型与挑战

刘春燕　黄崇晴*

摘　要：　2021 年，英国的入境移民人数和长期净移民人数继续减少，但
与 2020 年受新冠疫情所致的最低谷相比，均呈现止跌回升的趋
势。与 2020 年相比，与学习和工作相关的移民人数开始呈现上
升趋势，基本恢复到新冠疫情前的水平。受脱欧和新冠疫情的双
重影响，英国移民迁移趋势及典型模式出现较多变化，不仅净移
民变化趋势被打乱，移入移民总人数低于往年，移民就业人口数
据也出现较多波动。为遏制新冠疫情和应对脱欧的影响，在移民
管理领域，英国政府采取了措施对人口迁移实施管控，大力推行
了基于积分制和薪资门槛的新移民政策。2021 年，英国移民情
况的发展，既受到新冠疫情引发的危机作用，也受到脱欧导致的
新移民政策系统的影响。

关键词：　英国　后脱欧时代　移民新政

---

* 刘春燕，博士，广东外语外贸大学社会与公共管理学院教授、硕士生导师，国际移民研究中
心研究员，主要研究方向为社会政策、社会工作、移民问题；黄崇晴，广东外语外贸大学社
会与公共管理学院社会工作专业硕士生。

一　2020～2021年英国移民情况及趋势

（一）入境英国的移民人数下降

根据英国内政部所公布的官方移民统计数据（截至 2021 年 12 月），①
2021 年入境英国的移民（包括返回的英国国民）人数大约是 3020 万人，比
2020 年减少约 1/4（23%）。在新冠疫情发生之前，入境英国的人数每年都
在增加。但是，自 2020 年 3 月起因新冠疫情实施旅行限制后，入境英国的
人数急剧下降。2021 年的旅客人数约为正常年份的 1/5。

2021 年英国政府一共发放了 1311731 份签证，比 2019 年减少 59%，但比
2020 年增加了 36%（见图 1）。在发放的签证中，最多的是学习签证，占总数
的约 33%，其次是访英游客签证，约占 31%，工作签证占 18%，占比最少的
是家庭签证，约为 3%，其他原因签发的签证占 14%。另外，自 2021 年 1 月
31 日推出针对英国国民（海外）（BNO）签证以来，全年共有 103900 份申请，
发放 97057 份签证。

总体来看，2021 年英国政府签发的签证数量，依然少于新冠疫情发生之前
每年签发的数量，但与 2020 年最低谷相比，均呈现止跌回升的趋势。

（二）与学习相关的移民人数呈上升趋势

2021 年，英国政府共授予包括主申请人及其家属在内的 432279 份学习签
证，与 2019 年相比增加了 52%，与 2020 年相比增加了 89%。这比截至 2010
年 6 月的年度纪录的 307394 人高出约 41%。其中，中国是2021 年获得英国学
习签证申请者的最常见国籍，中国公民共获得 119334 份签证，与 2019 年
（119825 份）近似，占学习签证总数的 28%。其次是印度，印度公民获得了

---

① "Immigration Statistics, Year Ending December 2021," Gov. UK, February 24, 2022, https://
www.gov.uk/government/statistics/immigration-statistics-year-ending-december-2021.

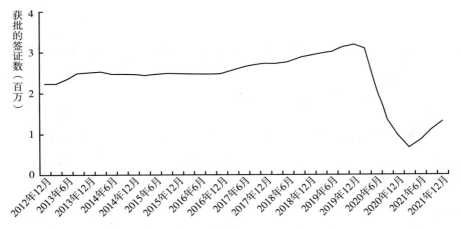

图1 2012~2021年英国政府发放的签证数

资料来源：英国内政部，https：//www.gov.uk/government/statistics/immigration-statistics-year-ending-december-2021。

98747份学习签证，比上一年增长了90%，比2019年增长了164%。中国和印度公民获得的学习签证加起来占所有学习签证的一半（见表1）。

表1 2019~2021年获得英国学习签证的国家情况

单位：份

国籍	2019	2020	2021	2021年与2019年相比的增长率	2021年与2020年相比的增长率
中国	119825	81268	119334	-<1%	47%
印度	37396	52010	98747	164%	90%
尼日利亚	8384	12845	43200	415%	236%
巴基斯坦	4927	6432	17533	256%	173%
美国	14837	8339	15623	5%	87%
其他国家	99352	68072	137842	39%	102%
总计	284721	228966	432279	52%	89%

资料来源：National Statistics，"Why Do People Come to the UK? To Work," Gov. UK，March 3, 2022，https：//www.gov.uk/government/statistics/immigration-statistics-year-ending-december-2021/why-do-people-come-to-the-uk-to-work。

2021 年英国签发的学习签证数量是有记录以来最高的，数据的大幅增长表明英国的教育领域从 2020 年因新冠疫情导致的较低的学习签证中恢复过来，得以延续和加强英国在疫情前就出现的学习签证增长趋势。可以预测，英国在基于积分制的移民新政策下，针对高技能、高素质人才所推行的宽松移民政策会进一步吸引留学生群体前往英国学习，特别是来自非欧盟国家的留学生数量将持续增加。

（三）与工作相关的移民人数呈上升趋势

2021 年，英国政府共发放了包括家属在内的 239987 份工作相关签证，这比 2019 年增长了 25%，比 2020 年增长了 110%，高价值工作签证、技能工作签证、临时工作签证均较 2020 年有所上升。[①] 2021 年，发放高价值工作签证 5944 份，高于 2020 年的 3398 份，比 2019 年增加了 22 份，基本恢复到新冠疫情前的水平。2021 年签发的技能工作签证数量，与 2020 年相比，增长 110%（79016 份），比 2019 年的总数多了 37551 份，涨幅达到 33%（见表 2）。

表 2　按签证类型授予的工作签证情况

单位：份

签证类型	2019 年	2020 年	2021 年	2021 年与 2019 年相比的增长率	2021 年与 2020 年相比的增长率
技能工作	113555	72090	151106	33%	110%
临时工作	43467	23309	54084	24%	132%
其他工作签证和豁免*	29615	15731	28853	-3%	83%
高价值工作	5922	3398	5944	<1%	75%
总计	192559	114528	239987	25%	110%

＊：“其他工作签证和豁免”类别包括技能工作以外的新路线和旧路线，例如欧共体协议（ECAA）商人、私人家庭中的家庭工人、英国血统签证和现已关闭的 PBS 之前的路线。

资料来源：英国国家统计局，https：//www.gov.uk/government/statistics/immigration-statistics-year-ending-december-2021/why-do-people-come-to-the-uk-to-work。

---

① National Statistics，"Why Do People Come to the UK? To Work，" Gov. UK，March 3，2022，https：//www.gov.uk/government/statistics/immigration-statistics-year-ending-december-2021/why-do-people-come-to-the-uk-to-work.

2021 年, 工作签证数量上升 (见图 2) 主要是受 2020 年底推出技能工作签证中的新技术工作路线影响, 新技术工作路线占与工作相关签证总数的 62% (148240 份), 占所有技能工作签证的 98%。2021 年"季节性工人"占所有临时工作签证的一半以上 (55%), 增幅很大, 较 2020 年的 7211 人增加 311% (29631 人)。这些数据表明, 包括技能工作签证和临时工作签证在内的所有工作签证类型都呈现上升趋势。

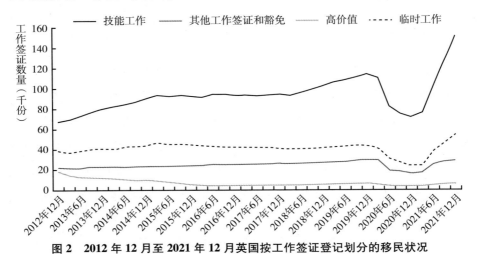

图 2　2012 年 12 月至 2021 年 12 月英国按工作签证登记划分的移民状况

资料来源: 英国国家统计局, https://www.gov.uk/government/statistics/immigration-statistics-year-ending-december-2021/why-do-people-come-to-the-uk-to-work。

(四) 庇护申请数量的变化

英国内政部的统计数据显示, 2021 年, 英国以庇护、人道主义保护、其他形式的许可和重新安置的形式为 14734 人提供了庇护。其中, 通过重新安置计划获得难民身份的有 1578 人, 占总数的 11%, 提供人道主义保护的人数比上一年增加了 49%。此外, 6134 名居住在英国的难民的伴侣和子女通过家庭团聚签证获准进入英国, 比 2020 年增加 28%。①

---

① National Statistics, "Summary of Latest Statistics," Gov. UK, March 3, 2022, https://www.gov.uk/government/statistics/immigration-statistics-year-ending-december-2021/summary-of-latest-statistics.

2021 年，英国共收到 48540 份庇护申请（仅统计主申请人），比 2020 年增加了 63%，不仅高于欧洲移民危机的高峰期数量，也是自 2003 年 12 月（49407 份）以来的最高庇护申请数量（见图 3）。英国政府预测，随着英国政府推行新移民政策，未来英国为难民提供庇护的数量会呈现稳定增长的趋势。

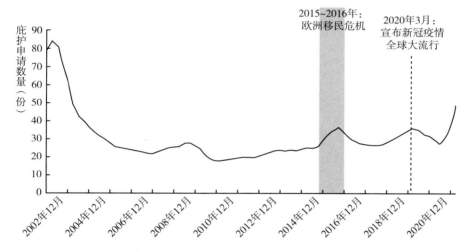

图 3　2002 年 12 月至 2020 年 12 月英国收到的庇护申请数量

资料来源：英国国家统计局，https：//www. gov. uk/government/statistics/immigration - statistics-year-ending-december-2021/summary-of-latest-statistics。

二　新冠疫情期间英国移民的变化

就在英国退出欧盟之际，新冠疫情在全球蔓延。新冠疫情对全球移民模式的影响是巨大的，英国也不例外，再叠加脱欧"过渡期"结束的影响，英国移民迁移趋势及典型模式出现较多变化。

（一）2020年净移民变化趋势被打乱

2020 年，英国净移民人数大幅下降（见图 4）。英国国家统计局的数据显示，2020年英国净移民人数，也就是移居英国的人数比离开英国的人数多34000人，这与2019年同期相比下降了88%。[①]

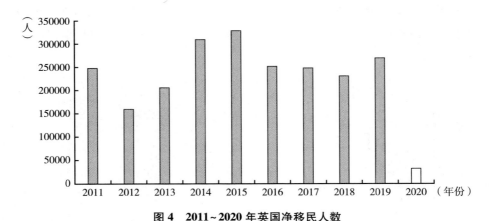

图4　2011～2020年英国净移民人数

资料来源：英国国家统计局，https：//www.ons.gov.uk/peoplepopulationandcommunity/populationandmigration/internationalmigration/bulletins/longterminternationalmigrationprovisional/yearendingdecember2020。

　　净移民人数的减少趋势在欧盟国家和非欧盟国家身上都有体现。2020年离开英国的欧盟国民人数超过了自1991年以来首次抵达英国的人数，英国净移民人数为负值，离开英国的欧盟国民比抵达英国的多94000人。而非欧盟国家的净移民数量也低于往年。2020年非欧盟国家净移民人数总体为130000人，与2019年的277000人和2018年的197000人相比，下降明显（见图5）。

　　英国国民在海外一段时间后会选择回国居住或移居国外，每年二者的差值就是英国净移民人数。通常，英国净移民人数为负数，这表明离开英国的英国国民人数多于返回英国的。2019年离开英国的英国国民人数比返回英国的人数多了16000人，英国净移民人数为负，但在2020年英国净移民人数估计值接近于零。

① "Long-term International Migration, Provisional：Year Ending December 2020," Office for National Statistics, November 25, 2021, https：//www.ons.gov.uk/peoplepopulationandcommunity/populationandmigration/internationalmigration/bulletins/longterminternationalmigrationprovisional/yearendingdecember2020.

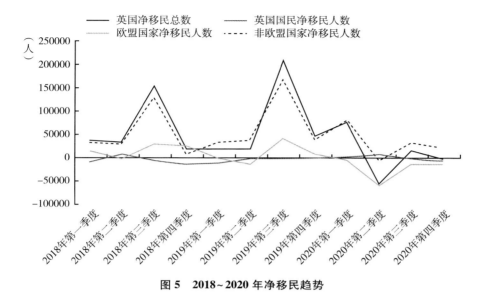

图5　2018~2020年净移民趋势

资料来源：英国国家统计局，https：//www. ons. gov. uk/peoplepopulationandcommunity/populationandmigration/internationalmigration/bulletins/longterminternationalmigrationprovisional/yearendingdecember2020。

（二）2020年移入移民总人数远低于往年

与前几年相比，2020年移入移民的数量要低得多。2020年有26.8万人前往英国居住，远低于2019年的59.2万人和2018年的53.8万人。与前两年一样，2020年移入移民中的大多数依然是非欧盟国民，约占65%，其余由19%的欧盟国民和16%的英国国民组成。

欧盟国民、非欧盟国民和返回的英国移入移民这三个群体的人数都出现了下降。从季度数据中可以清楚地看到历史模式的变化（见图6）。

在2020年第一季度（1月至3月），非欧盟国家移入移民人数是增长的，随着第一次英国国家封锁（3月至7月），在此期间国际旅游走廊实际上被关闭，英国移入移民人数几乎为零；到了第三季度（7月至9月）英国移入移民人数又出现增长，趋势与之前的季节性模式一致，但移民人数要小得多。

2020年第一季度的欧盟国家移入移民人数与往年持平（约32000人）。

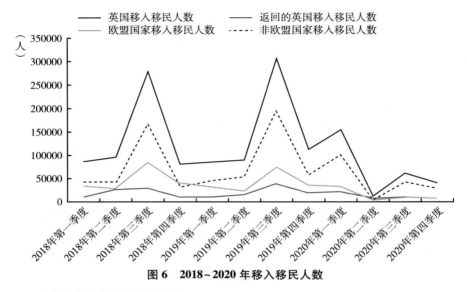

图 6　2018~2020 年移入移民人数

资料来源：英国国家统计局，https://www.ons.gov.uk/peoplepopulationandcommunity/
populationandmigration/internationalmigration/bulletins/longterminternationalmigrationprovisional/
yearendingdecember2020。

　　然而，在 2020 年剩下的三个季度，第二季度至第四季度里，大约只有
20000 名欧盟国家国民移民到英国，而 2019 年同期为 131000 人。

　　从 2018~2020 年的趋势看，第三季度（7 月至 9 月）往往是英国移入
移民人数最多的时期，因为这时期正处于学年开学前后，非欧盟国家和欧盟
国家的学生都前来学习。但在 2020 年第三季度，英国移入移民的人数出现
了较大下滑，约为 61000 人，而 2019 年和 2018 年分别为 307000 人和
277000 人，这可能是因为疫情导致前来英国学习的学生人数减少。

　　2020 年第四季度英国移入移民人数约为 40000 人。与 2020 年第三季度
一样，这一数字以非欧盟国家移入移民为主，约为 28000 人，而欧盟国家和
英国移入移民人数分别约为 7000 人和 6000 人。

（三）移民就业人口数据出现波动

　　为了减缓新冠病毒的传播，2020 年 3 月英国政府启动了第一次全英封

锁。政府命令公众禁止进行不必要的旅行，除了某些"非常有限的目的"外，他们必须待在家里，并关闭许多公共设施。一年后，在总共经历了三次全国封锁后，英国逐步放松封锁和管制。2021 年受到"脱欧"以及新冠疫情的影响，英国的经济短期内出现了低增长的趋势。英国经济在 2021 年第一季度萎缩了 1.5%，英国经济整体规模比疫情发生前下降了 8.7%，英国国家经济社会研究院（NIESR）将 2021 年英国经济增长预期从之前的 5.9%下调至 3.4%，并预计英国经济到 2023 年底才能恢复至疫情前的水平。①

根据英国国家统计局的报告（见图 7），在疫情期间，在英的非英国国民中，欧盟国家国民的就业人数急剧下降，2021 年 1 月为 2017 年 2 月以来的最低水平。到 2021 年 6 月，略有回升至 248 万人，但仍低于新冠疫情前的水平，比 2019 年同月下降 6%（171100 人）。而非欧盟国民的就业人数总体上升。到 2021 年 6 月，为 223 万人，比 2019 年同月增长 9%（186300人）。②

虽然新冠疫情和英国脱欧影响了人们在英国工作的决定，但行业之间也存在差异（见图 8），一些行业的就业人数还出现了增长，特别是对于非欧盟国家国民，例如建筑、健康和社会工作行业。相比之下，住宿和餐饮服务以及艺术、娱乐和休闲行业在新冠疫情期间经历了大幅下滑。来自欧盟国家的移民，更有可能受雇于酒店和其他需要面对面接触的服务业，也更有可能因疫情影响受到解雇或失业，因此，来自这些领域的欧盟就业人员的数量出现负增长。截至 2021 年 6 月，许多行业的欧盟国家国民的就业人数仍低于2019 年 6 月的水平，而非欧盟国家国民的就业人数大幅增加。

---

① "GDP First Quarterly Estimate, UK: January to March 2021," Office for National Statistics, May 12, 2021, https://www.ons.gov.uk/economy/grossdomesticproductgdp/bulletins/gdpfirstquarterly estimateuk/januarytomarch2021.

② "Changes in Payrolled Employments Held by Non-UK Nationals during the Coronavirus (COVID-19) Pandemic and EU Exit Periods," Office for National Statistics, March 1, 2022, https://www.ons.gov.uk/peoplepopulationandcommunity/populationandmigration/internationalmigration/articles/changesinpayrolledemploymentsheldbynonuknationalsduringthecoronaviruscovid19pandemicandeuexitperiods/2022-03-01.

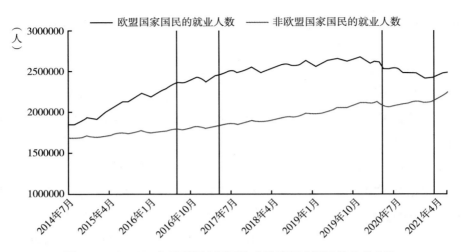

图7 2014~2021年欧盟国家国民和非欧盟国家国民的就业人数

资料来源：英国国家统计局，https：//www.ons.gov.uk/peoplepopulationandcommunity/populationandmigration/internationalmigration/articles/changesinpayrolledemploymentsheldbynonuknationalsduringthecoronaviruscovid19pandemicandeuexitperiods/2022-03-01。

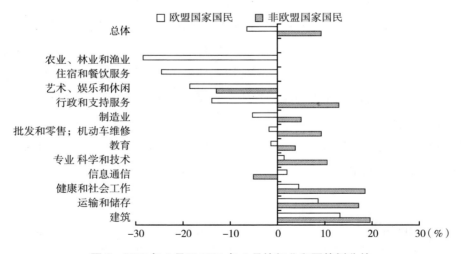

图8 2019年6月至2021年6月按行业和国籍划分的
就业人数占比变化

资料来源：英国国家统计局，https：//www.ons.gov.uk/peoplepopulationandcommunity/populationandmigration/internationalmigration/articles/changesinpayrolledemploymentsheldbynonuknationalsduringthecoronaviruscovid19pandemicandeuexitperiods/2022-03-01。

三　应对新冠疫情传播的国际移民入境管控措施

新冠疫情对英国的移民政策和流程产生了前所未有的影响。为了遏制病毒的传播，英国采取了严格的措施对人口迁移实施管控。进入 2021 年，随着疫情的发展变化，英国政府努力提升应对疫情传播的能力，尽管广泛的入境限制在稳步减少，但依然对人口迁移实施限制措施和健康管控行为。

（一）引入新的预防性旅行限制

英国政府在 5 月制定了"旅游红绿灯名单系统"，根据不同国家和地区的新冠疫情状况，例如冠状病毒病例率、检测质量、接种的疫苗数量和病毒突变的流行率等，将其分别划归为红色、黄色和绿色三类名单，并根据三种颜色制定了不同的防疫规定和隔离规则。这些分类是动态性的，并会定期进行审查，以确保旅行限制措施的相称性。

英国红色名单上的国家是那些被认为"除非在最极端的情况下"不应该访问的国家。被列入英国旅行红色名单的国家的入境移民需要遵守抵英后隔离规定。如果在近 10 天内去过红色名单上的国家，或从红色名单上的国家过境，将被英国政府要求去指定的酒店强制隔离 10 天。10 天的计算从入境英国的第 2 天开始算起，直到连续隔离 10 天。出发前必须进行核酸检测，并提供阴性报告，抵英后的第 2 天和第 8 天也要进行进一步的核酸检测。如果违背隔离政策，将被处以高额的罚款。红色名单每 3 周审查 1 次，并监测数据（包括新变种的出现），以备随时将有些国家和地区重新加上去。来自黄色名单的国家和地区的入境者，需要提供出发前进行的核酸检测阴性报告；抵达后必须隔离 10 天，抵英后的第 2 天和第 8 天再分别进行核酸检测。可选择在第 5 天进行"释放测试"以提前结束自我隔离。来自绿色名单的国家和地区的入境者，在出发前必须进行核酸检测并提供阴性报告，抵达英国的第 2 天再次进行另一次核酸检测。除非得到阳性结果，否则不需要隔离或额外的测试。2021 年 10 月上旬黄色名单和绿

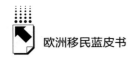

色名单被取消，取而代之的是一个更简单的旅行系统，仅由红色清单和非红色清单组成的国家。

（二）进行健康评估和自我报告

国际航班入境抵达英国时，所有人都需要提交健康状况自评问卷和旅客信息表。在抵达时收集健康声明以及旅行者的联系方式有助于英国政府进行适当的风险评估和对入境旅行者的可能接触者追踪。

（三）采取健康要求措施来取代旅行限制检疫要求

随着疫情发展进入新阶段，英国政府对大多数入境者采取健康要求措施来取代严格的检疫要求。这些健康证明包括核酸检测结果呈阴性证明、疫苗接种证明。特别是对于已接种疫苗的旅行者，将有资格获得隔离豁免和减少的测试措施。与旅行禁令或隔离相比，健康要求措施是以一种非强制性和低成本的方式来规范旅行以控制疾病在旅行中传播。

四 基于积分的新移民政策系统的推行和成效

英国从 2021 年 1 月开始实施基于积分的新移民政策系统，这被认为是英国脱欧带来的系列旗舰政策之一。新政策改变了原有的英国移民管理方式，面对所有的移民申请，不再区别对待欧盟和非欧盟国民，通过对申请者的个人因素，如技能、教育资格、薪水和工作经验等进行打分，然后一律根据积分来颁发签证。只有符合积分要求才可以成为进入英国的移民。英国政府将基于积分的移民系统视为一种根据需求控制入境移民人数和质量的方式，认为通过这个系统能够遏制低技术水平的移民，吸引来自世界各地的高技能人才。

（一）新移民政策系统实施情况

从第一年的实施情况来看，2021 年共发放了 239987 份工作签证（包括家属）。① 这比 2020 年增长了 110%，比新冠疫情发生前的 2019 年高出 25%。无论是与疫情发生前的 2019 年相比，还是与 2020 年相比，高价值工作、技能工作、临时工作三类工作签证数量都出现增长，其中，与 2019 年相比，增长数量最多的类型是技能签证，增幅为 33%；与 2020 年相比，增长数量最多的是临时工作签证，增幅为 132%。

在高价值工作签证中，2022 年 2 月推出的全球人才签证，在 2021 年签发了 3078 份，占高价值工作签证类别的一半以上（52%），与 2020 年相比，增加了近 2 倍（197%）。2019 年 4 月推出的取代一级企业家签证的创业者签证，在 2021 年获得了增长，同时，创业者签证数量下降，延续了政策变化后的趋势，反映了新移民政策重视技术创新优于资本的价值取向。然而，受疫情影响，与 2019 年相比，这两种签证在 2021 年的签发数量依然未恢复到疫情发生前的水平。

统计数据表明，技能工作签证可能是未来几年海外人才最受欢迎的签证类型。与疫情前的 2019 年相比，2021 的技能工作签证增加了 33%，比 2020 年则增长了 110%。增加的主要原因是新技能工作和医疗保健技能工作签证，一共签发了 123463 份，占发放的技能工作签证总数的 82%，同时也占所有工作签证的 51%。

（二）新移民政策的推行成效及民众态度变化

从数据来看，积分制新移民政策确实能够吸引全球人才和技术移民到英国工作，尤其是考虑到新冠疫情危机对英国经济的严重影响。

在政策预计成效方面，英国政府持较为乐观积极的态度，认为基于积分的新移民政策已经发挥了作用，就业计划已经实现，失业率下降，工资单上的员工人数回到疫情前的水平，帮助英国从新冠疫情的影响中"更好地重建"，进一步支持国家经济复苏。

---

① National Statistics, "Why Do People Come to the UK? To Work," Gov. UK, March 3, 2022, https：//www. gov. uk/government/statistics/immigration-statistics-year-ending-december-2021/why-do-people-come-to-the-uk-to-work.

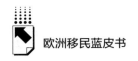

新冠疫情提高了公众对英国民生经济在多大程度上依赖低工资劳动力的认识。许多被认为在紧急情况下必不可少的低工资职业严重依赖移民工人。① 牛津大学移民、政策和社会中心（COMPAS）的移民观察站开展的一项调查表明，英国民众在 2021 年对移民的态度因不同类型移民的特征而有很大差异，对在新冠疫情期间被英国政府认为必不可少的工作移民，如医生、护理人员、中学教师、超市卡车司机、制药实验室技术人员和肉类包装工等，公众持有更积极的态度，这些类型的移民被认为是危机期间维持基本经济运转和公共卫生服务的核心。调查指出，公众这样的态度偏好模式一直持续到 2021 年 7 月，在整个上半年，英国公众持续表示接纳从事"关键行业"技能工作移民的意愿，并认为与从事其他工作的移民相比，这些人对英国经济产生了更积极的影响。② 英国公众对移民的态度从脱欧前的"负面"评价发生了转变，特别是对那些从事"关键行业"技能工作的移民，但其中肯定包括一些低工资、低技能的工人，而这部分移民并不完全受到新移民政策系统的支持。来自民生行业劳动力短缺的压力导致民众各界对积分制新移民政策产生批判性的考量：政府是否需要改善移民政策和治理结构，令"关键行业"技能工作的移民，哪怕是低工资、低技能的工人，成为新积分移民系统和快速反应计划的一部分。

（三）新移民政策的未来调整

目前英国政府已经决定对新积分制移民系统进行完善和调整，预计将于 2022 年春季推出更多签证类型，包括快速增长型企业签证（Scale-Up）、高潜力个人签证和全球商业流动签证等。政府希望这些签证能够吸引学术界、

---

① Mariña Fernández-Reino, Madeleine Sumption, Carlos Vargas-Silva, "From Low-Skilled to Key Workers: the Implications of Emergencies for Immigration Policy," *Oxford Review of Economic Policy* 36 (2020): S382-S396, https://doi.org/10.1093/oxrep/graa016.

② "Public Attitudes to Labour Migrants in the Pandemic: Dynamics During 2021," The Migration Observatory, April 1, 2022, https://migrationobservatory.ox.ac.uk/resources/briefings/public-attitudes-to-labour-migrants-in-the-pandemic-dynamics-during-2021/.

科学研究和技术领域的精英,特别是各个领域的领军人物,并鼓励杰出的创新者和创业者在英国开设企业——支持英国就业、促进英国经济并提高英国在世界舞台上的地位。

五 结语

移民问题是当初英国脱欧的政治核心议题之一,情况在脱欧后发生转变——移民已成为一个不那么突出的政治问题,公众对移民的态度也变得更加积极。新冠疫情发生后,因为边境管控,国际移民数量急剧下降,2021年,英国的入境移民和长期净移民人数继续减少,但与2020年最低谷相比,均呈现止跌回升的趋势。然而,2020年离开英国的欧盟国家国民人数超过了抵达英国的人数,自1991年以来首次出现大量净流出,说明英国脱欧对来自欧盟国家的移民的心理和行为影响相当大。欧盟国家移民的减少导致某些部门和职业的就业出现变化,从数据来看,这些部门(尤其是建筑、健康和社会工作行业)可能部分由非欧盟国家移民填补。为应对脱欧和新冠疫情的影响,进一步促进经济的转型升级,英国政府做了许多改革尝试,其中,在移民管理领域,英国引入了积分制新移民政策以阻止欧盟国家国民的自由流动并实施新的签证制度,以吸引全球人才,激发企业创新,促进经济复苏及发展。然而,疫情阻止了自2020年以来的许多活动,因此很难评估这一新政策带来的变化。一旦公共卫生危机消退,原有的移民趋势可能会重新出现,英国未来可能仍将是一个净移民国家。新的移民政策可能会进一步加强进入英国的移民变化趋势,尤其是出现在欧盟国家移民身上的变化。与此同时,自2016年达到高峰以来,移民在公共辩论中的重要性虽然有所下降,但英国公众对移民的积极态度稳步上升,认为政府在疫情时期的积分制新移民政策应在快速应对"关键行业"劳动力市场技能短缺方面发挥更积极的作用。

总之,2021年,英国移民情况的发展,很难将因脱欧而调整的新移民政策的影响与新冠疫情的影响区分开来。英国基于积分的新移民政策在提高

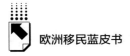
英国移民系统公平性和有效性的同时，不仅改变了英国边境的管理，也展示了英国吸引全球优秀人才的态度和决心，但这个政策是否做出了对新冠疫情导致的劳动力需求增长的正确回应，是否能够进一步促进英国后疫情时代的技术创新与经济发展，还需要进行更长期的、数据更全面的监测，以做出更为客观的政策分析和评估。

B.12
新冠疫情持续影响下的北欧国家
人口流动与移民状况

柳玉臻　李蓉戈*

摘　要： 尽管疫情持续，为复苏经济，2021年北欧国家逐步减小了疫情防控力度，国际人口流动基本恢复，工作类别和留学类别的移民流动水平基本恢复到疫情前水平，但寻求庇护的难民申请和审批数量有明显下降。疫情持续背景下，移民在经济、政治和社会等领域的融入依然存在很多的困难。以瑞典为例，尽管经济在逐渐恢复，但失业率，特别是非欧盟移民的失业率高企不下，移民家庭贫困率、移民儿童的贫困发生率都有所上升，移民家庭对社会福利的需求和依赖都明显高于本国人口家庭。当前，北欧五国的移民政策都越来越保守。伴随入籍移民在各国人口中所占比重的增长，移民对政治的影响也逐渐显露。一方面，移民导致社会矛盾加剧，促进政治分化，使得移入国反移民政党的影响力提升；另一方面，移民作为选举人和被选举人在政治参与中的力量也在增强。未来北欧的移民政策会更侧重选择技术类移民，但出于人道主义传统，北欧国家还会持续接收难民，包括来自乌克兰的难民。

关键词： 北欧　新冠疫情　移民　融入

---

* 柳玉臻，博士，广东外语外贸大学社会与公共管理学院副教授，国际移民研究中心研究员，主要研究方向为社会政策、社会流动、社会工作；李蓉戈，广东外语外贸大学社会与公共管理学院社会工作专业研究生。

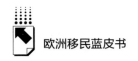

2021 年北欧国家疫情持续，新冠肺炎确诊人数在五个国家均出现大幅增长；在瑞典，因为新冠肺炎死亡的人数也有显著增加（见表 1）。伴随疫苗接种率的提高，北欧国家逐步放松了疫情管控，国际人口流动加速，经济也逐渐从低谷回升。

表 1　2020~2021 年北欧国家新冠疫情发展情况

单位：人，%

国家	2020 年		2021 年		国家总人口数*	疫苗接种率**
	确诊人数	死亡人数	确诊人数	死亡人数		
瑞典	437379	6913	905762	8727	10379295	76
挪威	49010	854	339892	433	5391369	78
丹麦	163479	2026	642609	1256	5840045	82
芬兰	35858	1153	234260	556	5533793	77
冰岛	5736	8	7786	29	368792	78

注：* 总人口数为截至 2021 年 1 月 1 日的统计数字；** 疫苗接种率为截至 2021 年 12 月 31 日的统计数字，包括接受全程疫苗接种和部分疫苗接种的人员。

资料来源：根据 Our World in Data 网站数据（https：//ourworldindata. org/）和欧盟统计局人口统计数据（https：//ec. europa. eu/eurostat/web/main/data/database）整理。

一　疫情持续影响下北欧国家的国际人口流动状况

尽管疫情持续，北欧五国在 2021 年相继取消了出入境限制，国际人口流动基本恢复。以瑞典为例，由于其在 2020 年采取了相对宽松的防疫政策，成为北欧国家中疫情最为严重的国家。随着疫情形势的不断发展，2021 年 1 月瑞典议会通过了抗击疫情临时法案，赋予政府采取限制公共场所人员聚集和关闭边境等措施的权力。受单日确诊人数快速增长的影响，瑞典政府分别在 2021 年 3 月（3 月 17 日到 5 月 31 日）和 10 月（10 月 1 日到次年 2 月 28 日）两次发布入境限制法令（Entry Ban），采取了入境限制措施。在入境限制措施实施期间，瑞典公民、在瑞典居住满一年的移民可进入瑞典，欧洲经济区（EEA）国家居民及在豁免和批准国家列表上的外国人可以持有效证件、居留许可、72 小时内新冠检测阴性证明和疫苗接种证明进入瑞典。①

瑞典的入境限制法令影响了国际人口流动，特别是需要短期进入瑞典和来自欧洲区以外国家的人口流动；但从全年数据来看，瑞典的移民人口（获居留许可的外国人口）流动基本恢复。在 2021 年，持有效居留许可首次进入瑞典的外国人的总人数（94589 人）超过 2020 年的总人数（88814人），但仍低于 2019 年的总移民人口数（117913 人）。其中，工作类别和留学类别的外国人数量在 2021 年有明显增长，基本恢复到疫情之前的水平；持欧盟公民证件的外国人和持难民居留许可的外国人数量与 2020 年持平；在持家庭团聚类别许可的外国人中，近 20% 是已获难民资格人员担保的家庭团聚申请，数量有所下降（见图 1）。

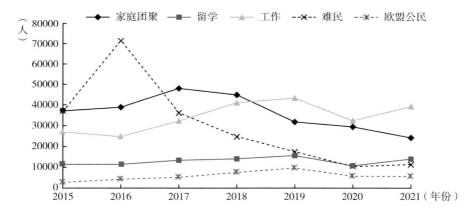

图 1　2015～2021 年持居留许可首次进入瑞典的外国人数（按居留许可类别统计）

资料来源：瑞典移民局，https://www.migrationsverket.se/Om-Migrationsverket/Statistik/Beviljade-uppehallstillstand-oversikter.html。

与瑞典情况相似，挪威、丹麦、芬兰、冰岛四国由于逐渐放松的边境管控，国际人口流动也有所恢复。2021 年，挪威要求所有入境人员（包括本国公民）在入境后的 24 小时内做一次核酸检测，来自高风险国家的人员需

---

① 瑞典警察局网站信息，https://polisen.se/en/the-swedish-police/the-coronavirus-and-the-swedish-police/travel-to-and-from-sweden/。

要强制隔离 10 天。边境管控限制了短期进入挪威的国际人口流动，但从总的跨国人口流动来看，2021 年进入挪威的移民人数为 53947 人，远超 2020 年的 38075 人，甚至高于 2019 年的移民人数（48680 人）。[①] 由于疫苗接种率较高，丹麦政府于 2021 年 9 月率先放开了边境管控，是欧洲最先放开管控的国家，也因此国际人口流动在第三季度出现高峰。从年度数据来看，2021 年持居留许可进入丹麦的外国人总数为 57922 人，超过 2020 年的总人数 48644 人，略低于 2019 年的总人数 62643 人。[②]

难民是北欧国家移民人口中的重要组成部分。2021 年，向北欧五国递交庇护申请的移民总量明显减少，获得批准的难民移民数量也有所减少（见表 2）。难民的主要来源国依然是叙利亚、厄立特里亚、土耳其、阿富汗、伊朗、伊拉克等国。这种状况表明，2021 年北欧国家的难民流动状况延续了"难民危机"在 2015 年达到顶峰后逐渐下降的趋势。

表 2　北欧五国 2018~2021 年接收和审批通过（Positive Decisions）难民庇护申请的情况

单位：份

	2018 年		2019 年		2020 年		2021 年	
	接收数	批准数	接收数	批准数	接收数	批准数	接收数	批准数
瑞典	21560	10650	26285	6065	16260	4425	13990	2810
挪威	2660	1460	2305	1795	1395	1145	1635	1105
丹麦	3570	1315	2740	1575	1490	420	2080	260
芬兰	4500	2405	4535	1665	3205	1155	2525	1070
冰岛	775	105	845	305	640	385	870	255

资料来源：欧盟统计局，https：//ec. europa. eu/eurostat/data/database。

在 2021 年，外国出生人口数（包括欧盟国家和非欧盟国家）占北欧五国人口总数的比重有所增长，说明相比于 2020 年，北欧五国的移民人口存量在持续增长（见表 3）。

[①]　根据挪威统计局公布数据整理，https：//www. ssb. no/en/statbank/table/05426/。

[②]　根据丹麦统计局公布数据整理，https：//www. dst. dk/en/Statistik/emner/borgere/flytninger/ind-og-udvandring。

表3　2020～2021年北欧五国的外国出生人口数与占人口总数的比重

单位：人，%

国家	2020 年		2021 年	
	外国出生人口数	占人口总数比重	外国出生人口数	占人口总数比重
瑞典	2018191	19.54	2045234	19.7
挪威	867778	16.17	878153	16.29
丹麦	715963	12.30	721135	12.35
芬兰	393555	7.12	408676	7.39
冰岛	65205	17.91	67438	18.29

资料来源：欧盟统计局，https：//ec. europa. eu/eurostat/web/main/data/database。

二　疫情持续影响下的移民和难民处境——以瑞典为例

疫情发生以来，瑞典的经济经历了从衰退到逐渐恢复的过程。从年度数据来看，2019 年瑞典的 GDP 增长速度为 2.0%，2020 年下降至 - 2.9%，2021 年提高至 4.8%。[①] 尽管在疫情发生后，瑞典采取了较为宽松的疫情管控措施，但疫情的发生仍对农业、制造业和服务业都造成了很大的冲击。为重振经济，瑞典政府增加了基础设施建设和公共服务领域等方面的财政支出，并对企业和家庭采取了降低税收、降低社会保障收费和增加消费补贴等措施以促进消费。特别是，瑞典政府在 2021 年财政预算中支出了 45 亿瑞典克朗（5.3 亿美元）用于经济"绿色重启"，主要用于住房、公路和铁路设施的升级和改造。[②] 政府积极的财政政策，加上银行宽松的货币政策，有力地刺激了瑞典国内的投资和消费。另外，瑞典的出口也在 2021 年有明显增长。

然而，经济恢复并没有为劳动力市场的恢复带来显著影响，特别是移民

[①] "Sweden GDP-Gross Domestic Product," Countryeconomy, 2021, https：//countryeconomy. com/gdp/sweden.

[②] R. Lindebert, N. Rolander, "Sweden Plans to Spend Extra ＄5.3 Billion Restarting Economy," Bloomberg, April 15, 2021, https：//www. bloomberg. com/news/articles/2021 - 04 - 15/sweden - to-spend-extra-5-3-billion-restarting-economy-dn-says.

的就业状况（见图2）。从总体来看，2021年瑞典的失业率为9%，高于2019年（7.0%）和2020年的水平（8.5%）。① 瑞典经济学家认为，居高不下的失业率源于从2019年开始的经济增长变缓和数字化经济转型。瑞典失业人口中近46%为长期失业人口（失业时间在1年以上）；而在长期失业人口中，大部分为移民劳动力，特别是2015年后叙利亚、伊拉克和索马里的难民类别移民。② 不能熟练运用瑞典语、缺少社会网络和遭受就业市场的排斥等原因，导致了移民劳动力的就业劣势，而疫情的发生和持续更是加剧了这种劣势。移民劳动力集中的服务业（包括批发零售、交通、住宿和食品服务等）受疫情冲击明显，就业增长缓慢；语言和技能上的劣势使得移民劳动力很难匹配就业增长最快的行业——电子通信产业（Information and Communication）。③

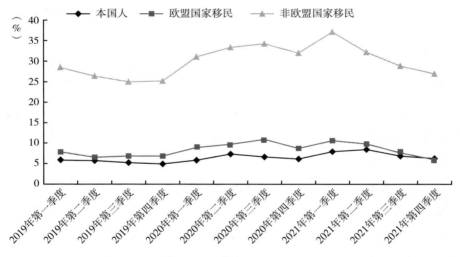

图2　2019~2021年瑞典失业率（按公民身份统计）

---

① 根据欧盟统计局公布的各国失业率数字整理，https：//appsso. eurostat. ec. europa. eu/nui/ show. do？dataset＝une_ rt_ q&lang＝en。

② "Long-term Unemployment Is Higher Than Ever in Sweden," The Local, August 12, 2021, https：//www. thelocal. se/20210812/long-term-unemployment-is-higher-than-ever-in-sweden/.

③ S. Johnson, " 'New Swedes' Left out as Economy Powers through Pandemic," Reuters, March 17, 2021, https：//www. reuters. com/article/us - sweden - unemployment - pandemic - idUSKBN2B91MO.

移民，特别是非欧盟国家移民，在就业领域的劣势必然影响了其家庭的生活质量。平均而言，移民劳动力的收入低于本国出生劳动力的收入，移民家庭陷入贫困的比例高于本地家庭。[①] 在居住条件上，2019~2020 年超过2/3 的移民家庭租房居住，出现住房成本过高（住房成本超过可支配收入的40%）的比率高于本国出生人口家庭，移民家庭住房拥挤的比率也非常高（见表4）。受疫情持续的影响，瑞典在 2021 年经历了近十年来最高的通货膨胀（通货膨胀率在 2021 年 12 月达到 4.5%），特别是房租和食物价格显著上涨，这更是增加了移民家庭的经济负担。

表4　2019~2020 年瑞典移民的社会融入状况

单位：欧元（Euro），%

	2019 年		2020 年	
	外国出生人口	本国出生人口	外国出生人口	本国出生人口
平均年收入	20700	28857	21742	28826
贫困发生率	36.0	11.9	34.3	12.2
租房居住的比率	67.5	32.7	67.2	32.3
住房成本过高的比率	17.1	7.6	12.8	7.5
住房拥挤的比率	38.1	13.5	35.9	14.1
儿童贫困发生率	43.7	7.3	38.1	6.5
青年中学退学率	13.6	4.6	15.6	5.3
青年非在学非在业率	10.2	5.2	13.0	5.8

资料来源：欧盟统计局，https：//ec. europa. eu/eurostat/web/migration-asylum/migrant-integration/database。

疫情的发生和持续也暴露了移民儿童生活中的劣势。[②] 据欧盟统计局的数据，在瑞典，有接近 40% 的移民儿童生活贫困，远远高于本国出生儿童发生贫困的比率。尽管在瑞典，移民儿童可以接受免费教育，但贫困家庭的儿童在获得物质（包括食物、衣服和学习用品等）和社会交往等方面存在

[①] 瑞典政府对贫困的定义为相对贫困，家庭人均收入低于瑞典平均收入的60%即为贫困家庭。
[②] "Is Sweden Facing a Rise in Child Poverty due to Coronavirus?," The Local, May 29, 2020, https://www.thelocal.se/20200529/is-the-coronavirus-crisis-exacerbating-child-poverty-in-sweden/.

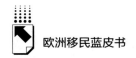

困难。完成初中教育后，有移民背景（本人出生在国外，或者父母有一方或双方出生在国外）的年轻人提前退出正式教育和培训的占比很高，非在学非在业率（NEET，Not in Employment，Education or Training）也明显高于本国年轻人。移民儿童和青少年在教育获得上的劣势在未来会转变为移民青年在劳动力市场的劣势。

由于其在经济和社会等领域的劣势，加上对瑞典防疫政策和公共卫生服务的不了解，移民群体确诊新冠肺炎的占比高于本地人口。① 然而，由于对疫苗推广方案的不了解、不信任，移民群体往往对接种疫苗更为犹豫，这进一步加重了他们的健康风险，也限制了他们的经济活动和社会活动。瑞典从2020年12月开始免费注射疫苗，最开始在高风险人群中开展，特别是院舍照顾的老年人和在医院工作的医务人员；2021年4月后，疫苗的接种更加普遍，任何居住在瑞典，年龄在17岁以上的人，不论其身份，都可以免费接种疫苗。但疫苗接种需要登记健康卡信息，没有健康卡或者担心个人信息上报的移民，例如没有合法身份或者签证过期的移民，会避开疫苗接种。瑞典卫生局的数据显示来自非洲国家的移民疫苗接种率显著低于本国出生人口；来自挪威的数据也发现有移民背景的居民（包括移民和父母一方或双方为移民）疫苗接种率低于本国出生人口的接种率。②

瑞典是一个传统的高福利国家，政府在提供社会支持和社会救助方面发挥主要作用。为促进难民和移民的融入，瑞典政府通过移民部门、劳动部门、教育部门、公共卫生部门等提供资金和服务。值得一提的是，为促进移民就业，瑞典移民部门设立了年轻人就业项目、妇女就业项目等就业促进项目，开展语言、技能培训和链接就业等服务；另外，瑞典政府自2021年开始推行"职业进入协议"（Entry Agreements），即与雇主合作，

---

① 柳玉臻、李蓉戈：《新冠疫情影响下北欧国家移民和难民状况及分析》，载毛国民、刘齐生主编《欧洲移民发展报告（2021）：新冠疫情与移民管理》，社会科学文献出版社，2021，第182~197页。

② K. Kraft et al.，"Covid-19 Vaccination Coverage by Immigrant Background，" Tidsskr Nor Legeforen，2022，https：//tidsskriftet. no/en/2022/01/original - article/covid - 19 - vaccination - coverage - immigrant-background.

为新进入劳动力市场的移民和长期失业人员提供在职培训和工资补贴，以此来促进就业。[①] 这些就业项目收到了一定的成效，但在疫情持续的背景中，新增就业岗位有限，移民的就业率增长缓慢，就业的稳定性不强。

经济和社会的脆弱性使移民和其家庭对社会福利有更高的需求和依赖。瑞典的社会保障和社会救助项目具有全民保障特点，救助指标只包含救助对象的居住权和就业状态，不分国籍和移民类别。移民和本国人口享有相同的保障水平，例如，加入失业保险的劳动力可以享受接近失业前工资80%的失业补贴，未加入失业保险的劳动力也可以从政府领取固定金额的生活保障金。合法居住在瑞典的外国人享有和本国人同等的医疗服务，在生病期间（短期或长期）享有病假津贴（sickness/activity compensation）。另外，超过65岁的移民享有与本国老年人相同的基本养老金。外国出生的儿童享有与本国出生儿童相同的儿童津贴，每月领取固定金额，直到满16岁；其父母在儿童出生后的480天内享有生育补贴。作为最后的保障，瑞典各市政府为低收入或无收入的家庭提供最低生活保障金。自2015年起，伴随大量的难民移民进入瑞典，瑞典政府支付给移民家庭的社会福利总额不断上升，2020年疫情的发生和持续更是加重了移民家庭的福利需求和依赖，与瑞典本国出生人口中有需求家庭领取的福利金总额相比，两项差距逐年增加（见图3）。

北欧国家在人口构成、经济发展状况和社会福利体制上有很高的相似性，故而，移民和难民在挪威、丹麦、芬兰和冰岛的处境与在瑞典的处境很相似。从就业来看，移民劳动力的就业率，特别是来自欧盟以外国家的移民，远远低于本国出生人口的就业率（见表5）。疫情的发生和持续更是加重了移民在劳动力市场融合的困难。[②] 在北欧五国中，瑞典人口中的移民占比最高，在就业领域移民和本土劳动力的差距也最为明显。但由于在疫情发生后

---

① "Labour Market Policy Initiatives in the Budget Bill for 2022," Government Offices of Sweden, September 23, 2021, https：//www. government. se/articles/2021/09/labour－market－policy－initiatives－in－the－budget－bill－for－2022/.

② "Integrating Immigrants into the Nordic Labour Markets：The Impact of the Covid-19 Pandemic," Nordic Council of Ministers, September 23, 2021, https：//nordicwelfare. org/wp－content/uploads/2021/11/Integrating－Immigrants－into－the－Nordic－Labour－Markets. pdf.

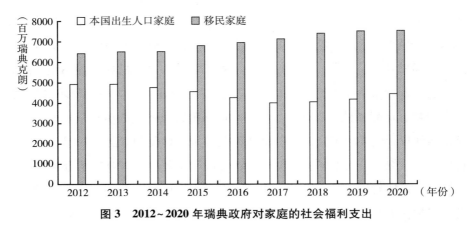

图 3　2012~2020 年瑞典政府对家庭的社会福利支出

资料来源：Statista，https：//www.statista.com/statistics/530884/sweden-expenditure-on-social-welfare-by-household-origin/#professional，February 2，2022。

瑞典采取了相对宽松的管控措施，瑞典的社会生活基本得以维持，经济复苏也比较快。在其他国家，较为严格的隔离管控措施影响了经济的运行，特别是移民劳动力集中的服务业和零售业下滑明显，移民劳动力遭遇解雇和停工的情况非常普遍。① 2021 年，北欧国家逐渐放松了疫情管控，特别是丹麦率先推出"新冠护照"，在 9 月之后全面放开，也是出于经济复苏和增进就业的需要。

表 5　2019~2020 年北欧五国的移民（来自欧盟以外国家）与本国出生人口的就业率

单位：%

国家	2019 年		2020 年	
	移民的就业率	本国出生人口的就业率	移民的就业率	本国出生人口的就业率
瑞典	52.8	79.2	48.2	77.8
挪威	57.9	75.9	57.1	75.5
丹麦	58.7	75.9	60.6	75.2
芬兰	51.3	73.5	54.2	72.6
冰岛	83.2	83.9	72.7	80.6

资料来源：欧盟统计局，https：//ec.europa.eu/eurostat/data/database。

---

① S. Juranek et al.，"Labour Market Effects of Covid-19：Sweden and Its Scandinavian Neighbours，" VOXEU，September 12，2020，https：//voxeu.org/article/labour-market-effects-covid-19-sweden-and-its-neighbours.

三　移民和难民在北欧的政治及社会影响

北欧国家曾经被认为是对难民非常友好和慷慨的国家。但从目前来看，收紧难民和移民政策在各个国家都成为普遍做法。以瑞典为例，2016年时考虑到当时大量难民进入，收容能力有限，瑞典调整移民法，设置了获批难民仅获得 3 个月或 3 年临时居留许可的规定，该法规原定持续 5 年。2021 年 7 月 20 日，瑞典新移民法开始实施，其中一个主要调整是临时居留许可成为常态。除公约难民外，所有在瑞典的外国人必须持有不短于 3 年的临时居留许可才可以申请永久居留许可，家庭移民也不再自动获得永居身份。另外，申请永久居留许可的条件更加严格，包括成年申请人（或者儿童申请人的父母）必须确保在瑞典有稳定的（不短于 18 个月）和充分的（能够维持住房和日常开销）经济收入、在瑞典没有违法记录等。① 移民政策的调整使得难民类别的移民在瑞典获得永久居留身份愈发困难，申请家庭团聚也非常困难。尽管因为疫情，瑞典移民部门自动延长了部分难民（未成年在校学生）临时居留许可的期限，但仍有很高比例的难民因为不能获得永久居留许可必须考虑返回来源国或者在其他国家重新接受安置。② 再以丹麦为例，自 2021 年 3 月起，丹麦政府将叙利亚包括大马士革在内的地区认定为安全区域，取消了部分叙利亚难民的临时居留许可，推动叙利亚难民的遣返工作。③ 相似的移民政策收紧情况，特别是针对寻求庇护者，也出现在挪威、芬兰和冰岛。在这些国家，移民政策更偏向于接收经济类移民，

---

① Migrationsverket, "Changes to the Swedish Aliens Act in 2021," https：//www. migrationsverket. se/ English/About-the-Migration-Agency/Changes-to-the-Swedish-Aliens-Act-in-2021. html.

② "Sweden：Temporary Permits Extended for Young Asylum Seekers due to COVID-19," European Website on Integration, March 18, 2021, https：//ec. europa. eu/migrant - integration/news/ sweden-temporary-permits-extended-young-asylum-seekers-due-covid-19_ en.

③ "Stuck in Limbo, Syrians in Denmark Suffer Unbearable Wait," France 24, March 12, 2021, https：//www. france24. com/en/live-news/20211203 - stuck - in - limbo - syrians - in - denmark - suffer-unbearable-wait.

减少接收人道主义保护类移民。①

北欧国家在难民和移民政策上的调整很大程度上来自政党和政府日益右倾的立场。北欧国家最初对难民和移民的欢迎，一方面出于人道主义的考虑，另一方面来自对劳动力的需求。然而，从移民融入的情况来看，尽管有大量政府项目的支持和推动，难民和移民劳动力进入劳动力市场依然有很大的困难，长期失业状况更是加重了政府的社会福利支出负担。贫困的移民家庭会选择居住在房租更低的社区，居住条件的恶劣和拥挤程度与低受教育程度、高失业率、高贫困率和高犯罪率呈正相关关系，这些社区在瑞典被标记为不安全区（Zones Not to Go），在丹麦被标记为贫民窟（ghettos），成为在主流社会以外的"平行社会"。② 疫情发生后，这些区域病毒传播的范围和居民确诊的占比也高于本地居民聚集的社区。经济、社会和公共卫生风险都意味着政府在移民社区要增加管理上的人力和物力，进而加重了政府的负担。在过去几年，北欧各个国家都经历了政治上的右倾化，右翼政党在议会中的占比和影响力提升。例如，在瑞典，持反移民和严厉打击犯罪立场的右翼政党瑞典民主党在瑞典国会 2018 年的选举中获得了 17.5% 的席位，并在2021 年 6 月带领通过了对首相斯特凡·勒文（Stefan Lofven）的不信任投票，使其辞掉了首相和社会民主党党首的职位，重组后的瑞典政府在移民政策上趋于保守。③ 即使执政党为左翼政党，政党的右倾化主张和"反移民"主张也很明显。例如，在丹麦，2021 年 10 月，中左翼的社会民主党得到左翼政党的支持开始执政，但其非常明确地提出了限制移民的政策，其移民政策被评价为比右倾政党更加右倾。现任首相梅特·弗雷德里克森（Mette Frederiksen）更是表示要将避难申请的数字降为零，以阻止难民的进入和限

---

① Gammeltoft-Hansen, Thomas, and Ford Safah Scott, "Introduction: Nordic Visions of International Migration and Refugee Law," February 22, 2022, https://brill.com/view/journals/nord/91/1/article-p1_2.xml.

② "Why Have Danes Turned against Immigration?," The Economist, December 18, 2021, https://www.economist.com/europe/2021/12/18/why-have-danes-turned-against-immigration.

③ "Swedish Government Toppled in No-Confidence Vote," BBC News, June 21, 2021, https://www.bbc.co.uk/news/world-europe-57553238.

制贫民窟的发展。①

　　一方面，移民受到越来越"政治化"的移民政策的影响，另一方面，移民也在影响北欧国家的政治结构。截至目前，移民人口已经构成北欧各国人口的重要组成部分，随着移民定居达到一定时间，加入居住国国籍的移民（外国出生人口）人数在总人口数中的占比也会有增长。在北欧国家中，瑞典是接收移民人数最多的国家，移民入籍的人数也较多（见表6）。按照瑞典移民法，持有居留许可达到5年的移民可以申请入籍。2015年和2016年是难民类别移民进入瑞典的高峰时期，故而2020年和2021年是移民申请入籍的高峰年份。瑞典统计局的数据显示，2021年有89354名外国出生人口获得了瑞典国籍，其中有31113人（32.16%）来自叙利亚，4522人（4.78%）来自索马里，4269人来自阿富汗，3717人（4.08%）来自厄立特里亚。② 从挪威的数据可以看出，2020年入籍的移民人口中，38.47%来自非洲，27.56%来自亚洲。③ 来自非洲和亚洲国家移民人口的增加改变了北欧国家一直以来的以欧洲移民，特别是北欧国家之间迁移的移民为主的移民构成特点。北欧国家建立在平等和包容基础上的福利国家体系赋予了入籍后的移民公民权，使其在享受权益和福利的同时，也应承担作为公民的责任和义务，包括文化、社会和政治参与。移民种族和文化的多元性，加上社会经济地位的分层，会导致移民对于政治和政党产生不同的看法。同样，政治和政党也因为移民的政治表达而产生分裂，出现代表移民、欢迎移民和反对移民的几种不同的政治力量，彼此竞争、冲突和较量。在2015年大量难民和移民进入北欧国家后，民粹主义在北欧政治中兴起，但同时，随着移民政治参与的增长，代表移民的政治力量也在兴起。在

---

① Pace, Michelle, "Denmark's Immigrants Forced Out by Government Policies," Chathom House, June 28, 2021, https://www.chathamhouse.org/2021/06/denmarks-immigrants-forced-out-government-policies.

② "Changes of Citizenship," Statistics Sweden, https://www.statistikdatabasen.scb.se/pxweb/en/ssd/START_BE_BE0101/.

③ "Naturalisations," Statistics Norway, May 4, 2022, https://www.ssb.no/en/befolkning/innvandrere/statistikk/overgang-til-norsk-statsborgerskap.

挪威 2021 年 9 月的国会议员选举中，169 位议员中有 11 位具有移民和少数族裔（来自亚洲、非洲和中东地区）背景，其占比与移民人口在具有选举资格的挪威人口的占比相当；挪威各政党，特别是挪威劳工党，均认识到动员移民选举人的重要性。①

表 6　2015~2021 年北欧国家当年入籍移民人数

单位：人

	2015 年	2016 年	2017 年	2018 年	2019 年	2020 年	2021 年
瑞典	49044	61294	68898	63818	64206	80175	89354
挪威	12411	13712	21648	10268	13201	19698	
丹麦	11745	15028	7272	2836	1781	7076	
芬兰	7921	9375	12219	9211	9649	7816	
冰岛	801	703	637	569	437	395	

资料来源：欧盟统计局，"Population,"https://ec.europa.eu/eurostat/web/migration-asylum/international-migration-citizenship/database。

尽管在总体上北欧民众对难民和移民持欢迎和包容态度，但在过去几年，北欧民众对"非西方"移民的态度也在发生转变。相对而言，挪威人对移民的态度在北欧国家中比较友好，从挪威统计局的数据可以看出，2021年有接近 80% 的被调查人认为难民和移民为挪威的劳动力市场做出了贡献，该数值与难民危机发生前 2012 年的调查数据相当。② 瑞典的相关调查显示，愿意接纳移民的民众占比从 2015 年的 58% 下降到 2021 年的 40%。③ 在丹麦，2014 年的调查显示丹麦民众对移民持欢迎态度的占比非常高（在欧洲

---

① "Once Sidelined, Norway's Migrant Minorities Earn a Voice in Parliament," The Christian Science Monitor, October 6, 2021, https://www.csmonitor.com/World/Europe/2021/1006/Once-sidelined-Norway-s-migrant-minorities-earn-a-voice-in-parliament.

② "Attitudes towards Immigrants and Immigration," Statistics Norway, December 14, 2021, https://www.ssb.no/en/befolkning/innvandrere/statistikk/holdninger-til-innvandrere-og-innvandring.

③ James Traub, "Even Sweden Doesn't Want Migrants Anymore," Foreign Policy, November 17, 2021, https://foreignpolicy.com/2021/11/17/even-sweden-doesnt-want-migrants-anymore-syria-iraq-belarus/.

国家中仅次于瑞典）；2017 年的调查显示有 50% 的丹麦民众欢迎移民，认为移民为丹麦做出了正面贡献，但也有 32% 的民众认为移民为丹麦的贡献为负值；① 而在 2021 年的调查中，74% 的被调查人认为移民在就业、教育、性别和民主观念等方面很难融入当地社会，并且认为移民群体的犯罪率较高。② 分析北欧不同国家民众对移民态度的差异，一方面在于移民人口构成在各国存在差异，另一方面各国对于文化多元性的接纳方式和接纳程度有所不同。在北欧国家，瑞典和挪威倡导以移民群体区分的多元主义文化，而丹麦则强调以个人主义为基础的对社会的贡献和责任。移民融入的困难和"平行社会"的存在，使在挪威和瑞典的移民产生了对以政府为主体的社会福利的依赖。而在丹麦，更要求移民生活自立。

四　未来发展趋势

在疫情持续的背景下，北欧各国出现了虽然经济复苏，但就业增长缓慢的状况。在当下，高失业率与高的岗位空缺率并存。移民劳动力集中的服务业和零售业受冲击明显，就业岗位依然待恢复；而一些行业，如信息与通信业、金融与保险业、房地产业快速增长，出现了明显的用工短缺。由于本国人口增长缓慢，北欧国家依然存在很强的对移民劳动力的需求；但从长远来看，北欧国家会更多地对劳动力进行选择，侧重吸引和接收技术型和投资型移民转移，以适应各国经济向数字化的转变。北欧国家之间人员可以自由流动，这也就意味着北欧国家在接收移民、移民入籍、社会福利、社会融入、社会态度等方面会更加趋同。

尽管难民类别的移民在北欧的受欢迎程度降低，但基于国际人道主义的

---

① "Survey on Attitudes towards Immigration in Denmark 2017," Statista, February 2, 2022, https：//www. statista. com/statistics/740924/survey－on－attitudes－towards－immigration－in－denmark/.

② "Denmark：Survey Finds That Majority Overestimates Integration Problems," European Commission, December 9, 2021, https：//ec. europa. eu/migrant－integration/news/denmark－survey－finds－majority－overestimates－integration－problems＿ en.

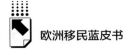

传统，北欧国家依然会继续接纳寻求庇护的难民，但对于难民获得移民身份的审核会更加严格，对于不符合条件的申请者会加大遣返力度。从瑞典的做法可以看出，难民移民获得永久居留身份和担保家庭成员移民愈加困难，政府更加重视移民的就业和经济自立能力。2022 年 3 月起，乌克兰危机引发了国际人道主义危机，以妇女和儿童为主的难民大量进入欧洲。欧盟委员会紧急提出并通过了临时保护法案；为寻求庇护的乌克兰人提供在欧盟成员国为期一年的短期居留许可和工作许可，该许可立即生效，并且可在教育、住房和医疗等领域享有社会福利权利。① 另外，受乌克兰危机的影响，欧洲各国都出现了明显的通货膨胀。进入欧洲的难民生活资源有限，会更加需要来自福利国家体系的支持和帮助。大规模进入的难民会挑战各国政府的接纳能力和管理能力，很可能再次引发新一轮的"难民危机"。

---

① 据瑞典移民局公布的难民庇护信息，在 2021 年，在瑞典乌克兰被认为是安全国家，来自乌克兰的难民庇护申请绝大多数被拒绝，通过率接近 0，这种情况在 2022 年出现了改变。2022 年 3 月，瑞典政府宣布采纳欧盟委员会提出的《临时保护法令》，为乌克兰难民提供庇护和社会福利支持。

专 题 报 告

Special Reports

B . 13
移民与"欧洲化"

刘齐生*

摘　要： 在欧盟推动的"欧洲化"进程中，人员自由迁徙和流动是核心，也是欧盟成员国进一步深度融合的深水区。一直以来，欧盟通过各种条约较好地解决了成员国之间人员自由流动问题，但近年来在外部难民和其他非常规移民的压力下，始终无法解决移民问题上成员国主权让渡的问题。另外，新冠疫情也在一定程度上阻断了人员的流动。2021年欧盟继续推动"移民和难民一揽子新方案"，以改革和弥补之前各项条约的漏洞。目前各项政策正在制定，但是保障该方案得以执行的团结机制尚不明确，"欧洲化"进程依然充满阻力。

关键词： 欧洲化　移民管理　新改革方针

---

* 刘齐生，博士，广东外语外贸大学西方语言文化学院教授、博士生导师，主要从事社会语言学、区域国别研究。

最新数据证实，新冠疫情对 2020 年和 2021 年的移民流动产生了重大影响。与 2019 年相比，2020 年和 2021 年进入欧盟国家的各类难民和移民数量都有所减少。数据显示，2020 年欧盟国家人口减少了约 30 万，部分原因是净移民人数减少，但也由于疫情而致使死亡人数增加。从移民情况来看，此前欧盟通过大量资金投入与土耳其和利比亚等国家和地区势力的合作继续发挥效力，地中海和巴尔干两条传统入欧线路基本被阻断。但历史表明，移民人数在某个时期的减少都是暂时的，与 2020 年相比，欧盟 2021 年移民人数又有所增长，特别是自 2021 年 8 月始，以叙利亚难民为主的中东地区难民取道白俄罗斯进入欧盟成员国波兰和立陶宛，开辟了第三条难民入欧线路，给波立两国边境管控带来巨大压力。2021 年末，更有成千上万的难民源源不断向白-欧边境进发，在不少地方破坏边境围栏强行进入波兰和立陶宛这两个欧盟外边境国家。该两国派遣大批军队管控边境，坚拒难民于境外。在难民涌入最高潮期间，波兰甚至在边境地区部署了 1.2 万名士兵，立陶宛也派遣约 1200 名士兵协助解决难民问题。一时间，波兰与白俄罗斯边境的难民潮报道占据了欧洲各大媒体，对"2021 年难民危机"的恐慌在欧盟内部飙升[1]。

欧洲第三条难民线路问题再次引起全欧震荡，欧盟成员国之间又龃龉不断。这说明，尽管欧洲经历了 2015 年第二次世界大战后最严重的难民危机，但是欧盟在移民和难民政策上面临的重大挑战并未消除。欧盟一方面要确保履行在"日内瓦难民公约"的框架内承诺的保护难民的国际和国际法律责任；另一方面要团结所有成员国共同管理移民和难民的迁徙和融入。移民和难民事涉民族国家核心主权，稍有风吹草动，便可在欧洲掀起波澜。回顾欧洲一体化历史，几乎没有任何其他话题能像"难民危机"那样在欧盟和各成员国之间引起激烈论争。尽管欧盟成员国不喜欢"布鲁塞尔"在移民和难民问题上指手画脚，也不轻易让渡主权由"布鲁塞尔"决定是否接纳来自第三国的寻求庇护者，但又囿于内部统一市场和政治一体化发展，以及欧洲民众普遍

---

① 《400 万难民正对欧盟虎视眈眈》，环球网，2021 年 11 月 15 日，https：//news. sina. com. cn/w/2021-11-15/doc-iktzqtyu7327538. shtml。

向往的"欧洲化"所带来的富裕、福利、共同价值和相互认同,成员国必须在移民和难民问题上达成一致,以全面实现欧盟成员国认同的"欧洲化"。

一 欧洲一体化移民政策历史进程

20世纪90年代,移民和难民问题渐已成为全球挑战,欧盟被迫开始制定政策,并运用相关工具做出"欧洲式"应对,建立"欧盟共同庇护体系"(CEAS)成为欧盟的目标和指导原则。在该系统框架下,欧盟制订了延续至今的"五年计划",针对移民问题通过了一系列指令和法规,共同体国家的庇护和移民政策逐渐协调和统一,移民管理上也日趋一体化。

移民和庇护真正成为所谓的欧洲问题始于20世纪80年代欧盟主导的取消欧洲国家内边境管制的计划。1985年,德法及比荷卢五国签署《申根协定》,一致同意加强在移民、庇护和签证政策等方面的密切合作,并取消相互间边境管制,该步骤标志着欧洲移民领域一体化的开端,由申根国家签发的签证成为整个申根地区国家间自由活动的"通行证"。虽然最初只有少数几个国家参加,但它开启了被称为"有区别的一体化"或"不同速度的欧洲"的渐进式"欧洲化"范例。这种先在达成共识的国家中实验,在小范围内积攒足够的合作经验,另待事物发展成熟、其他国家打消顾虑的情况下再在更大范围内推进一体化进程的方式,让"欧洲化"发展更稳、更有效。目前,已有26个欧洲国家加入了《申根协定》,申根合作从欧盟内扩大到了列支敦士登、挪威和瑞士等非欧盟成员国。《申根协定》开创的欧盟成员国在人员流动方面的合作不仅促进了欧盟一体化进程,也促进了包括深层次价值认同的、覆盖几乎所有欧洲国家的"欧洲化"进程,其政治意义不可小觑。

如果说《申根协定》走出了欧洲国家通过人员自由迁移实现"欧洲化"的关键一步,则接踵而来的《都柏林公约》(1990年)是将原本纯粹由主权国家管辖的庇护政策让渡给欧盟共同体的更深入的"欧洲化"举措。随着1993年《马斯特里赫特条约》的签署,先前关于庇护问题的政府间合作也被正式纳入欧盟体制框架。除欧盟理事会作为决策机构参与之外，欧盟委员会同样被授予移民管理决策权限，欧洲议会也介入到相关议题的辩论。1999 年，欧盟成员国又签署了《阿姆斯特丹条约》，该条约赋予了欧盟机构新的移民管理权力，欧盟已经可以在一个特定的体制机制下就庇护问题进行立法。该条约还设定了一个五年过渡期，在这一过渡期内，欧盟委员会和成员国享有共同提议权，欧盟理事会在与欧盟议会协商后可以共同做出决定。而且该条约还赋予欧洲法院一定的管辖权。2005 年，欧盟正式在移民领域启动实施普通立法程序。

1999 年 10 月欧盟又通过了坦佩雷方案。欧洲理事会决定，欧盟共同庇护体系将分两个阶段实施。在最初阶段先采用共同的最低标准，最终的目标是确定全欧盟在庇护方面实施共同的政策和执行统一的程序。这一"欧洲化"进程在《阿姆斯特丹条约》中得到进一步确证。欧盟试图通过该条约把欧洲建成一个"自由、安全和正义的区域"。该条约规定，所有缔约国都应担负起责任，共同处理与移民相关的问题，特别是实行共同的庇护、移民和签证政策。按照条约，欧洲国家正式废除了内边境管制，一个人员、货物以及资本和服务自由流动的单一市场产生了，并因此引发了欧洲更深入的"欧洲化"变革。①

1999~2004 年是欧盟共同庇护体系实施的"第一阶段"，在该阶段欧盟确立了负责审查庇护申请的成员国的标准和机制，其中包括用于储存和比较指纹数据的欧洲寻求庇护者指纹系统（Eurodac 数据库）。还制定了成员国在接收寻求庇护者方面必须遵守的共同最低标准，国际保护的资格标准和保护类型，以及给予和撤销难民地位的程序。同时一系列立法规范了在大规模涌入的情况下给予临时保护的问题，以取代《都柏林公约》。

2004 年 11 月，欧盟通过海牙方案，并呼吁成员国在 2010 年底前通过欧盟共同庇护体系第二阶段的文书和措施，欧盟委员会强调，欧盟有雄心超越最低标准，制定一个由共同保障和保护受益人的统一地位组成的欧盟单一

---

① 刘齐生、毛国民：《欧洲各国移民历史、文化与治理》，人民出版社，2019。

庇护程序。2009 年 12 月生效的《里斯本条约》正式确立了全欧盟具有统一地位和程序的共同庇护体系。①

随着欧盟成员国间内边境的取消，欧盟加强了外边境的一体化管理体系，成立了边境管理机构欧盟边防局（Frontex），并同时设立了欧洲庇护支持办公室（EASO）。该两个机构是欧盟庇护和移民政策进一步"欧洲化"的工具，也同时为欧盟阻绝难民进入欧洲发挥了重要的作用。但伴随着欧盟边防局的设立，长期难以解决的难民问题从原本由各国独自管理的问题变成了欧盟的问题，矛盾的焦点也由此转向欧盟。多个媒体和调查报告对欧盟边防局的行为进行了批评，例如指责欧盟边防局在地中海的行动实质上是一种非法"推回"的行为，和利比亚海岸警卫队的合作造成了利比亚境内难民营人道主义灾难。甚至有人认为，欧盟边防局的成立标志着"欧洲堡垒"的形成，并将亚非难民变成了入侵者。②

二 难民危机与"欧洲化"进程危机

虽然欧盟成员国在移民领域一体化取得了成功，特别是打通了成员国之间人员流动的壁垒，但是在处理庇护和非常规移民方面，欧盟一直未能找到更好的处理办法。欧盟当前的庇护体系以"日内瓦难民公约"为基础，在各成员国让渡主权的前提下建成，其基础文件是《都柏林公约》。后续的《里斯本条约》在庇护方面的条款完全吸纳了《都柏林公约》的精神，即成员国愿意授予受到政治迫害的难民庇护权，但与此同时按照申根协定把欧盟视为一个整体，特别强调维护共同外边界的重要性。不过，由于《都柏林公约》针对的是个体的政治避难情况，而《申根协定》规范的是正式合法的迁移活动，所以面对大批的、以逃难形式涌入欧洲的"难民"或者"非

---

① "Europäische Migrationspolitik," https：//www.consilium.europa.eu/de/policies/eu-migration-policy/.

② "Hintergrundwissen：Frontex," https：//www.demokratiezentrum.org/wp-content/uploads/2021/09/MoT_ Factsheet_ Frontex_ 2020.pdf.

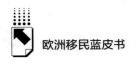

常规移民"，这两个条约都捉襟见肘。

《都柏林公约》中的"谁发签证谁负责，难民首次进入的国家负责"的"都柏林体系"虽说是欧盟庇护体系的核心原则，但也是目前各方争论的焦点。[①] 该公约最终被纳入"欧盟共同庇护体系"，意图确保欧盟国家向寻求保护的难民提供基本的法律保障，又同时实现全欧范围内的难民管理。但2015 年的"难民危机"呈现的现实是，外边界国家根本无法阻挡难民的持续涌入，也无法解决滞留在境内的难民，更无法阻挡他们北上。而非外边界国家则与边境国家在《都柏林公约》上相持不下。非外边界国家主张边境国家应当对到达其境内的难民承担责任，而不能任其跨越边境进入邻国。在遣返政策方面，外边界以外的成员国根据《都柏林公约》，主张将进入本国的难民送回第一次入境国，并在大量难民涌入的情况下对同样为"申根国家"的外边境国家实施边境控制，恢复陆地和机场的边界检查，甚至个别国家还在难民危机爆发时建起阻挡难民进入本国的铁丝网。欧盟虽针对滞留在边境国的大量难民和移民进行过多轮协商，但终因各方各执一词，一直无法达成协议。

除了"都柏林体系"在欧盟没有任何松动的迹象外，难民配额问题也完全不可能解决。2015 年 9 月，欧盟决定建立一个配额机制，更好地在成员国之间分配难民。欧盟委员会方案得到 28 个国家的认可，首批 12 万名寻求庇护者被分配下去。这一机制主要是为了缓解处于难民危机前沿的希腊和意大利两国的压力，但是一些东欧国家拒绝配额机制，比如捷克和斯洛伐克，而其他国家的执行意愿也不明显，如波兰，或者力度不够，如法国，使得"配额制"从一开始就难以顺利实施。

欧盟原计划在全欧洲迁移 16 万难民，在与土耳其达成协议后，2016 年3 月数字下调至 10 万。但根据国际特赦组织的资料，成员国仅完成了原定目标的 28.7%，实现了 4.6 万人的迁移。[②] 从始至终，某些国家就明确反对

① 刘齐生、毛国民：《欧洲各国移民历史、文化与治理》，人民出版社，2020，第 35 页。

② "UE：la fin des quotas de répartition de réfugiés entre les Etats membres," September 26, 2017, http://www.rfi.fr/emission/20170926-union-europeenne-point-politique-relocalisation-migrants.

强制性配额，如波兰、捷克、匈牙利、罗马尼亚和斯洛伐克等。匈牙利和斯洛伐克甚至向国际电联法院提出上诉以避免担负接受难民的责任，但是他们的申请在 2017 年 9 月初遭到拒绝。斯洛伐克被迫接受了 902 名寻求庇护者中的 16 名，捷克接受了 2691 个配额当中的 12 人。欧盟的其他成员国中，马耳他是唯一欢迎所有"搬迁者"的国家，挪威自愿参与该计划，并实现了目标，芬兰完成了 94% 的接待配额，爱尔兰完成了 76.5%。德国接受的难民配额最多，但是总理默克尔也提出要严格审查难民身份。法国的情况有些特殊，政府承诺欢迎 3 万难民，但事实上只完成了约 4000 人的迁移计划，欧盟委员会因此将法国列为"应紧急加速转移"的国家。法国虽然表示将保持"接待"难民的传统，但欧盟其他国家对法国的言行不一深表怀疑。

显然，欧盟各国对"配额制"的意见并不统一，反对的声音一直都存在并干扰着"迁移策略"的实施。欧盟委员会主席容克（Jean - Claude Juncker）赞成"配额制"的强制性，但这样的提议似乎是对欧盟各国的一场宣战。匈牙利总理欧尔班认为这是"疯狂的主意"。即使是意大利，在明显"受益"的形势下，政府仍然希望这一原则能基于"自愿"的原则执行。法国国内对这一策略的态度也不一致，在"配额制"提出的时候，法国政府立刻表示支持，而后右派政党却抗拒该原则。"配额制"是根据各国的国内生产总值、人口、失业率和已安置难民数量等指标来决定配额人数。法国虽然是欧盟的核心成员，同时也是欧洲经济相对发达和人口数量较多的国家，但近年来失业率一直高达 10% 左右，难民失业率更高，且恐怖袭击盛行，因为历史原因而造成的难民数量庞大，因此，法国民众有相当一部分是不赞成接待难民的。作为欧盟的主要成员国，德国、法国、英国①、瑞典、比利时、意大利六个国家承担了欧盟 80% 的难民接待配额，而难民政策也成为影响这些国家政局的关键因素。

以上情况表明，虽说各国在签署了《申根协定》后，表面上已将边境

---

① 英国已于 2020 年 1 月 31 日正式退出欧盟。

管辖让渡给了欧盟，但实际上主权依然牢牢控制在各国政府手中，欧盟机构在"非常规移民"政策上的能力有限，而欧盟各成员国鉴于自己的利益，一方面愿意维护欧盟的团结，另一方面又在承担接收的责任问题上无法达成一致。

2018年6月29日在欧盟各国政府都面临空前的国内压力以及持续不断的地中海"非常规移民"冲击之下，欧盟成员国首脑在布鲁塞尔终于达成一致，强化对"非常规移民"的管制。其一，根据自愿原则在欧盟建立封闭式接收站，并由收容营分配难民到愿意接收他们的国家；其二，寻求在北非建立收容营，并尽可能地在北非海岸堵截"非常规移民"，以控制他们通过非法途径进入欧洲。这一举措说明，"欧洲化"的实现其实是建立在"欧洲堡垒"的基础上的。也正是出于该考虑，欧盟在2020年推出了"移民和难民一揽子新方案"（New Pact on Migration and Asylum）。[①]

三　欧盟"一揽子新方案"与"欧洲化"进程

如上所述，欧盟共同庇护体系为所有寻求庇护者的待遇和所有庇护申请的处理制定了欧盟范围的最低标准。移民危机凸显了欧盟庇护法改革的必要性。当前规则下，寻求庇护者在整个欧盟受到的待遇实际上不平等，积极庇护决定的占比在各国间有很大差异。这导致寻求庇护者在欧洲各地旅行，并在他们预计最有机会获得国际保护的国家申请庇护。作为欧盟移民和庇护规则更普遍改革的一部分，欧盟委员会于2020年9月23日提出了新的移民和难民一揽子新方案。[②] 该方案规定了一个全面的欧洲移民和庇护管理共同框架，其中包括以下几个立法提案。

第一，用一个新的庇护和移民管理制度取代"都柏林体系"，通过一个

---

① 刘齐生：《欧盟2020年移民和难民治理改革》，载毛国民、刘齐生主编《欧洲移民发展报告（2020）》，社会科学文献出版社，2020，第198~208页。

② 参见毛国民、刘齐生主编《欧洲移民发展报告（2021）》，社会科学文献出版社，2021，第198~209页。

新的团结机制确保在成员国之间更好地分配庇护申请，并确保及时处理申请。目前实行的"都柏林体系"源于1990年，并在2003年和2013年进行了更新。它的作用是决定由一个欧盟成员国负责处理庇护申请。该程序基于几个标准，其中之一是第一个入境国家的标准。在实践中，这意味着少数成员国负责大部分的庇护申请。2015年难民危机凸显了现行制度的局限性，对外部边界成员国造成沉重负担。2020年的立法提案旨在修订《都柏林公约》，制定新的庇护和移民管理条例，在欧盟层面建立全面的治理，以确保更好的管理和政策实施。通过指定一个特定的成员国为唯一负责审查庇护申请的国家，提高庇护管理体系的效率。而新的团结机制则致力于确保成员国之间公平分担责任。该历法提案还旨在阻止滥用欧盟庇护体系的漏洞，防止寻求庇护者在欧盟内部二次流动。

第二，移民和庇护领域发生的危机是不可抗的，因此所采取的措施也是临时的和特殊的。欧盟针对危机情况提出新的管理条例，确定了相应的程序规则，并为应对类似"2015年难民危机"情况迅速启动团结机制做出了规定。新条例适用于非常规第三国国民或无国籍人士大量涌入欧盟国家，其规模和性质可致某成员国庇护、接待或遣返系统无法运作，并会对欧盟共同庇护体系和欧盟移民管理系统的运作产生严重影响的特殊情况。该拟议中的条例还涉及新冠疫情这类不可抗力的情形，以及规定了在危机情况下逃离武装冲突的人授予立即保护地位的条款。

第三，加强欧洲数据库条例，以改善欧洲寻求庇护者指纹系统。Eurodac数据库包含了在欧盟成员国和欧盟联系国登记的所有非法移民和寻求庇护者的指纹。该数据库促进了《都柏林公约》的实施。核实申请人或在某成员国非法居留的人是否曾经在另一成员国申请过庇护。确定申请人以前是否曾被逮捕以非正规方式进入欧洲。决定由哪个成员国负责审查庇护申请。拟议的《欧洲共同体条例》改革的目的是：通过收集更多的数据，如面部图像，改进系统；扩大数据收集范围，如收集非法滞留在欧盟，而又没有申请庇护的第三国国民的数据；简化执法部门对数据库的访问程序；为控制和检测欧盟内部的非法流动提供数据支持。

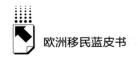

第四，建立一个更加成熟的欧盟庇护机构。2022 年 1 月 19 日，欧盟庇护机构（EUAA）正式取代欧洲庇护支持办公室（EASO）。新机构负责旨在改善欧盟共同庇护体系的运作，并向成员国提供更多的业务和技术支助，确保对庇护申请的审查更加一致。2021 年 12 月 9 日，理事会已经通过将 EASO 转变为一个完全成熟的欧盟机构的条例。这是欧盟移民和难民一揽子新方案提出以来首个获得通过的提案。欧盟认为，这是欧盟庇护和接收程序走向现代化的重要一步。

第五，引入新的强制性入境前检查，包括身份识别、健康和安全检查、打指纹和在数据库中登记。新的筛选条例旨在确保对不符合入境要求而进入欧盟的人进行迅速确认。它适用于以下人员：在欧盟外边境以外申请国际保护的人员，在海上被营救的人员，在逃避外部边境管制后在境内被逮捕的人员等。筛选程序包括身份识别、健康和安全检查、打指纹和在 Eurodac 数据库中登记，筛查期最长五天。

第六，新的欧盟程序修正条例取代《庇护程序指针》。原《庇护程序指针》规定了欧盟成员国在给予和撤销国际保护时必须遵循的程序。修订后的立法提案以原条例为基础，试图通过国际保护共同程序条例取代现有指针。目的是消除对所谓"购买庇护"的激励。新规则将以一个更简单的程序取代目前各成员国间不统一的程序，更好地保护申请人的权利，允许对基于特定理由的申请进行更快审查。修正后的提案还引入了新程序，以便保证更有效地推回。该提案中，庇护和遣返程序将密切结合到一起，所有被拒绝的寻求庇护者会立即得到遣返决定。而针对庇护和遣返决定的上诉必须向同一法院提出，这样就可以确保强有力的司法控制。修订后的《庇护程序条例》为处理非常规移民提供了政策工具，该条例目前正在欧盟理事会审读。

第七，新的法规取代《资格指针》，以协调保护标准和寻求庇护者的权利。该立法提案旨在确保寻求庇护者在所有成员国得到平等对待。新规则草案确定了真正需要国际保护的人的统一标准，规定了他们在所有成员国中的权利。

第八，改革《接待条件指针》，以确保寻求庇护者获得统一的、人性化的接待标准。欧盟委员会已经提出了一个永久性的欧盟重新安置框架。它的目的是取代欧盟内部现有的临时安置计划。欧盟的重新安置框架将为进入欧盟提供合法和安全的途径，从长远来看，减少大量非法入境的风险。建立关于重新安置和基于人道主义理由的接纳的共同规则。为基于人道主义的重新安置和接纳的全球倡议做出贡献。支持收容大量需要国际保护的人的第三国。在新的框架下，理事会根据委员会的提议采取行动，将通过一项为期两年的欧盟计划，以人道主义为由进行重新安置和接收。这项计划将包括拟接纳的最大可承受的总人数和各成员国在这一总数中的各自份额。

第九，建立永久性的欧盟受庇护者重新安置框架。2021 年 9 月 29 日，鉴于 2021 年最新事态发展，欧盟委员会提出推动欧洲议会和理事会就新的移民和庇护方案达成协议。欧盟领导人表示，"从地中海中部的持续压力到阿富汗局势的恶化以及我们东部边界的新压力，所有这些发展都表明我们多么迫切需要一个可行的欧洲庇护和移民框架"。委员会副主席玛格丽特-希纳斯（Margaritis Schinas）在发表一份关于移民和庇护申请的报告时说，一揽子计划中的建议，如果得到通过，可以大大帮助成员国解决他们目前面临的一系列问题。欧盟委员会还提出了一项新的欧盟打击偷渡移民的行动计划，以及一份关于适用制裁雇主的指令的函件。作为移民和难民一揽子新方案中规定的移民综合办法的一部分，这些举措旨在促进可持续和有序的移民管理，防止对移民的有组织剥削，并减少非常规移民。这些举措解决了在瓦解有组织犯罪集团方面的现有挑战，并对新的挑战进行了必要的调整，如针对欧盟与白俄罗斯外部边界的情况。

四 "欧洲化"进程的关键

难民和移民问题不仅造成欧盟成员国意见相左，同时也加深了欧盟的左派和右派、南部和北部、欧盟赞同派和疑欧派之间进一步分裂，"欧洲人比

第二次世界大战后的以往任何时候都更感觉到不安全"。① 有人将这种 2015
年难民危机以来成员国间出现的裂痕及其造成的后果描述为"欧盟分裂前
的阵痛""1989 年东西方弥合后再次分裂的前兆",② 并指出难民和移民问
题"重新唤醒了曾经被认为已经死亡了的欧洲各国的强烈民族主义意识"③。
但是,欧洲人也同时明白,如果没有欧盟,哪个欧洲国家还可以独立于世?
统一、强大的欧盟才是国家生存的根本保障,唯有"团结"才可以维护和
推动"欧洲化"进程。

欧盟各项条约在多处阐述了团结原则,但在持续不断的难民和非常规移
民的冲击下,欧盟的移民政策受到了前所未有的挑战,其团结原则受到了现
实的考验。2015～2021 年,欧盟成员国在难民问题上几乎没有任何团结,成
员国面对危机做出的反应都不与邻国协商,有些部分或完全关闭边界,有些
将问题转嫁给邻国。作为外边界国家,希腊迟迟得不到解决的滞留非常规移
民问题,希腊岛屿上的难民营的灾难性状况虽早已为人所知,但只有燃烧的
难民营的画面和人们的绝望才让人看到欧盟政治上的失败。中东被损毁国家
绝望的难民涌向白波边界,滞留在严寒的森林里,再一次提醒欧盟及其成员
国应本着"欧洲"以及"世界性"的团结精神改善难民的状况。否则,欧
盟作为一个价值共同体,一个致力于人权和人道主义难民法的所谓"规范
力量"是否还有可信度?

欧盟宣称其推出的欧盟"移民和难民一揽子新方案"追求的目标涵盖
多个方面,除了改革"都柏林体系"、加速庇护程序,还要保证所有欧盟国
家对"欧洲团结"的承诺。但欧盟既要找到最佳政治解决方案公正履行欧
盟及其成员国的全球责任,也要维护其标榜的人权和人道主义难民法监护人
的自我形象,并非易事。而且写作契约中的条款往往与其行为不一致,2021
年白波边界危机中,有 12 个欧盟国家呼吁以边境围栏的形式设置更多的
"物理屏障",以更好地保护欧盟的外部边界。可见欧洲用物理屏障封锁领

① Ivan Krastev, *Europadämmerung*, suhrkamp, 2017, p. 13.
② Ivan Krastev, *Europadämmerung*, suhrkamp, 2017, p. 18.
③ Ivan Krastev, *Europadämmerung*, suhrkamp, 2017, p. 16.

土以防止非法移民的意愿正显著增强，在移民政策执行中，禁忌也正逐渐减少，铁丝网、边境围栏等被提上了议事日程，甚至开始执行。就连欧盟理事会主席查尔斯-米歇尔也于 2021 年 11 月在华沙宣称，欧盟完全有可能为"有形壁垒"的费用做出贡献。①

---

① Mauern der „Festung Europa" werden höher，https：//orf. at/stories/3238336/.

B.14
新冠疫情对欧洲移民的阶段性影响评估

Dominique Vidal 姜程淞*

摘　要： 从 2020 年到目前，新冠疫情持续肆虐全球，欧洲各国不仅成为
疫情的重灾区，同时在受疫情的影响下，欧洲内部异质性不断加
深、经济持续下滑。各国移民和难民成为主流社会排斥和暴力攻
击的对象。排外主义、种族主义重新在欧洲盛行。乌克兰危机加
剧了欧洲社会对"他者"的仇恨与歧视。在此背景下的少数族
裔生存状况堪忧。新冠疫情对亚裔群体造成显著的负面影响，尤
其是华人移民群体遭受了不公正的歧视和排斥。

关键词： 新冠疫情　移民　少数族裔　排外主义

2022 年 7 月中旬，欧洲新冠病毒的感染率再次飙升，成为各国的第五、
第六或第七波高峰期。自从疫苗问世以来，死亡率和重症病例数已大幅下
降，感染人群主要是拒绝接种疫苗的人。然而，公共卫生专家认为，疫情远
未结束，在冬季，人们将更多地生活在封闭的空间内，可能导致情况进一步
恶化。

令人惊讶的是，"新冠疫情"已经不再是人们热议的话题，尽管它从未
完全在媒体上消失，欧洲人似乎不再像前两年那样关注它了。自 2022 年 2
月 24 日以来，欧洲人对乌克兰危机的关注度已经取代了对新冠疫情的担忧。
然而，更令人担忧的不仅仅是欧洲的 500 多万乌克兰难民，而是这场危机所

---

* Dominique Vidal，巴黎狄德罗大学（Université Paris Diderot）社会学教授；姜程淞，澳门科技
大学国际关系博士，韶关学院讲师，主要研究方向为国际移民。

导致的购买力下降的经济后果。随着俄罗斯能源供应的限制，欧洲各国的能源成本增加，显然，价格的上涨还将持续。因此，经常开车上班的欧洲人，会因汽油价格上涨而增加生活成本，而当冬季需要取暖时，来自俄罗斯的天然气短缺将不可避免地影响到每个家庭。乌克兰小麦产量的下降，以及收割小麦和运输的困难，已经导致欧洲和世界多地的粮食价格走高。

我们是否应该忽视疫情，更多地关注一场影响世界大国和欧洲国家的冲突？本报告持有不同观点，这就是为什么本报告的目的是概述这一重大健康危机对欧洲移民影响的阶段性评估。过去两年中，已经无数次对这一问题进行的讨论，虽然未能得出明确的结论，但可以为关于目前局势的辨析提供信息。报告第一部分将阐述新冠疫情如何强化欧洲的多样性以及边境重设。第二部分将聚焦疫情中少数族裔的情况，疫情如何给少数族裔带来严重打击，最显著的案例就是亚裔群体和华人移民遭受的歧视和排斥。

一 欧洲面临多样性的考验

新冠疫情加剧了欧洲的多样性。① 事实上，这场危机发生的背景首先是英国"脱欧"，其次是乌克兰危机。基于这样的背景，关于疫情的讨论并没有共同的政策，尤其是对各成员国边境重设问题的讨论。各国民众的反应也不同，公共卫生政策的接受程度也因各国的情况而异。

（一）欧盟内部显著的分歧

要理解新冠疫情对欧洲社会多样性的影响，有必要回顾欧洲的地理位置与政治环境。从地理上讲，除了几个邻近的岛屿之外（爱尔兰、英国、科西嘉岛、撒丁岛和马耳他），欧洲是由同一大陆上的不同国家组成的。它的地理边界，北临北冰洋、西临大西洋、南靠地中海、东边是从达达尼尔海峡

---

① Paulo Vila Maior, Camisão Isabel, *The Pandemic Crisis and the European Union. Covid - 19 and Crisis Management*, New York：Routledge, 2022.

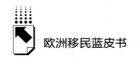

到俄罗斯乌拉尔山脉。按实际地理面积计算，欧洲总面积超过 1000 万平方米，人口超过 7.6 亿。

欧盟作为一个经济政治联盟，是由各成员国让渡一部分主权给这一超国家行为体而组成的。欧盟国家的总面积约 420 万平方公里，人口约 4.47 亿。它是二战后刚刚结束武装冲突的欧洲国家，为了维护战后和平的局面与发展经济而成立。[①] 因此，欧盟应被理解为一个政治和经济的联盟，旨在保护自由民主和市场经济。

然而，由于乌克兰危机，欧洲大陆的紧张局势再次严重威胁到欧盟的政治规划。诚然，在此之前，欧盟从未有过完美的一体化。尽管取得了一些进展，包括欧洲央行的作用和欧元的出现，但成员国之间巨大的经济差异一直限制了共同经济政策的实施。在政治上，各国政府一直不希望放弃自己的特权，尤其是在对外政策领域。因过去殖民的历史，各国政府在行动上有不同的考量。自 2015 年以来，因贫困和战争逃离中东、非洲的移民涌入欧盟国家；自 2022 年 2 月 24 日以来逃离乌克兰的移民也涌入欧盟国家，引起对欧盟的新质疑。各国对这些"新来者"都有不同的反应。虽然德国已经接收了近 100 万难民，但其他国家不愿这样做。首先反对的是匈牙利和波兰，其次是法国，英国更甚。英国于 2020 年正式退出欧盟，实际上是 2016 年 6 月 23 日公投的结果，51.89% 的英国选民支持英国退出其在 1973 年加入的政治和经济联盟。关于继续存在于欧盟还是"脱欧"的辩论很大程度上围绕着移民问题，这一问题引起了一部分民众对生活条件恶化和国家认同危机的担忧。[②] 尽管这是最引人注目的一次，但英国"脱欧"远不是欧盟成员国共同移民政策被削弱的唯一表现，各成员国在这一问题上一直存在争议，因此欧盟一直致力于给予非洲国家政治和经济上的援助，以阻止它们的国民离开本国去往欧洲国家，另外，欧盟成员国在关于难民和寻求庇护者的分配份额和

① Berend，Ivan T.，*The History of European Integration：A New Perspective*，New York：Routledge，2016.

② El-Enany，Nadine，*Bordering Britain. Law，Race and Empire*. Manchester：Manchester University Press，2020.

接收数量上还未达成共识。① 希腊、意大利和西班牙，这三国的移民分别来自阿富汗、叙利亚和非洲，《都柏林公约》要求所有的难民只能在他们第一个到达的申根国家提出庇护申请，无疑对这些国家构成挑战。因此，正是在欧盟成员国关系紧张的背景下，新冠疫情的发生，进一步突显了欧洲内部和外部的边界问题。

（二）国家逻辑回归

很难全面地统计新冠疫情对欧洲社会的影响，因为自危机发生以来，各国的指标和数据收集方法各不相同。例如，一些国家将仅因新冠感染住院的人与因其他原因住院但同时携带新冠病毒的人归为一类。相反，另一些国家试图区分这两类人群。同时，关于这些分类形式的讨论并没有离开政治上的争论，就像统计失业或犯罪趋势的数据时经常发生的情况一样。新冠疫情趋势显示，大多数国家政府强调根据具体情况改变策略，在形势恶化的时候采取限制性措施（居家、戴口罩、需要持接种疫苗的证书进入某些地点等）。反之，也有部分国家政府从复苏经济的视角主张增加社会的流动性。仅以法国为例，在 2022 年 4 月总统选举前几周，限制措施就放松了，当时病毒仍在广泛传播，同年 7 月，感染人数急剧攀升，新一届政府仍在犹豫是否要再次强调在封闭的场所佩戴口罩，因为担忧这会在暑假期间引发新一轮的不满浪潮。

事实上，无论在哪个国家实施何种卫生政策，从感染人数、住院人数以及死亡病例可以看出，欧洲社会是世界上受疫情影响最广的地区之一。按人口数量计算的因新冠感染死亡人数最多的 20 个国家中，有 16 个在欧洲大陆，其中 12 个国家位列前 13 名。基于各国情况差异不同，本报告不可能涉及所有国家，因此，报告描述了四个国家及其各自的方式，反映疫情期间欧洲国家的差异性。

---

① Schmoll，Camille，*Les damnées de la mer*：*femmes et frontières en Méditerranée*，Paris：La Découverte，2022.

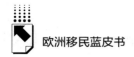

第一个差异性表现在 2020 年初的第一波疫情时新冠病毒席卷不同欧洲国家的时间与状况。意大利是第一个受到严重影响的欧洲国家，在富裕的伦巴第地区，尤其是省府米兰，病例数量最多，没有足够的呼吸机导致医院无法应对。该病毒随后在其他国家广泛传播，尽管不同国家之间存在显著差异。

第二个差异性表现在自疫情开始以来各国卫生政策的多样性。首先，欧洲各国应对新冠疫情的准备各不相同。例如，德国有大量的呼吸器，挽救了许多生命，而西班牙却没有，因此遭受了严重的打击。在 2020 年 3 月和 4 月，法国没有足够的口罩储备，最初由于口罩的短缺，法国政府当局表示戴口罩无效，在口罩库存通过从中国公司大量采购补充后，就开始实施强制佩戴口罩的政策。随后，公众对限制措施的接受程度也因对病毒严重程度的认知而有所不同。我们注意到，意大利人和西班牙人，以及后来的葡萄牙人，更容易接受隔离政策，而瑞典人和法国人对这一问题进行了更多的讨论。

欧洲国家间的第三个差异性是在新冠疫情抵达欧洲大陆近两年半后，每百万名居民的死亡率存在显著差异。前东欧社会主义国家的死亡率比西方国家高很多，他们认为，在很大程度上是由于卫生系统的老化。这种观点与极右翼政治势力普遍传播和操纵的观点相反，西欧与东欧比较显示，移民和难民不应对疫情的传播负责，因为东欧国家很少考虑他们。

欧洲国家间的第四个差异性体现在欧洲国家的经济政策上，那些长期信奉新自由主义的国家（如英国）的与病毒相关的死亡率，远高于那些干预程度较高的国家。

然而，如果说欧盟未采取行动、从未成功也是错误的，欧盟也曾努力协调各成员国应对疫情。① 欧盟首先资助了疫苗的研究，甚至在疫苗问世之前，就确保购买足够的疫苗剂量。欧盟还通过欧洲央行向各国提供了资金支持，以防止它们崩溃，从而促进了经济的复苏，但未能产生预期的效果。它

---

① "Chronologie – les mesures prises par le Conseil face à la COVID – 19," Conseil européen, https：//www. consilium. europa. eu/fr/policies/coronavirus/timeline/.

还组织了许多成员国部长会议，以协调每个成员国的决定，尽管事实往往是国家决定优先于欧盟共同的政策。相反，欧盟在实施疫苗护照方面发挥了非常重要的作用，使相关国家恢复了人员的流动。在外交政策方面，欧盟向没有资源获得这些药物的发展中国家提供了数百万剂的药物。

因此，新冠疫情同时揭示了欧盟的优势和弱点。[①] 一方面，从法律效力和政治的角度来看，在某些情况下，欧盟提供的支持要远远大于单个成员国所能做的。另一方面，在这场健康危机中，成员国也对欧盟某些决定表示了反对。鉴于此，当我们在判断欧盟应对疫情的行动时，应遵循休斯·杜蒙的呼吁，关注到欧盟为了应对这些问题需要面临的挑战。[②]

各国政府凌驾于欧盟之上最明显的迹象无疑是，在新冠疫情最严重时，成员国纷纷重新设立了边界。事实上，当疫情发生时，欧盟不仅禁止或严格限制非欧洲人的进入，欧盟成员国之间的流动性（包括申根地区），也被一些国家的领导人多次禁止。欧盟最重要的政治机构，欧盟委员会（European Commission）于 2021 年 2 月要求德国、比利时、芬兰、瑞典、匈牙利和丹麦解释这些比欧盟规定更加严格的限制，首先针对的就是其禁止入境的限制。欧盟委员会也考虑到了其中可能的被歧视问题。以比利时为例，它受到疫情的严重打击，比利时政府决定禁止所有非必要的旅行，包括往返的行程。可以看出，在严峻的情况下，国家优先的逻辑占了上风。而我们也只能相信，欧盟有能力谨慎地处理，避免发生威胁其分裂的可能性。

无论是欧盟还是其成员国政府，都未能让他们的防疫措施免遭质疑。如果说戴口罩的义务最终被普遍接受了，那么接种疫苗的情况并非如此，可以通过在公共场所和乘坐交通工具时需要出示"健康通行证"的规定证明这一点。因为 2021 年，许多欧洲国家发生了反对接种疫苗和"健康通

---

① Dumont，Hughes，*Le Covid* - 19：*quels défis pour les Etats et l'Union européenne*，Bruxelles：Bruylant，2022.

② Dumont，Hughes，*Le Covid* - 19：*quels défis pour les Etats et l'Union européenne*，Bruxelles：Bruylant，2022.

行证"（乘坐火车和进入咖啡馆和电影院等封闭空间所需的文件）的暴力示威，通常他们的行为得到极右翼势力的支持。对公民自由的限制（特别是禁止集会和某些示威活动）已被废除，以免自由民主的基础受到质疑，即使是暂时的质疑。同样值得注意的是，这些人权协会、维护外国人权利的组织以及反对种族主义的组织也充分强调了疫情期间仇外心理和种族主义行为的增加，尤其是针对亚裔人口的排斥。

此外，因新冠疫情而发生的争议不仅体现在政治和社会领域，还出现在科学领域。首先，在生物医学研究领域，关于制药行业的指责越来越多。其次，在人文和社会科学领域也是如此，一部分人认为限制性措施是政府对人民实施政治控制的一种手段，相反，另一部分人谴责前者的过分行为，并主张根据当地情况采取更有力的措施，以遏制流行病的蔓延。① 社会科学领域争论的焦点之一是弱势群体，尤其是法国移民在防疫政策上的选择。虽然有些人要求以消除不平等的名义将医疗资源集中在这类群体，但另一些人则认为，新冠病毒可能传播给所有人，因此必须采取普遍性措施，但这并不排除对受感染风险较高群体的具体安置措施。

新冠疫情对欧洲的移民流动产生了更广泛的影响。首先，欧洲大陆边界的关闭导致人们的跨国流动更加困难。例如，匈牙利边境的关闭阻止了许多移民从希腊过境到西欧。其结果是，移徙者越来越集中在营地和收容中心，而这些地方在疫情发生前就已经人满为患，在这种情况下想要做到一定的隔离措施是不可能的，反而促进了病毒的传播。欧洲国家并不是唯一关闭边境以防止疫情传播的国家。过境国的情况也是如此，例如摩洛哥，许多非洲移民通过摩洛哥前往西班牙，他们被困在途中，缺乏资源也导致这些移民的健康更无法保证。然而，如果认为移民流动不受边界的影响，那就错了。②据观察，通过海路离境的人数，前往欧洲的北非人（摩洛哥、阿尔及利亚、突尼斯）最多，尤其是前往欧洲的突尼斯人有所增加，因为他

---

① Barbara Stiegler, François Alla, *Santé publique année zéro*, Paris: Gallimard, 2022.

② Mixed Migration Centre, *L'impact de COVID-19 sur les réfugiés et les migrants en mouvement en Afrique du Nord et de l'Ouest*, février 2021.

们国家局势的恶化（政治和/或经济危机）。相反，撒哈拉以南非洲国家的人较少寻求前往欧洲的路径，疫情的发生导致非洲的经济援助减少，而非过境国边界的关闭。除此之外，人们还担心在前往欧洲的途中成为仇外行为的受害者。

新冠疫情不仅对合法和非法移民的流动产生影响，同时这些限制性政策也对其原籍国和移居国的经济产生了影响。对原籍国而言，特别是那些严重依赖汇款的国家，移徙流动的减少对国家资源造成了不利影响。对移居国来说，边境的关闭造成了某些部门的劳动力短缺，特别是在农业、林业和渔业部门。

尽管新冠疫情导致来自非洲、亚洲和中东的移民有所减少，但在乌克兰危机后，欧洲大陆迎来了大量移民。根据联合国的数据，截至 2022 年 7 月 4 日，欧洲有 520 万名乌克兰难民，其中，波兰有 120 万名乌克兰难民，东欧四个国家（匈牙利、摩尔多瓦、罗马尼亚、斯洛伐克）共计 20 万，德国 86.7 万人，捷克 38.2 万人，意大利 14.1 万人以及法国约 10 万人。另外有超过 140 万乌克兰难民居住在俄罗斯的欧洲版图①，一般都是被俄罗斯军队强行转移。起初欧盟接收这些难民的行为引起了人们极大的热情，许多市政当局和家庭表示欢迎来自乌克兰的妇女和儿童（大多数男子被迫留在自己的国家）。然而，不同国家之间存在差异：德国再次证明自己比法国更开放，马克龙（Emmanuel Macron）总统的慷慨演讲与实际给予这些难民的有限资源形成了鲜明对比。

两个重要的事实进一步引起了人们对大量乌克兰难民迅速抵达欧洲的关注。第一个是乌克兰难民享有的团结和融入的待遇，与来自非洲和叙利亚难民遭受的普遍敌意之间存在差异。许多分析人士认为这是种族化的逻辑——甚至是种族主义的表现，这导致白人难民和非白人难民被完全不同

---

① 东临乌拉尔山脉，东南部与哈萨克斯坦接壤，南部与里海和大高加索山脉接壤，西部与乌克兰、白俄罗斯、立陶宛、拉脱维亚、爱沙尼亚和波罗的海接壤，西北部与芬兰接壤，北部与北冰洋接壤。俄罗斯的欧洲部分还包括位于波兰和立陶宛之间的加里宁格勒。

地对待。① 第二个是与西欧相比，俄罗斯周围的前社会主义东欧国家更加团结。这不仅是与乌克兰在地理上、语言上更接近相关，更重要的是，这与乌克兰人对俄罗斯人在苏联时期的记忆有关。然而，没有迹象表明，这种对乌克兰难民的声援将在欧洲持续下去，欧洲大陆遭受了经济严重放缓和购买力下降的打击，最初的慷慨似乎正在减弱，对移民的友好态度在下降，无论他们是早期到达还是最近新到的移民。

二　疫情期间少数族裔的状况

自新冠疫情发生以来，欧洲已经有相当多的数据表明疫情对少数族裔产生了显著影响，这包括移民及其后代（无论他们是否具有欧洲国家国籍或双重国籍）、出于经济原因的过境移民、寻求庇护者以及难民身份的受益人。然而，这些数据提供的是一般性观察结果，而不是针对各国的严格比较。收集数据的方法，尤其是其所使用类别的选择，在欧洲各国之间差别很大。例如，在法国，几乎不可能区分移民和移民后代，因为他们都是法国公民，并且不居住在他们父母的家里，这导致该国的少数族裔被忽视。② 本部分将首先分析关于疫情期间少数族裔的调查研究结果，然后再分析亚裔群体的具体情况，他们通常是仇外和恐华的受害者。

（一）主要调查结果汇总

人们很早就注意到，欧洲缺乏关于新冠疫情对种族化、少数族裔以及移民影响的相关数据。③ 这些群体不仅获得检测和保护设施的机会较少，而且死亡率较高，以及感染造成的后果严重。然而，造成这些后果的具体原因还

---

① Streiff-Fénart, Jocelyne, "Comment les politiques migratoires influencent notre sentiment d'empathie envers les réfugiés," March 25, 2022, https://urmis.hypotheses.org/451.

② Cris Beauchemin, Christelle Hamel, and Patrick Simon, *Trajectoires et origines. Enquête sur la diversité des populations en France*, Paris: Ined Éditions, 2015.

③ Maria Melchior et al., "Migrant Status, Ethnicity and COVID-19: More Accurate European Data Are Greatly Needed," *Clinical Microbiology and Infection*, February 27, 2021, pp. 160-162.

远没有得到准确的评估。这就提出了一个问题：这些差异是由生物性的、文化性的还是社会因素造成的？在此之前，根据现有数据，少数族裔受到疫情的影响更大，因为他们中的大多数人处于社会的底层。在其他条件相同的情况下，少数族裔的感染率和死亡率都更高，实际上可以用他们职业的暴露程度来解释。也就是说，少数族裔较多从事的职业是清洁、商业、护理、警卫、送货等，他们的居住条件通常较拥挤，且他们获得公共卫生资源的机会较少。再以法国为例，仅在2020年，在法国出生的人的死亡率增加了22%，北非移民的死亡率增加了54%，亚洲移民的增加了91%，撒哈拉以南非洲移民的死亡率甚至增加了114%。[①] 当考虑到移民聚集地时，这些差异就更明显了，例如塞纳-圣但尼（la Seine-Saint-Denis），在这个法国最贫穷的地方，有超过30%的人口是在国外出生的，2020年的死亡率比2019年上升了118%。

类似的趋势在欧盟国家更为普遍，少数族裔受到的影响比其他群体的更大。然而，新通过的关于不收集和存储个人数据的规则，导致移民相关数据的收集变得更加困难。自2016年以来，欧盟的《通用数据保护条例》（GDPR）严格限制了根据"族裔和种族出身"对个人进行分类。就法国而言，《宪法》第1条规定，不因出身、种族或宗教而区别个人。

新冠疫情也引发了许多关于数据采集局限性的激烈争论。这恰好呼应了关于是否需根据族裔和种族出身类别收集数据的争论。赞成采用与出身、种族和宗教相关的新统计类别的人，不仅强调了现有少数族裔的信息缺口，还认为这一措施有利于完善针对性的公共和卫生政策，因为现有政策没有充分衡量种族主义和歧视对移民进入劳动力市场、住房和卫生系统的影响。反对引进这类统计类别的人均指出，这一分类的行为存在风险，将会增加少数族裔受侮辱和歧视的风险，因为它们会产生不利影响，成为新冠疫情对移民影响更大的证据，导致移民遭受更多的仇

---

① Maria Melchior et al., "Migrant Status, Ethnicity and COVID-19: More Accurate European Data Are Greatly Needed," *Clinical Microbiology and Infection*, February 27, 2021, pp. 160-162.

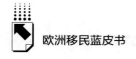

视和种族主义行为。

关于新冠疫情对欧洲影响的研究，强调了疫情和随之而来的经济危机的各种形式。《欧洲社会》（*European Societies*）强调，"欧洲是研究和理解社会与政府多样性以及它们如何受到疫情影响的一个极好的场域"。① 作者坚持认为，这一流行病加剧了现有的社会差异，尤其是对移民的歧视，移民经常被怀疑是新冠疫情的传播媒介。诚然，一些国家已经采取措施，避免他们被边缘化。居留许可证期限的自动延长，防止了许多人转入地下，并使他们能够接受治疗，不必冒因非法居留而被捕的风险。许多非政府组织还设立了卫生设施，向突然失业的移民分发粮食，并监测他们的健康状况。然而，正如我们所看到的，这一流行病对少数族裔的影响远远大于对主流群体的影响，特别是对最贫穷的移民群体的影响，以及那些与社区联系较少的群体。少数族裔，无论是欧洲公民还是最近移民到欧洲大陆的人，都受到失业和收入下降的双重打击。

此外，德国的一项研究清楚地表明，这一流行病使被迫性移民处于非常脆弱的地位。② 尽管德国政府的迅速反应和良好的医疗设备呼吸机，使该国与疫情相关的死亡率低于邻国，但移民受到的影响仍然明显大于其他群体。2015 年，德国同意接收近 100 万叙利亚难民，这与不愿看到以穆斯林为主的人口在他们的国家长期定居的其他欧盟国家不同。在疫情发生前，穆斯林移民融入德国社会并非没有困难。文化冲击和语言是现实的障碍，还有关于伊斯兰激进化的报道。然而，尽管对移民充满敌意的右翼选票增加，穆斯林移民也在逐渐地融入德国社会。根据社会学家乌尔里希·贝克（Ulrich Beck）的说法，经济的恶化将使移民的社会处境更加脆弱，他强调了当代

---

① M. Grasso et al., "The Impact of the Coronavirus Crisis on European Societies. What Have We Learnt and Where Do We Go from Here? -Introduction to the COVID Volume," *European Societies* 23（2021）：2-32.

② M. Falkenhain et al., "Setback in Labour Market Integration Due to the Covid-19 Crisis? An Explorative Insight on Forced Migrants' Vulnerability in Germany," *European Societies* 23（2021）：448-463.

社会的风险和不确定性对个人的影响。① 失业、无法接受职业培训以及恶劣的居住环境，直接导致这些难民处于不确定的境地。德国的研究强调了脆弱性的两个方面。第一个维度是脆弱性的主观维度，它经常表现为一种被抛弃和自食其力的感觉，无法依靠他人的支持和认可。第二个维度是结构方面，表现为难以适应劳动力市场和语言课程，这是移民在移居国充分参与的基本要素。确实，许多接受采访的移民表示，他们缺乏德国社会的承认，因为德国不承认他们为防疫所做的贡献，对他们的歧视程度也高。许多家庭也受到远程教育的影响，他们的孩子比德国孩子更难接受远程教育，这既是由于语言困难，也是与居住条件和电子设备相关的技术性问题。然而，根据他们的个人情况，并非所有难民都面临同等程度的脆弱性。那些没有家庭负担，或者已经具有高学历并掌握了德语的外来者，所受的影响远不如那些被困于家庭、不得不和孩子们长期待在一起、既不能工作也不能接受职业培训的人。值得注意的是，疫情对少数族裔的负面影响，更普遍地影响到迄今为止被认为已充分融入劳动力市场和欧洲社会的移民。这尤其适用于亚裔移民或具有亚裔特征的群体。

（二）亚裔群体的反排外主义运动

排外主义和种族主义对亚裔移民的影响尤其大，无论他们是否成为欧洲国家的公民，仅仅是因为他们的亚裔血统表征。具体而言，移民在日常生活中遭受到不同形式的敌意。

在欧洲，这种反亚裔的排外情绪与欧洲殖民、后殖民历史的陈旧思想相关，尤其是与曾经作为殖民列强的英国和法国密切相关。② 一个法国研究团队用定量和定性研究，阐述了新冠疫情对在法华裔人口的破坏性影响。③ 该

---

① Beck，Ulrich，*Risk Society*，*Towards a New Modernity*，London：Sage，2021.

② S. Wang，F. Madrisotti，"Le racisme anti‐asiatique au temps de la pandémie de Covid‐19：vécus，énonciations et lutes，" *Politika*，2021，https：//www. politika. io/fr.

③ S. Wang，F. Madrisotti，"Le racisme anti‐asiatique au temps de la pandémie de Covid‐19：vécus，énonciations et lutes，" *Politika*，2021，https：//www. politika. io/fr.

团队关注了各种形式的反亚裔种族主义行为，特别是针对拥有法国国籍的华裔移民后代、未入籍和已入籍的华裔新移民。在新冠疫情之前，这些华人群体就已经遭受了偏见，有时是明显的种族偏见。根据他们在法国社会中的不同地位，受到不同的影响。虽然对最近新到这里的人来说，种族主义的遭遇更为艰难，但他们认为自己受到的歧视比北非的移民要少。

在法国和其他国家，为避免成为仇外或种族主义行为的受害者，华人和华裔法国人采取了积极的行动。包括法国华人青年协会（AJCF）在内的多个协会成功地动员起来对抗仇恨言论的有害影响，特别是与主要的反种族主义协会建立了联系。这并不是华人社团和华裔法国人第一次成功让媒体和公众注意到他们在巴黎所遭受的侵害。在疫情发生前，他们已经组织过多次的抗议活动，要求采取措施保护亚裔群体，尤其是对刚到的华人，避免他们遭受抢劫和暴力。更确切地说，这也是为了让在法国的华人更积极地参与和融入法国政治。[1] 从这一视角来看，无论因为新冠疫情导致的种族主义，抑或仇外心理对欧洲华人造成了何种不良后果，同时也促使他们组织起来捍卫和维护自身的权利。

此外，疫情还导致服装批发行业发生了重大变化，在巴黎地区，华人移民及其后代占据了主导地位。[2] 除了许多服装店为刚到的华人移民提供工作之外，华人移民及其后代还向法国零售商出售大量服装，这些服装主要由巴黎及其郊区制造或从中国进口。在疫情期间，商店被封锁并设置限制性的接触，改变了原有的商业模式和习惯。疫情前，零售商需要仔细查看他们将要批发的衣物；疫情后，他们不得不改变采购的方式。电子科技在服装行业中发挥了重要作用。他们利用所掌握的电子科技技能，将衣服放置在网上售卖，虽然销量有所减少，但至少客户群没有丢失。华人批发商以往门庭若市

---

① Chen Ken, "Les associations chinoises," *Hommes & migrations* 1314 (2016)：35-42.

② Guiheux, Gilles, "Trust in Business in Times of Covid-19. The Case of the Aubervilliers Garment Product Wholesale Market," *in Khung Eng Kuah et al.*, *eds.*, *Covid*-19 *Responses of Local Communities around the World. Exploring Trust in the Context of Risk and Fear*, Londres：Routledge，2022.

的景象已被网络销售取代了。法国华人移民之间的差异日益明显，与其说是代际和社区冲突引起的，不如说是法国华裔、华人批发商与华人零售商之间商业信任的作用。因此，新冠疫情也在某种程度上助力商业交易中的信任建立，从而促进了部分华人的融合。

然而，在法国，这场疫情并没有提高亚裔少数群体的融合意愿。正如我们所看到的，它在 2020 年还揭开了少数群体和多数群体之间的裂痕，也如一项研究显示的那样，亚裔群体本身也出现了裂痕。① 尽管存在反亚裔的排外和恐华情绪，但总体上，华人移民后代对法国的归属感要强于对中国的归属感，这与刚到法国甚至长期居住在法国的华人移民不同。反亚裔的种族主义并没有致使一个更统一的华人社区产生，尽管它使华人的族群认同较以往更强烈。因此，在法国觉得自己是华人并不意味着自己比法国人更像中国人、更具有中国元素，对哪个国家的归属感会因代际、环境以及个人情况的不同而不同。

由于新冠疫情尚未结束，要对法国华人移民的影响得出明确结论还为时过早，在这方面还需要进一步研究。然而，可以肯定的是，到 2022 年 7 月，亚裔少数群体，无论是否与中国有联系，已经不再像 2020 年 3 月那样引起敌意。

三　结论与讨论

有两种路径可以思考新冠疫情对欧洲移民的影响。第一种是将疫情视为一个临界点，用以区分之前与之后的移民状况的不同。虽然从总体上看，此次疫情的确表明，移民、少数族裔较之主流群体更易遭受严重影响，这点可以从死亡率、获得医疗资源的机会、排外主义、种族主义以及劳动力市场等方面悉知。但事实是，这些情况在新冠疫情出现之前就已经存在了。第二种更合适的方式是将疫情作为一种分析工具，它揭示了欧洲作为一个地缘政治

---

① Isabelle Attané et al. , "Immigrés et descendants d'immigrés face à l'épidémie de Covid-19 en France: des appartenances malmenées," *Critique Internationale* n°91 (2021): 137-159.

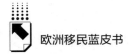
行为体的某些特征。因此，我们看到了根据难民的来源地和地缘政治背景，对大量涌入欧洲的难民所做的不同评估。人们还注意到，疫情并未对所有的移民产生相同的影响，在法国从事服装贸易的华人，就能够迅速地适应。

从政治视角来看，无论是难民移民问题，还是疫情的防控措施，欧盟共同立场的建立都更加困难。新冠疫情在欧洲的出现，导致反亚裔的排外主义和恐华情绪出现。人们还记得反对欧洲各国防疫政策的示威活动，即使医学界对他们的建议（疫苗接种和"健康通行证"）达成了广泛共识，这也可能会影响欧洲国家的自由民主。虽然宪法保障言论和示威自由，允许批评政策决定，但在某些情况下，这也可能导致那些受法律和社会保护较弱的群体受到侵害，特别是移民和少数族裔。

在这个阶段，只能进行临时性或阶段性的评估。要充分了解疫情对移民和少数族裔的影响，不仅需要等待疫情结束，还需了解关于受影响群体的最新研究结果和政策措施等。

B.15
新冠疫情冲击对欧盟经济与移民
政策的影响评估[*]

程永林　陈宇柠　张如月[**]

摘　要： 当前，伴随新冠疫情的持续蔓延，国际形势错综复杂、高频动荡，欧盟在公共卫生治理、宏观经济与移民政策等领域迎来深刻挑战与变革。宏观经济层面，欧盟经济经历严重冲击后短暂反弹，再次面临经济恢复动力不足、经济增速放缓、国内失业率大幅上升、出口增长乏力、社会不平等加剧等问题。叠加乌克兰危机的影响，欧盟经济复苏道阻且长。公共卫生治理层面，欧盟国家积极开展疫苗研发、接种工作和跨国防疫合作，但仍需在中长期内应对疫情反复的风险。移民治理层面，囿于疫情下人员跨境流通受阻，流入欧盟的国际移民数量骤减，引发社会劳动力短缺问题再次凸显。

关键词： 新冠疫情　公共卫生治理　欧盟经济　移民政策

2020年以来，全球动荡与世纪疫情交织，欧盟卫生、经济与社会等多方面秩序遭受严重冲击。根据世界卫生组织的统计，截至2022年3月7日，

---
[*] 本报告为国家社会科学基金重大项目"积极参与全球经济治理体系改革研究"（项目号：21ZDA097）、广东省外事办公室委托课题"中欧投资协定与粤港澳大湾区高水平对外开放研究"的阶段性成果。

[**] 程永林，广东外语外贸大学广东国际战略研究院教授，研究方向为国际金融、宏观经济政策、移民政策的经济效应；陈宇柠，广东外语外贸大学广东国际战略研究院硕士研究生；张如月（通讯作者），广东外语外贸大学广东国际战略研究院硕士研究生。

欧盟（27 国，不包括英国）新冠累计感染病例高达 108731080 例，其中累计死亡 6856175 人。① 尤其是 2021 年 10 月中旬以来，由于德尔塔和奥密克戎变异病毒的蔓延，欧盟国家新增病例数呈现上升趋势，成为全球疫情快速上升的重灾区之一，并被世界卫生组织评定为处于疫情的"震中"，疫情形势极度严峻，社会经济压力陡然上升。新冠疫情广泛传播叠加英国脱欧和乌克兰危机的多重影响，欧盟经济增速进一步放缓，人口老龄化问题日趋严重，政府赤字高企等问题被进一步放大，多重挑战接踵而至。

一 疫情冲击下的欧盟宏观经济

新冠疫情对欧盟的影响和破坏远不止于公共卫生领域，还进一步影响着欧盟经济发展。面对疫情对生命的威胁与负担过重的护理设施，欧盟各国早期的防疫措施主要以限制人员货物出入境、降低人员与货物的流动性等措施为主，旨在减少传播并拉平感染曲线，但严格的限制措施也使得其内部生产活动大大受限，加之高度互联的外部经济环境不景气、全球需求整体疲软，以出口为导向的欧盟经济体陷入内外交困之中。

（一）国内生产总值

2020 年，第一波新冠疫情蔓延至欧洲，欧盟国家随之开始了第一阶段严格的封锁措施与社会疏离，导致 2020 年第一、第二季度欧元区经济衰退严重，经季节调整后实际国内生产总值（以下简称 GDP）创下近 25 年以来的最大跌幅。随着欧盟国家在 2020 年 6 月的第一波病例数量增长放缓，疫情得到初步控制，2020 年 6 月的第一波病例数量增长放缓，大多数欧盟国家放宽限制、着手恢复经济、提升流动性。受此影响，欧盟 2020 年第三季度至 2021 年第二季度经济活动快速恢复，仅在 2020 年第四季度经济稍有下滑（见图 1）。

---

① "Coronavirus Disease （COVID－19）Dashboard," WHO, March 7, 2022, https://covid19. who. int/.

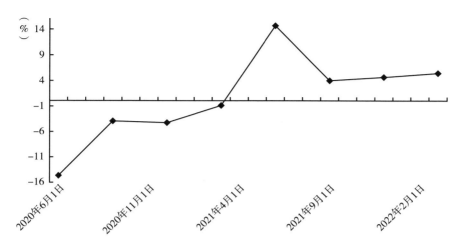

图1　2020年6月~2022年2月欧盟（不包括英国）实际GDP同比增速

资料来源：CEIC数据库，https：//77726476706e69737468656265737421f9f9529520387c433 00b8ca59b512221f0d6a6f06d/Untitled-insight/views。

　　其中反弹最快的部门是制造业，信息服务公司埃信华迈（IHS Markit）发布的欧盟制造业采购经理人指数（PMI）显示，制造业部门率先于2020年第三季度由欧元区两大经济体德国和法国引领复苏，经季节性调整的欧盟制造业PMI指数从2020年9月的53.7，快速攀升至2021年6月的63.4（见图2），创下有记录以来的最高水平。尽管制造业生产在2021年3月已恢复到新冠疫情前的水平，但欧盟各行业整体经济复苏态势并不平衡。例如，欧盟服务业仍未走出困境，服务业依存度较高的国家（如克罗地亚、意大利、黑山、西班牙）复苏相对滞后。由于商业活动的限制，欧盟服务业PMI于2020年11月创下新低后才开始逐步反弹。经过2021年第一、第二季度的追赶，在2021年7月达到2014年9月以来的新高，与制造业PMI的差距进一步缩小。

　　2021年第三季度初至2021年底，新冠病毒变异株德尔塔、奥密克戎接连席卷欧洲大陆，各国防控措施再次收紧导致劳动力供应不足，使得2021年第三季度欧元区实际GDP同比增速从第二季度的14.7%放缓至4.0%，第四季度稍有回升至4.7%，足以看出变异毒株的再次侵袭对欧盟国家经济复

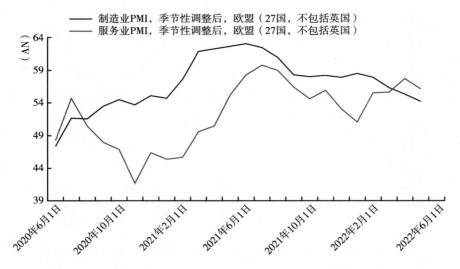

图 2　2020~2022 年欧盟（27 国，不包括英国）制造业 PMI 与服务业 PMI

资料来源：CEIC 数据库，https://77726476706e6973746468656265737421f9f9529520387c433 00b8ca59b512221f0d6a6f06d/Untitled-insight/views。

苏造成了严重的负面影响。

从制造行业来看，2021 年第四季度，IHS 制造业 PMI 总体呈下行趋势。2021 年 12 月季调后的制造业 PMI，从 11 月的 58.4 降至 57.9，触及 2021 年 2 月以来新低，且低于 2021 年 6 月的峰值水平 63.1。另外，世界银行 2022 年 1 月发布的《全球经济展望》报告中提到，[①] 与 2021 年 6 月披露的预测数据相比，考虑到新冠疫情带来的长期持续性负面影响、财政支持减弱以及供应链等问题后，世界银行将欧元区 2022 年和 2023 年的经济增速预期分别下调 20 个和 30 个基点至 4.2% 和 2.1%。

（二）失业率

根据欧盟统计局发布的有关数据，2020 年 3 月失业率（季节性调整后）

---

① "Global Economic Prospects, January 2022," World Bank, January, 2022, https://openknowledge. worldbank. org/handle/10986/36519.

创下 7.1% 的历史新低。① 但新冠疫情危机对欧元区经济造成了前所未有的沉重打击，疫情防控措施持续收紧给营商环境、就业以及劳动力市场带来严峻挑战。部分企业被迫收缩业务并进行人员架构调整，将雇员调为兼职或短期工，甚至有企业完全停工并遣散所有员工。受此影响，欧盟 2020 年 9 月失业率迅速上升至 7.8%（见图 3），随着欧盟经济不断复苏，整个 2021 年欧元区失业率一直呈下降趋势。

图 3　2019～2021 年欧盟（27 国，不包括英国）失业率

资料来源：CEIC 数据库，https：//77726476706e6973746468656265737421f9f9529520387c433 00b8ca59b512221f0d6a6f06d/Untitled-insight/views。

与此同时，就业危机也波及了较年轻的员工。在 2009 年欧元区主权债务危机爆发至 2020 年新冠疫情之前，欧盟国家 15～24 岁的青年失业率长期居高不下，成为欧盟国家普遍存在的严重问题。随着新冠疫情蔓延，大量工人退出劳动力市场，青年失业率大幅上升，所有欧盟成员国的青年失业率上升速度均有所加快。大多数欧盟国家向青年提供的公共就业服务远低于成年

---

① "Unemployment Rates by Sex, Age and Citizenship（%），" Eurostat, June 8, 2022, https：// ec. europa. eu/eurostat/databrowser/view/lfsq_ urgan/default/table? lang=en.

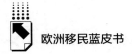

人，青年失业率居高不下的原因主要包括以下几个方面：劳动力市场缺乏灵活性以及过多的规章程序阻碍了年轻毕业生与专业人士进入就业市场。而疫情更加剧了这些困难，使许多青年推迟进入劳动力市场，或进入质量较低的工作岗位，或长期反复地失业，这些因素均可能对年轻人的职业道路和收入前景产生长期影响。[①]

因此，让年轻人进入劳动力市场寻找到合适的工作成为欧洲各国所面临的关键挑战之一。2020 年 4 月，为保护就业和支持劳动力需求，欧盟委员会以理事会条例的形式创建了一种新的金融工具——"紧急状态下减轻失业风险援助"计划（SURE）。"紧急状态下减轻失业风险援助"计划的目标是支持欧盟向因新冠疫情造成严重经济动荡的欧盟成员国提供财政援助以保护就业和收入。通过该计划，大部分国家积极实施劳动力市场完善措施，使得 2021 年的青年失业率大幅下降。截至 2021 年 12 月，欧盟（27 国，不包括英国）15~24 岁的青年失业率降至 14.40%。

（三）通货膨胀

通货膨胀一直是欧盟国家政策制定者、企业和家庭关注的重要问题。根据 2022 年国际货币基金组织（IMF）所发布的最新研究报告，欧元区的通货膨胀在 2021 年以来不断加速，主要是由于低能源价格的基础效应——恶劣的天气条件和供应有限导致天然气储量减少。[②] 伴随着新冠疫苗有效性下降和疫苗接种覆盖面不完整，2021 年持续的感染浪潮使新冠疫情死灰复燃，欧盟各国对更新和更具传染性的病毒变体的新担忧凸显了新冠疫情对经济复苏带来的持续风险，供应链中断、欧洲能源价格上涨、政策支持持续逐步取消、房地产市场的潜在调整以及欧洲以外地区经济增速急剧放缓的溢出效

---

① "World Employment and Social Outlook Trends 2022," International Labor Organization, January 17, 2022, https：//www.ilo.org/global/research/global－reports/weso/trends2022/WCMS＿834081/lang—en/index.htm.

② "IMF Country Report No. 22/29," International Monetary Found, February 7, 2022, https：//www.imf.org/en/Publications/CR/Issues/2022/02/07/Euro－Area－Policies－2021－Article－IV－Consultation－with－Member－Countries－on－Common－Euro－Area－512879.

应，均对欧盟通货膨胀产生了不利影响。除此之外，2022 年 2 月 24 日爆发的乌克兰危机更是火上浇油。种种因素叠加，欧盟通货膨胀在 2022 年将会下降的预期被打破。

据 CEIC 数据库所发布的欧盟居民消费者价格指数（CPI）（见图 4），2022 年 2 月欧元区 CPI 同比增长 5.8%，再创历史新高。能源通胀与食品价格上涨是近期价格上涨的主要推动力，体现出近期乌克兰危机的国际影响开始扩散，尤其反映出西方发达国家为首的全球主要商品、能源进口国对俄罗斯实施联合制裁引发的严重负面影响。根据最新报道，俄罗斯作为全球能源市场的主要出口国，占全球煤炭出口市场份额的 18%、石油的 11% 和天然气的 10%。① 俄罗斯能源出口对欧盟尤为重要，欧盟从俄罗斯进口的煤炭、石油和天然气分别约占其总量的 40%、30% 和 20%，且乌克兰是俄罗斯输送能源最重要的通道之一，两国之间的紧张局势与北溪 2 号的冻结直接影响到欧盟的能源供应，也使得国际能源价格飙升。除此之外，原油现货价格在 2022 年 3 月 8 日也一度超过 127 美元/桶，上涨幅度超过 100%，布伦特原油期货价格也接近 140 美元/桶，而欧盟国家进口的天然气价格也突破 3900 美元/千立方米。②

除能源价格飙升之外，仅在 2022 年 2 月 24 日乌克兰危机爆发当天，芝加哥期货交易所的小麦期货价格便达到 9.35 美元，达到 2020 年 7 月以来的最高点。③ 在乌克兰危机爆发之后，在 2022 年 3 月的第一周，美国小麦期货价格更是攀升至 13.64 美元，创下历史新高。小麦期货交易市场的大幅上涨态势影响了玉米期货交易价格，玉米报价较 2021 年同期水平上涨了 44%。

---

① 《美"拱火"俄乌冲突给世界经济添了哪些伤》，新华网，2022 年 5 月 26 日，http://news. cctv. com/2022/05/26/ARTIWQv3Wsa8BhIL3tKbrn7e220526. shtml。

② 《华闻期货：剧烈的俄乌冲突下一季度国际原油市场回顾与展望》，东方财富网，2022 年 4 月 24 日，https://baijiahao. baidu. com/s? id=1730955183409635249&wfr=spider&for=pc。

③ 《俄乌冲突影响持续扩大 小麦期货罕见三涨停并创 14 年新高》，和讯网，2022 年 3 月 3 日，https://www. cls. cn/detail/948559。

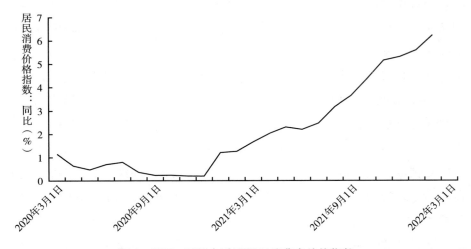

图 4 2020~2022 年欧盟居民消费者价格指数

资料来源：CEIC 数据库，https：//77726476706e6973746868656265737421f9f9529520387c433 00b8ca59b512221f0d6a6f06d/Untitled-insight/views。

（四）对外贸易

面对新冠疫情在全球的不断蔓延，世界各国纷纷采取各种限制性措施，对国际货物贸易产生了严重的负面影响，欧盟与其 27 个成员国的对外贸易面临一系列内忧外患。根据欧盟统计局的数据，在新冠疫情初期，由于欧盟内部人员、货物自由流动受限以及全球供应链中断，欧盟对中国以及美国的出口额持续下降，制成品出口、机械运输设备出口均遭受明显下滑，大为影响了欧盟当期的对外贸易总额。[①] 疫情前，受英国脱欧进程影响，主要是脱欧初期的棘手问题，例如边境行政手续增加导致出口延误以及贸易成本增加，新冠疫情更是加剧了这一趋势。尽管在新冠疫情初期，欧盟各国贸易显著受阻，但随着欧洲疫苗接种率的不断提升与各国重新开放经济，得益于出口复苏速度快于进口，欧盟在 2020 年 6 月迎来了长达 9 个月的扩张通道

---

① "EU27（from 2020）Trade by SITC Product Group," Eurostat, June 8, 2022, https：// appsso. eurostat. ec. europa. eu/nui/show. do？dataset＝ext_ st_ eu27_ 2020sitc&lang＝en.

（见图5）。2021年1月，欧盟商品贸易顺差一度达到287亿欧元。2021年2月之后，由于进口额强劲增长，贸易顺差开始大幅收窄至184亿欧元，此趋势一直延续至今。甚至在2021年11月，欧盟进口额超过出口额，该贸易逆差目前依然在不断扩大中，至今没有缓解迹象，在2022年1月末，欧盟国际贸易差额实现赤字274亿欧元，触及历史统计数据以来的最末端。

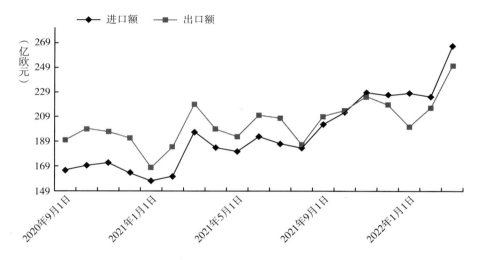

图5 2020~2022年欧盟（27国，不包括英国）进出口总额

资料来源：CEIC数据库，https：//77726476706e69737468656265737421f9f9529520387c433 00b8ca59b512221f0d6a6f06d/Untitled-insight/views。

在欧盟进口数据中可以看出，至2021年第四季度，欧盟自中国（不包括香港地区）进口额持续迅速增长。2021年9月、10月和11月自中国进口额分别同比增长31.6%至337亿欧元、32.8%至333亿欧元、32.4%至356亿欧元。[1] 同期，欧盟自美国的进口额分别同比增长14.6%、26.5%和23.25%至184亿欧元、183亿欧元和187亿欧元。与强劲增长的进口贸易不同，欧盟出口贸易复苏进程出现阻滞，货运成本大幅上升。相较于空运物

① "EU27（from 2020）Trade by SITC Product Group," Eurostat, June 8, 2022, https：// appsso. eurostat. ec. europa. eu/nui/show. do？ dataset=ext_ st_ eu27_ 2020sitc&lang=en.

流，航运物流因受全球集装箱周转不畅、众多枢纽港口"爆仓"等疫情引发问题的影响，成本上升幅度更为显著，波罗的海干散货指数（BDI）、中国出口集装箱运价指数（CCFI）等多种航运价格指数均在 2021 年创下数十年来的历史峰值。此外，在 2022 年初，国际航运价格呈现下降趋势之际，乌克兰危机导致的国际油价飙升则再次将欧盟出口货运成本拉回高位。总体而言，欧盟短期内货运成本或将持续高企。

二　疫情下欧盟经济应对措施

2020 年 3 月 10 日，欧洲理事会商定了应对新冠疫情的四个优先事项：①限制病毒的传播；②确保医疗设备供应（重点是口罩和呼吸器）；③加快疫苗研究；④解决社会经济衰退。除此之外，2021 年 10 月，欧洲理事会同意一项 2.018 万亿欧元的欧洲复苏计划，其中包括 1.2109 万亿欧元的 2021～2027 年欧盟长期预算和 8069 亿欧元的下一代欧盟资金。截止到 2021 年底，欧盟投入总额达 3.7 万亿欧元，其中 5240 亿欧元用于国家措施（受一般豁免条款约束），1000 亿欧元用于资助短期工作计划，700 亿欧元用于欧盟预算支持，25530 亿欧元用于国家流动性措施，2400 亿欧元用于欧洲稳定机制和 2 亿欧元的欧洲投资银行资金。①

（一）疫苗的研发与接种

在新冠疫情流行初期，欧盟便采取行动应对危机并宣布与制药业合作确保向欧盟国家和全球提供疫苗。2020 年 12 月 21 日，第一种新冠疫苗——辉瑞 mRNA 疫苗在欧盟获准使用，在之后仅一年的时间里，欧盟就设法从六家疫苗研发商那里获得了总计 26 亿剂疫苗，② 其中包括一款重组蛋白疫

---

① "Timeline of EU Action," European Commission, https：//ec. europa. eu/info/live-work-travel-eu/coronavirus-response/timeline-eu-action_ en.
② "Economic Resilience and Trade," World Trade Organization, November 30, 2021, https：//www. wto. org/english/res_ e/booksp_ e/wtr21_ e/00_ wtr21_ e. pdf.

苗（由 Novavax 公司生产）。目前，欧盟的疫苗组合来自八家疫苗开发商且数量多达 46 亿剂，这种多样化的产品组合确保欧盟国家能够获得足够的疫苗剂量供所有公民注射，包括变异病毒和加强针注射。截止到 2022 年 3 月，4/5 的欧盟成年人已接种疫苗，占欧盟成年人口的 80% 以上。此外，欧盟也已向全球交付超过 10 亿剂疫苗。

2021 年 7 月 1 日，欧盟数字新冠证书诞生，[①] 这为欧盟各国公民自由流动提供了极大的便利。该证书允许旅行者证明他们已接种疫苗、检测结果为阴性或已康复，且在整个欧盟和世界上许多非欧盟国家可以得到认可。此外，有效的欧盟数字新冠证书持有人在欧盟境内旅行时，原则上应免于测试或隔离，快速验证过程有助于防止假证书的使用。截至 2022 年 2 月，33 个第三国和地区已连接到欧盟数字新冠证书认证系统，超过 12 亿份欧盟数字新冠证书被生成，预计未来将有更多国家和地区加入。

面对新冠疫情引发的这场全球性挑战，欧盟也为全球应对新冠疫情做出了相应贡献。欧盟在使自己疫苗生产能力从 2021 年 1 月的每月 2400 万剂增加到 2021 年 8 月的每月约 3 亿剂的同时，也正在全球范围内协助合作伙伴进行疫苗捐赠和出口，为有需要的国家提供财政和人道主义支持。2021 年 2 月 19 日，欧盟宣布向旨在确保中低收入国家公平获得新冠疫苗的新冠疫苗实施计划（COVAX）捐款 10 亿欧元。截至 2022 年 2 月，COVAX 已向 144 个国家和地区交付了超过 11 亿剂疫苗，其中欧盟成员国通过 COVAX 共捐赠了超过 4.07 亿剂疫苗。

（二）货币政策

新冠疫情对欧洲央行在确保货币政策顺利传导和采取适当货币政策立场方面，提出了一系列新挑战。首先，2019 年新冠疫情发生后，欧元区金融市场表现出极端波动，风险情绪恶化、流动性不足等严重混乱的迹象，欧元

---

① "EU Digital COVID Certificate", European Commission, https://ec.europa.eu/info/live-work-travel-eu/coronavirus-response/safe-covid-19-vaccines-europeans/eu-digital-covid-certificate_en.

区成员国不对称的财政情况也进一步加剧了这种不利的市场反应。到 2020 年 3 月中旬，事态发展导致银行融资条件急剧收紧，进一步损害了欧洲央行货币政策在各个市场部门和司法管辖区之间的顺利传导。其次，事态发展给欧元区通胀前景带来了显著风险，加剧了欧洲央行为应对疫情初期持续低通胀而放松货币政策立场的挑战。因此，欧洲央行必须进行有力干预，确保金融市场正常运转，避免一场广泛的流动性危机，并防止一场自我引导的市场恐慌。

2021 年，欧洲央行的货币政策回应依旧围绕着两个关键支柱。第一个是额外的资产购买。为应对新冠疫情危机，欧洲央行理事会决定在其资产购买计划（APP）中增加 1200 亿欧元的额外净资产购买临时上限，[①] 为实体经济提供有利的融资条件。除此之外，欧盟还启动了一项新的临时资产购买方案——大流行病紧急购买方案（PEPP）[②]——初始资金为 7500 亿欧元。在 2020~2021 年期间，购债数额扩大了两次，现在已达到 1.85 万亿欧元。

PEPP 根据新冠疫情危机的具体性质量身定制，具有双重目的，即发挥市场稳定功能和支持货币政策的立场功能。首先，PEPP 可以作为一种市场支撑来运作，可灵活进行以防止货币传导失灵和稳定的金融秩序被破坏，使欧元区所有成员国受益。其次，PEPP 下的购买会抑制长期利率，从而支持整体货币政策立场，对于确保中期价格稳定具有一定的必要性。目前为止，两种功能均已被不同强度地激活。

有针对性的定向长期再融资操作（TLTRO）是欧洲央行应对新冠危机的第二个主要支柱。[③] 具体而言，第三轮定向长期再融资操作（TLTRO Ⅲ）

---

① "Monetary‐Fiscal Policy Interactions in the Euro Area," European Central Bank, September, 2021, https：//www.ecb.europa.eu/home/search/review/html/ecb.strategyreview _ monpol _ strategy_ overview.en.html.

② "Pandemic Emergency Purchase Programme （PEPP），" European Central Bank, https：// www.ecb.europa.eu/mopo/implement/pepp/html/index.en.html.

③ "ECB Announces Easing of Conditions for Targeted Longer‐Term Refinancing Operations (TLTRO Ⅲ)," European Central Bank, https：//www.ecb.europa.eu/press/pr/date/2020/html/ecb. pr200312_ 1 ~ 39db50b717.en.html.

的条款和条件已放宽，措施如下：①暂时降低营运利率；②开展额外业务；③筹集交易对手方有权借款的总额。作为 PEPP 的自然补充，TLTRO 操作集中在货币政策传导的下游阶段——那些通过银行工作的阶段，因此能更直接地到达最依赖银行融资的企业。

为应对新冠疫情冲击而采取的货币政策，加强了欧元体系资产负债表作为影响货币政策立场和确保平稳传导机制工具的使用。PEPP 和 TLTRO 的经验表明，欧洲央行的货币政策工具包在应对突发事件方面具有灵活性，使欧元系统能够有针对性地利用其资产负债表的规模和组成，也便于欧洲央行履行其职责、实现遏制传导机制的风险、防止融资条件不适当收紧并放松总体货币政策立场。然而，资产负债表的强劲扩张，也引发了与货币政策潜在副作用相关的挑战。

（三）财政政策

财政政策是应对新冠疫情对经济不利影响的有效工具，既可以通过提振总需求和向脆弱家庭和企业提供有针对性和差异化的支持，又能加强债务可持续性以应对新冠疫情后的经济复苏。因此，欧盟国家广泛依赖财政政策以应对新冠疫情对其宏观经济的负面影响，主要通过财政政策的以下两种方式：自动稳定器作用和相机抉择行动。面对新冠疫情冲击，总供给和总需求均受到其严重影响，意味着政府部门需要采取重大的可自由支配的财政支持措施。

2021 年 1 月欧盟中央银行的报告显示，2020 年欧元区应对新冠疫情危机的可自由支配财政刺激总额约占 GDP 的 4%以上，对企业的紧急支持和短期工作计划发挥了重要作用。[1] 相比之下，在 2009 年全球金融危机最严重的时候，欧盟国家可自由支配的经济刺激总额仅占 GDP 的 1.5%。由此可以看出与以往的危机相比，欧盟为应对此次疫情危机所采取的财政刺激措施的

---

[1] "The Macroeconomic Impact of the Next Generation EU Instrument on the Euro Area," European Central Bank，January，2021，https：//www.ecb.europa.eu/pub/pdf/scpops/ecb.op255 ~ 9391447a99.en.pdf.

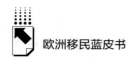

规模是前所未有的。从 2022 年起，预计欧盟将逐步缩减提供紧急支持的措施，转向支持复苏的措施。

为支持欧盟成员国保护新冠疫情中的工人与企业，并保障各成员国获得融资机会，欧盟启动了三项关键行动，包括计划启动下一代欧盟一揽子计划（NGEU）。[①] 其中最大组成部分是建立 7500 亿欧元的"下一代欧盟计划"，[②] 以支持新冠疫情后的经济复苏，特别是在经济表现较差和较脆弱的欧盟成员国，其债券和票据发行的成功是欧盟的一个重要里程碑，它为欧盟提供了一个强大的工具，为复苏提供资金，并使其在走出危机时更具韧性和公平性。

其中，复苏和恢复基金（RRF）[③] 是下一代欧盟一揽子计划的重要组成部分，是欧盟具有重要意义的复苏和结构转型工具。在新冠疫情冲击的背景下，RRF 于 2021 年 2 月成立，旨在为成员国提供大量财政支持，以加快实施可持续改革和投资，提高欧盟的经济、社会和凝聚力，并保证成员国在应对绿色和数字化转型时做好更充分的准备。该基金成立一年来，已取得重大进展，例如理事会通过了 22 项恢复计划，总金额为 4450 亿欧元（其中2910 亿欧元为不可偿还融资，1540 亿欧元为贷款，包括大约 1/3 的改革资金和 2/3 的投资额），借款国最迟可在 2058 年 12 月 31 日偿还。目前该基金的实施工作正在稳步推进，截止到 2022 年 3 月，已有 27 个成员国提交付款请求。

三 疫情冲击下的欧盟国家移民变化

移民问题对于欧盟来说，一直都存在挑战。在许多欧盟成员国，移民工

---

① "Country Policy Responses," International Labor Organization, October 28, 2021, https：//www. ilo. org/global/topics/coronavirus/regional-country/country-responses/lang—en/index. htm#EU.
② "Recovery Plan for Europe," European Commission, https：//ec. europa. eu/info/strategy/recovery-plan-europe_ en#the-largest-stimulus-package-ever.
③ "The Recovery and Resilience Facility," European Commission, https：//ec. europa. eu/info/business-economy-euro/recovery-coronavirus/recovery-and-resilience-facility_ en#the-recovery-and-resilience-facility.

人占一般或特定劳动力市场部门劳动力的相当权重，他们在医疗、运输、服务、建筑、农业和农业食品加工等领域从事重要工作，对移民目的国的社会和经济发展做出了重要贡献。新冠疫情除了对公共卫生治理产生严重威胁外，经济和社会动荡也威胁到数百万移民人口的长期生计和工作领域，加剧了与移民有关的不平等问题，例如新冠疫情严重冲击了欧盟成员国移民的就业机会，并对旨在改善移民工人及其雇主的权利、保护和成果的举措构成挑战。

（一）新冠疫情冲击下欧盟国家移民出现的新情况

新冠疫情对国际迁徙流动产生了重大影响。除了旅行限制，疫情还大幅减少了国际移民的工作机会，因为这影响到经常雇用国际移民的部门，如农业、服务业和旅游业。许多欧盟成员国政府提供国际移民服务的能力也有所下降，例如申请和获得居留以及工作许可的流程受到明显影响。根据经合组织所提供的国际移民迁移数据可以看出，与 2019 年相比，2020 年移民欧盟国家的人数下降了 24%，2021 年人数进一步下滑。① 这与近年来的国际移民趋势相比，是一个重大的转变，在过去的几年里获得欧盟入境许可的人数逐年小幅增长。2020 年，欧盟国家向移民发放了 225 万份居留许可，这一数字也明显低于 2019 年的 296 万份，成为过去五年来最低的国际移民年度许可证数量。

除正式国际移民尤其是国际劳工之外，非常规移民一直是欧盟及其成员国重点关注的问题。随着时间的推移，伴随其他一些措施例如禁止所有地区或全面关闭边境的禁令急剧下降，截止到 2021 年 6 月 30 日，几乎所有欧盟国家都放弃了这些措施，只有约 40% 的国家和涉及欧盟以外国家的走廊保持了旅行控制。因此，2021 年前 9 个月监测到的非法越境次数比 2020 年同期高出 78%，且几乎没有发现非法越境次数大幅下降的路线（见图 6）。2020～2021年，在所有其他主要非法迁徙路线上发现的过境点非法越境次数均有所增加。

---

① "International Migration Database," OECD International Migration Statistics Database, https://doi.org/10.1787/data-00342-en，最后访问日期：2022 年 3 月 29 日。

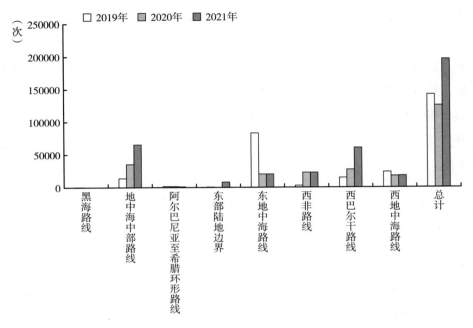

图 6　2019~2021 年欧洲边界非法越境次数

资料来源：欧盟边境与海岸警卫局，https://frontex.europa.eu/media-centre/news/news-release/eu-external-borders-in-2021-arrivals-above-pre-pandemic-levels-CxVMNN。

在难民方面，欧盟国际保护的庇护申请数量在 2020 年大幅下降后，又逐渐恢复到疫情前的水平。例如 2021 年增加了 1/3，达到 617800 份，此数量与 2018 年大致相似，但仍略低于 2019 年（见图 7）。虽然不能排除新冠疫情和相关的移民行动限制仍在影响申请者获得庇护的可能性，但此类影响都比 2020 年弱得多。2021 年庇护申请数量的总体增长主要是由阿富汗和叙利亚难民推动的。

（二）新冠疫情影响下移民对社会经济的冲击

新冠疫情对移民及其家人、目的国和来源国均造成了严重影响，在阻碍了移民的流动性、进入劳动力市场、获得体面工作条件的权利以及获得社会和医疗保健机会的同时，也加剧了欧盟国家社会经济的脆弱性，如各行各业劳动力

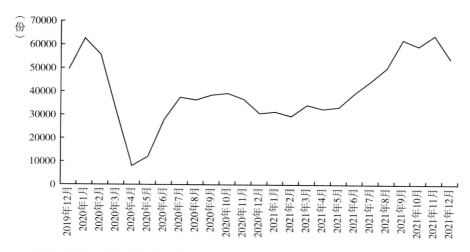

图 7　2019 年 12 月至 2021 年 12 月欧盟（27 国，不包括英国）庇护申请数量

资料来源：欧盟统计局，https：//ec. europa. eu/eurostat/databrowser/bookmark/3d203a40－2363－43c7－a791－3faa39e9b0c2？lang＝en。

出现严重短缺、社会不平等加剧以及增长模式转型受阻等问题。

随着欧盟国家人口老龄化问题逐渐加深，各成员国对一线工人的强烈依赖以及国际移民在欧盟提供一线服务方面发挥的关键作用不断凸显，国际移民受阻的现实困境使得欧盟国家在新冠疫情冲击下重振经济的道路举步维艰。德国劳动经济学研究所（IZA）的数据显示，在欧盟五大关键工人数量占比中，平均 13% 的关键工人来自国际移民，而在某些特定职业中关键工人（如清洁工、采矿和建筑工人）中约有 1/3 出生于国外。[①] 除高端劳动力外，作为维持欧盟民生和经济运转基本动力的中低端行业，其吸收的移民劳动力所占比重依旧较高，如清洁工和机器操作员等职业中移民占比达 25%，部分行业中移民占比甚至超过本地居民。

另外，在新冠疫情流行之前，欧盟便处于向绿色化与数字化经济结

---

① Francesco Fasani, Jacopo Mazza, "IZA Policy Paper No. 155: Immigrant Key Workers: Their Contribution to Europe's COVID－19 Response," IZA Institute, April, 2020, https：//www. iza. org/publications/pp/155/immigrant－key－workers－their－contribution－to－europes－covid－19－response.

构转型时期，专注于提高欧洲工人技能水平及扩大其人才库，但国际成人能力评估调查显示较大部分欧盟国家居民缺乏算术、识字以及使用信息和通信技术等基本技能，因此欧盟高技能劳动力的获取大部分依赖于移民。但在新冠疫情初期，欧盟各国所采取的各项限制入境措施使得其移民政策纷纷收紧，严重阻滞了重要的高素质劳动力来源，以至于后期尽管封闭措施有所放开，但前期积累的劳动力缺口以及流动性减慢等问题依旧对欧盟重振经济及其转型产生了严重的抑制作用，使得欧盟面临的人口压力更是雪上加霜。

尽管移民工人在为欧盟社会和经济做出重要贡献，但其大多数集中在工资水平较低、临时且非正式或无保护的经济部门，是欧盟成员国国内最脆弱的群体之一。新冠疫情的发生进一步加重了其脆弱性，使得社会不平等现象不断加深。世界移民组织发布的《世界移民报告（2022）》显示，新冠疫情冲击以来，移民所面临的粮食不安全、裁员、工作条件恶化（包括减薪或拒付工资）、拥挤或不适宜的生活条件，以及被迫遣返的情况日益加重，且往往被排除在国家应对疫情的政策之外，如工资补贴、失业福利或社会保障和社会保护措施，甚至是疫情相关的检测与医疗等。① 除此之外，各个欧盟成员国国民对移民的歧视和仇恨情绪也逐渐高涨。

四　疫情影响下欧盟的移民政策新变动

针对当前所面临的困境，欧盟政策制定者开始灵活使用劳动力移民政策以缓解短期和中长期新出现的劳动力需求。自 2021 年以来，欧盟针对劳动力市场的状况及经济增长模式提出了新的移民政策。如欧洲议会于 2020 年12 月 16 日同意后，欧洲理事会通过了制定欧盟 2021~2027 年多年度金融框架（MFF）的法规。该法规为欧盟 27 国提供了 10743 亿欧元的长期预算。

---

① "World Migration Report 2022," International Organization for Migration, December 1, 2021, https：//publications. iom. int/books/world-migration-report-2022.

其中包括在未来七年加强对国际移民与边境管理的支持，其批准资金达 227 亿欧元，包含到 2027 年向欧洲边境和海岸警卫局多达 1 万名边防警卫提供资金支持。

另外，欧洲理事会主席和欧洲议会代表于 2021 年 5 月 17 日就吸引高素质国际移民的计划达成了临时协议，为在欧盟生活和工作的高素质非欧盟国民规定了入境和居留条件（蓝卡指令），这种欧盟范围内的录取制度旨在吸引和留住高素质工人，特别是在面临技能短缺的行业。2021 年 10 月 7 日，蓝卡指令正式被欧盟理事会通过，且在 10 月 27 日正式生效。① 欧盟成员国将能够在欧盟蓝卡计划实施的同时维持针对高素质工人的国家社会保护计划。2021 年 12 月 9 日，欧洲理事会通过了将欧洲庇护支持办公室（EASO）转变为一个成熟的欧盟机构的法规。新立法增加了该机构对成员国与非欧盟国家之间有关国际移民合作的支持，这是欧盟庇护和接收实践现代化向前迈出的重要一步。2022 年 1 月 19 日，欧盟庇护机构（EUAA）正式取代了 EASO。新机构负责通过向成员国提供更多的业务和技术援助，并通过提高国际保护申请评估的一致性方式来改善欧盟共同庇护体系的运作。

---

① "Legal migration: Council Adopts Blue Card Directive to Attract Highly – Qualified Workers," Council of the EU, October 7, 2021, https://www.consilium.europa.eu/en/press/press - releases/2021/10/07/legal-migration-council-adopts-blue-card-directive-to-attract-highly-qualified-workers/.

附　　录

Appendices

B.16
统计数据表

表 1　2015~2021 年欧盟（27 国，不包括英国）与部分非欧盟国家
接收首次庇护申请数量年度统计

单位：份

	2015 年	2016 年	2017 年	2018 年	2019 年	2020 年	2021 年
欧盟（27国，不包括英国）	1216860	1166815	620265	564115	631285	416950	534975
比 利 时	38990	14250	14035	18130	23105	12905	19545
保 加 利 亚	20160	18990	3470	2465	2075	3460	10890
捷克共和国	1235	1200	1140	1350	1570	790	1055
丹　　麦	20825	6055	3125	3465	2605	1420	1995
德　　国	441805	722270	198255	161885	142450	102525	148175
爱 沙 尼 亚	225	150	180	90	100	45	75
爱 尔 兰	3270	2235	2910	3655	4740	1535	2615
希　　腊	11370	49875	56940	64975	74910	37860	22660
西 班 牙	14600	15570	33035	52730	115175	86380	62050
法　　国	70570	76790	91965	126580	138290	81790	103790

续表

	2015 年	2016 年	2017 年	2018 年	2019 年	2020 年	2021 年
克罗地亚	140	2150	880	675	1265	1540	2725
意 大 利	82790	121185	126550	53440	35005	21200	43900
塞浦路斯	2105	2840	4475	7610	12695	7500	13260
拉 脱 维 亚	330	345	355	175	180	145	580
立 陶 宛	275	415	520	385	625	260	3905
卢 森 堡	2360	2065	2320	2225	2200	1295	1355
匈 牙 利	174435	28215	3115	635	465	90	40
马 耳 他	1695	1735	1610	2035	4000	2410	1200
荷 兰	43035	19285	16090	20465	22485	13660	24795
奥 地 利	85505	39875	22455	11580	10775	12915	36725
波 兰	10255	9780	3005	2405	2765	1510	6240
葡 萄 牙	870	710	1015	1240	1735	900	1350
罗 马 尼 亚	1225	1855	4700	1945	2455	6025	9065
斯洛文尼亚	260	1265	1435	2800	3615	3465	5220
斯 洛 伐 克	270	100	150	155	215	265	330
芬 兰	32150	5275	4330	2950	2445	1445	1355
瑞 典	156115	22335	22190	18075	23125	13595	10145
非欧盟国家							
冰 岛	360	1100	1065	730	805	625	865
列支敦士登	150	75	145	145	40	25	80
挪 威	30475	3245	3350	2530	2165	1325	1595
瑞 士	38060	25825	16615	13465	12545	9725	13240

资料来源：欧盟统计局，https：//ec. europa. eu/eurostat/web/asylum－and－managed－migration/data/database。

表2　2019～2021年欧盟（27国，不包括英国）与部分非欧盟国家庇护申请审批总量与通过率

单位：份，%

国家/地区	2019年			2020年			2021年		
	通过量	总量	通过率	通过量	总量	通过率	通过量	总量	通过率
欧盟（27国，不包括英国）	206025	540830	38.09	211825	521010	40.66	212190	534235	39.72
比利时	6530	17195	37.98	5710	16360	34.90	9165	21030	43.58
保加利亚	400	1250	32.00	820	2195	37.36	2015	3270	61.62
捷克共和国	135	1400	9.64	105	960	10.94	260	935	27.81
丹麦	1575	3065	51.39	420	1185	35.44	775	1525	50.82
德国	70320	154255	45.59	62470	128590	48.58	59850	132680	45.11
爱沙尼亚	45	90	50.00	25	70	35.71	50	75	66.67
爱尔兰	975	1870	52.14	945	1275	74.12	1460	1545	94.50
希腊	17350	32705	53.05	34360	62190	55.25	16570	37285	44.44
西班牙	38420	58035	66.20	51055	124795	40.91	20405	70985	28.75
法国	28140	113890	24.71	19130	86330	22.16	33875	137015	24.72
克罗地亚	55	320	17.19	40	295	13.56	70	435	16.09
意大利	18375	93495	19.65	11585	40795	28.40	21390	44230	48.36
塞浦路斯	1300	3275	39.69	1675	3375	49.63	2290	12270	18.66
拉脱维亚	35	150	23.33	25	120	20.83	90	200	45.00
立陶宛	90	325	27.69	80	350	22.86			

续表

国家	2019年 通过量	2019年 总量	2019年 通过率	2020年 通过量	2020年 总量	2020年 通过率	2021年 通过量	2021年 总量	2021年 通过率
卢森堡	670	1180	56.78	750	1165	64.38	860	1170	73.50
匈牙利	60	710	8.45	130	475	27.37	40	60	66.67
马耳他	405	1040	38.94	270	875	30.86	180	810	22.22
荷兰	4845	12975	37.34	8620	13580	63.48	12065	16505	73.10
奥地利	7425	13890	53.46	6835	10495	65.13	12105	18760	64.53
波兰	265	1995	13.28	345	1975	17.47	2920	4380	66.67
葡萄牙	170	745	22.82	95	420	22.62	305	505	60.40
罗马尼亚	585	1315	44.49	635	2505	25.35	1140	4100	27.80
斯洛文尼亚	85	215	39.53	85	300	28.33	15	175	8.57
斯洛伐克	35	90	38.89	40	80	50.00	45	130	34.62
芬兰	1665	4850	34.33	1150	3045	37.77	1065	2300	46.30
瑞典	6055	20735	29.20	4425	17215	25.70	2805	10065	27.87
非欧盟国家									
冰岛	305	710	42.96	385	585	65.81	255	555	45.95
列支敦士登	15	35	42.86	10	25	40.00	5	15	33.33
挪威	1790	2490	71.89	1145	1565	73.16	1105	1315	84.03
瑞士	10790	12335	87.47	10185	11275	90.33	9015	9910	90.97

资料来源：欧盟统计局，https：//ec.europa.eu/eurostat/web/asylum-and-managed-migration/data/database。

表3 2019～2020年欧盟（27国，不包括英国）与部分非欧盟国家分类型首次居住许可签发总量

单位：份

	2019年					2020年				
	家庭团聚类	教育留学类	务工就业类	其他类型	总计	家庭团聚类	教育留学类	务工就业类	其他类型	总计
欧盟（27国，不包括英国）	810275	400190	1197788	547242	2955495	621121	247650	903398	475193	2247362
比利时	32261	8661	6114	13276	60312	25712	5675	4110	12143	47640
保加利亚	4097	1642	2414	5347	13500	2902	1154	2388	3823	10267
捷克共和国	26796	14446	66442	9387	117071	13423	7550	29217	4142	54332
丹麦	8882	12353	11465	2337	35037	8053	6184	8350	1266	23853
德国	167443	61299	65717	165881	460340	130701	14605	14345	153041	312692
爱沙尼亚	2411	1377	2102	310	6200	2120	556	2035	281	4992
爱尔兰	3671	34735	12049	8823	59278	1835	14730	7131	6686	30382
希腊	19694	961	3133	18560	42348	8323	687	1632	9179	19821
西班牙	143860	45032	63267	67878	320037	119738	28550	81158	82909	312355
法国	98174	90668	39652	58949	287443	80240	72705	26817	46128	225890
克罗地亚	2921	332	46587	615	50455	2487	225	31816	610	35138
意大利	100939	20020	11069	43829	175857	62274	8428	10243	24784	105729
塞浦路斯	3839	4372	10686	4428	23325	2704	2403	7897	3906	16910
拉脱维亚	2410	2577	4447	709	10143	1395	1211	2545	381	5532
立陶宛	1144	1337	18395	539	21415	970	1353	19534	654	22511
卢森堡	4118	632	2614	1064	8428	2894	249	1554	1010	5707

续表

	2019 年					2020 年				
	家庭团聚类	教育留学类	务工就业类	其他类型	总计	家庭团聚类	教育留学类	务工就业类	其他类型	总计
匈牙利	4314	10188	38875	8696	62073	3626	8976	31840	10393	54835
马耳他	1577	4620	12644	2324	21165	879	2041	6592	1595	11107
荷兰	38653	20178	22030	21271	102132	28872	11644	13345	19650	73511
奥地利	13481	4078	4077	18229	39865	11634	2718	2739	17668	34759
波兰	16780	20760	625120	61756	724416	12250	27244	502342	56211	598047
葡萄牙	38203	13356	34999	6917	93475	35735	12285	32666	3711	84397
罗马尼亚	4205	4943	16394	1561	27103	2789	3028	10788	1239	17844
斯洛文尼亚	8350	2644	20356	167	31517	7105	1830	9929	146	19010
斯洛伐克	3529	2914	20885	1508	28836	2901	2332	12077	941	18251
芬兰	9601	5194	15137	1936	31868	7930	2780	13753	289	24752
瑞典	48922	10719	21118	20945	101704	41899	6926	16721	12118	77664
非欧盟国家										
冰岛	664	378	475	588	2105					
列支敦士登	648	46	120	78	892					
挪威	9747	4464	9311	1827	25349	7301	2244	6456	1401	17402
瑞士	17895	11043		2066	31004	15893	9470			

资料来源：欧盟统计局，https：//ec. europa. eu/eurostat/web/asylum-and-managed-migration/data/database。

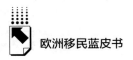

表4 2020~2021年欧盟（27国，不包括英国）与部分非欧盟国家
外国出生人口的数量与占比

单位：人，%

	2020 年			2021 年		
	外国出生人口	总人口	占比	外国出生人口	总人口	占比
欧盟（27国，不包括英国）	54456718	447317916	12.17	54539380	447007596	12.20
比 利 时	2026370	11522440	17.59	2075859	11566041	17.95
保 加 利 亚	188729	6951482	2.71	201940	6916548	2.92
捷 克 共 和 国	533639	10693939	4.99	570139	10701777	5.33
丹 麦	715936	5822763	12.30	721135	5840045	12.35
德 国	15040708	83166711	18.09	15162728	83155031	18.23
爱 沙 尼 亚	198306	1328976	14.92	198243	1330068	14.90
爱 尔 兰	875559	4964440	17.64	883319	5006907	17.64
希 腊	1348174	10718565	12.58	1361720	10682547	12.75
西 班 牙	6996825	47332614	14.78	7214878	47394223	15.22
法 国	8521829	67320216	12.66	8670939	67439599	12.86
克 罗 地 亚	533769	4056165	13.16	532315	4036355	13.19
意 大 利	6161391	59641488	10.33	6262207	59257566	10.57
塞 浦 路 斯	191415	888005	21.56	200936	896005	22.43
拉 脱 维 亚	236953	1907675	12.42	230095	1893223	12.15
立 陶 宛	152578	2794090	5.46	165164	2795680	5.91
卢 森 堡	301688	626108	48.18	309164	634730	48.71
匈 牙 利	593937	9769526	6.08	597440	9730772	6.14
马 耳 他	118927	514564	23.11	119550	516100	23.16
荷 兰	2399804	17407585	13.79	2451157	17475415	14.03
奥 地 利	1760595	8901064	19.78	1792053	8932664	20.06
波 兰	849320	37958138	2.24	901790	37840001	2.38
葡 萄 牙	1094557	10295909	10.63	1181027	10298252	11.47
罗 马 尼 亚	723913	19328838	3.75	688697	19186201	3.59
斯 洛 文 尼 亚	281621	2095861	13.44	292824	2108977	13.88
斯 洛 伐 克	198429	5457873	3.64	201941	5459781	3.70
芬 兰	393555	5525292	7.12	408676	5533793	7.39
瑞 典	2018191	10327589	19.54	2045234	10379295	19.70
非欧盟国家						
冰 岛	65205	364134	17.91	67438	368792	18.29
列 支 敦 士 登	26081	38747	67.31	26560	39055	68.01
挪 威	867778	5367580	16.17	878153	5391369	16.29
瑞 士	2509692	8606033	29.16	2553225	8667088	29.46

资料来源：欧盟统计局，https：//ec. europa. eu/eurostat/web/population－demography/demography－population－stock－balance/database。

表5 2019~2021年欧盟（27国，不包括英国）与部分非欧盟国家
移民入籍人数及其占非国籍人口的比重

单位：人，%

	2019年		2020年		2021年	
	入籍人口数	占比	入籍人口数	占比	入籍人口数	占比
欧盟（27国，不包括英国）	706397		729013		827319	
比 利 时	40594	2.90	33915	2.36	39233	2.70
保 加 利 亚	736	0.77	859	0.81	2183	1.90
捷 克 共 和 国	2934	0.53	2666	0.45	4279	0.68
丹 麦	1781	0.34	7076	1.32	6483	1.20
德 国	131980	1.31	111170	1.07	129990	1.23
爱 沙 尼 亚	779	0.39	770	0.39	1034	0.52
爱 尔 兰	5791	0.95	5475	0.85	9778	1.50
希 腊	16328	1.96	13272	1.46	10120	1.10
西 班 牙	98954	2.04	126266	2.42	144012	2.68
法 国	109821	2.20	86483	1.68	130385	2.50
克 罗 地 亚	1121	1.69	1149	1.32	702	0.71
意 大 利	127001	2.54	131803	2.62	121457	2.35
塞 浦 路 斯	2859	1.84	2740	1.70	1910	1.15
拉 脱 维 亚	1650	0.62	1136	0.44	850	0.34
立 陶 宛	117	0.25	152	0.23	150	0.19
卢 森 堡	5657	1.94	4640	1.57	4933	1.65
匈 牙 利	3255	1.80	2139	1.07	2511	1.29
马 耳 他	770	0.92	1181	1.14	1156	1.11
荷 兰	34191	3.20	55943	4.84	62959	5.37
奥 地 利	10500	0.74	8996	0.61	16171	1.07
波 兰	6395	2.21	6999	1.95	7420	1.62
葡 萄 牙	21099	4.39	32147	5.45	24516	3.70
罗 马 尼 亚	5732	4.73	1772	1.27	6716	4.65
斯 洛 文 尼 亚	1911	1.38	1725	1.10	1782	1.06
斯 洛 伐 克	586	0.77	548	0.69	592	0.72
芬 兰	9649	3.77	7816	2.94	6643	2.40
瑞 典	64206	6.98	80175	8.64	89354	10.01
非欧盟国家						
冰 岛	437	0.99	395	0.80	905	1.76
列 支 敦 士 登	112	0.86	114	0.86	162	1.20
挪 威	13201	2.26	19698	3.26	41092	6.83
瑞 士	41127	1.92	34141	1.57	36994	1.67

资料来源：欧盟统计局，https://ec.europa.eu/eurostat/web/migration-asylum/international-migration-citizenship/database。

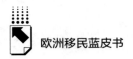

表6 2020~2021年欧盟（27国，不包括英国） 与部分非欧盟国家按国籍失业率统计

单位：%

	2020 年			2021 年		
	本国人口	欧盟移民	非欧盟移民	本国人口	欧盟移民	非欧盟移民
欧盟(27国，不包括英国)	6.5	9.3	16.8	6.5	8.8	15.7
比 利 时	5	7.2	19.7	5.6	7.3	20.9
保 加 利 亚	5.1			5.3		
捷克共和国	2.5	2.1	3.5	2.8	1.8	3.7
丹 麦	5.3	7	11.7	4.8	7.7	9.6
德 国	3	5.6	12	3	4.9	9.9
爱 沙 尼 亚	6.3		10.1	5.5		11
爱 尔 兰	5.3	6.6	8.1	6	7.2	7.4
希 腊	15.6	27.4	29.1	14.3	25.6	23.8
西 班 牙	14.1	20	26.9	13.5	19	24.9
法 国	7.5	6.9	18.1	7.4	8	16.3
克 罗 地 亚	7.5			7.6		
意 大 利	8.7	13.2	13	9	13.6	14.7
塞 浦 路 斯	7.3	9.1	8.3	6.8	8.6	10.9
拉 脱 维 亚	7.9		10.1	7.2		10.6
立 陶 宛	8.6			7.1		9.7
卢 森 堡	4.7	7	16.7	4.1	5.2	12.3
匈 牙 利	4.2			4.1		
马 耳 他	3.7	3.8	6.9	3.3	3.3	4.9
荷 兰	3.6	4	10.6	4	6.2	11.9
奥 地 利	4	8.6	15.7	4.9	9.1	15.5
波 兰	3.2			3.4		
葡 萄 牙	6.7		14.6	6.6		11.9
罗 马 尼 亚	5			5.6		
斯 洛 文 尼 亚	4.8	11.7	6.8	4.6	8.2	7.4
斯 洛 伐 克	6.7			6.8		
芬 兰	7.5	9.8	17	7.2	12.3	16.7
瑞 典	6.5	9.6	32.6	7.3	8.5	31.4
非欧盟国家						
冰 岛	4.9	12.3	18.9	5.3	12.5	13.7
挪 威	3.7	7.9	13	3.8	6.4	
瑞 士	3.7	6	12.2	3.8	6.5	

注：表中的空格表示缺少数据。

资料来源：欧盟统计局，https：//ec. europa. eu/eurostat/web/migrant-integration/data/database。

B.17
2021年欧洲移民大事记

赵　凯*

1月

1月4日　欧盟委员会宣布，向波黑追加350万欧元援助，帮助深陷困境的难民熬过寒冬。2020年圣诞节前夕，位于波黑西北部乌纳-萨纳州的利帕难民营因没有任何御寒设施被当地政府关闭，一些心生不满的难民随即纵火，将难民营彻底烧毁，酿成一起引发国际社会关注的难民营火灾事件。目前约900名难民仍在被毁营地滞留，约800名难民在营地周边露宿，包括妇女和儿童，总计约1700名难民面临冻伤、体温过低乃至新冠疫情等人身安全和健康风险。

1月21日　法国内政部公布2020年人员越境流动的初步统计数字，其结果表明受新冠疫情冲击，申请庇护的难民人数大减，但与此同时强制驱逐也陷于停滞；向外国游客发放的签证数量也呈断崖式下降，而中国游客的"消失"尤为明显。

2月

2月2日　德国《世界报》网站报道，一名来自叙利亚的难民将竞选德国联邦议会议员，这是德国历史上第一位参选的叙利亚难民。他在推特上发表视频，表明将以德国北威州绿党候选人的身份，竞选德国联邦议会议员，

---

* 赵凯，博士，西安外国语大学欧洲学院讲师，主要研究方向为区域国别（德国）、语料库语言学。

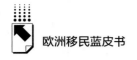
代表数万名难民发出政治声音。

2 月 17 日 希腊移民和庇护部发布公告，116 名难民当天从希腊莱斯沃斯岛乘包机直飞德国汉诺威市接受重新安置。这些难民来自阿富汗、伊朗和伊拉克，其中包括 30 个有孩子的家庭。雅典-马其顿通讯社报道，这是在由欧盟资金支持、希腊与国际移民组织合作的转移安置难民项目下，希腊首次安排难民从该国岛屿直飞其他欧盟国家。

2 月 23 日 希腊内政部宣布，首次针对外国公民入籍希腊资格的笔试将于 5 月 16 日在全国范围内举行。笔试内容涉及地理、历史和文化知识，考试费用为 250 欧元。年龄超过 67 岁或被诊断为书写困难的申请人可以改为口试。毕业于希腊高中或大学的申请人可免除考试。申请者一旦通过考试，将获得入籍资格证书，并接受一个三人委员会的面试。该委员会将核准申请者的潜在融合度，最后与国家透明度管理局共同决定是否授予其希腊公民身份。

3月

3 月 9 日 新华社报道，德国第 13 届移民融入峰会当天在总理府举行，会议聚焦移民融入社会的困境、当地人接纳移民的程度、对社会凝聚力的影响等问题，默克尔、德国负责移民事务的官员以及社会代表等参加。默克尔在会上谴责针对移民的歧视、偏见和暴力现象，认为这完全与形成社会凝聚力背道而驰。会议宣布多项促进移民融入的具体措施，旨在增强移民对德国社会的认同。这些措施包括德国实习工对移民实习工的结对帮扶计划、在媒体和文化体育领域为移民提供帮助、促进经济和公共服务中的机会均等、在卫生领域提供针对不同文化背景的护理服务等。

3 月 15 日 外国人羁押观察站（OEE）组织讨论会，总结疫情一年对身处行政拘留中心（CRA）和监狱等待驱逐的无证外国人的影响。外国人羁押观察站称，政府强化了关押无证外国人的政策，这体现在对那些拒绝接受新冠检测的外国人的压制上。因为很多国家只接受检测结果为阴性的被法国驱逐的本国公民，所以法国政府对所拘押的无证外国人实施检测。很多外国人为了避免被驱逐而拒绝检测，但这会被判实刑或缓刑。于是，很多人开始了从行政拘留中心到监狱，再从监狱到行政拘留中心的循环旅程。

4月

4月9日 欧洲陆续开展新冠疫苗接种，抵御第三波疫情潮。但社会弱势群体作为易感人群，由于种种障碍却并不容易获得接种的机会。他们或不能提供社保账号、家庭住址，或有语言障碍，抑或因没有智能手机和电脑而无法收到接种许可信息。在一些国家，只有此前联系过家庭医生的移民，才可接种。对于没有居留许可的移民而言，接种难度巨大。救援组织 Picum 表示，仅有 9 个欧盟国家允许没有身份证明的移民接种疫苗。而在西欧，目前只有西班牙、葡萄牙、法国、意大利和芬兰允许没有合法居留许可的移民接种疫苗。而在其他国家，卫生部门则对无合法居留许可的移民持保留态度。波兰更是明确强调，只有具有合法居留许可的人才可接种疫苗。

4月14日 丹麦目前是欧盟唯一一个开始遣返叙利亚难民的国家。丹麦外交部部长 Jeppe Kofod 认为，虽然叙利亚依然处在内战中，但叙利亚首都大马士革所在的省是安全的。那些家在叙利亚"安全"地区的难民陆续收到丹麦政府发出的驱逐令。此行为被联合国难民署严厉批判。联合国难民署认为大马士革并不安全，依然有很多暴力发生，返回这里的人的人权是无法得到保障的。

5月

5月5日 英国政府自本日起简化针对获奖科学家、艺术家或音乐家的签证发放程序。根据内政部引入的这项改革，诺贝尔奖、图灵计算机科学家奖、格莱美奖、奥斯卡奖或金球奖等奖项的获奖者将能够在英国更轻松地生活和工作。舞蹈、时装、建筑和社会科学领域某些奖项的获得者同样被这项

移民新政考虑在内。这些获奖者获得工作签证的程序将更加简单和快速。

5月11日 马耳他内政部称，约70名非法移民在该国南部海域获救上岸。这些非法移民发出求救信号后，马耳他执法人员10日晚在南部海域展开搜寻，并于11日将他们带上岸。这些非法移民随后接受了新冠病毒核酸检测，并被送往一个居留中心进行隔离。

5月17日 休达市政府介绍，5月17日晚11时，有十多名年轻人步行或跑步进入休达，数百人紧随其后。这批非法移民中有的人是游泳进入休达，也有人是在退潮后从摩洛哥海滩步行数千米进入休达，其中一人在试图通过塔拉吉尔河进入休达时溺水身亡。西班牙内政大臣公开保证，会用合法的方式遣返非法移民。

5月19日 英国政府更新签证申请和延期政策，部分签证可以延期两年，以解决封城导致公司人手短缺，因为断航无法离境而签证快到期等问题。申请人可包括在英工作人员、留学生、创业者、海外旅客、海外英国公民等。想要申请延期需满足条件：想离开英国，但一直没法成行；持有的签证将于2021年6月30日前到期；签证到期前无法离境英国，可以要求延长在英居留时间，这称为"额外担保"。不同的签证持有者能延长的有效期和福利不同。持有企业家签证（Tier 1 Visa）的如签证延期申请成功，可延长合法在英居留时间两年。持创业者签证（Start-up Visa）的可延长合法在英居留时间一年。此外，持有工作签证（Work Visa）、国际留学生签证（T4 Visa）的人也可以提交签证延期申请。具体要求等信息可在英国政府网站上进行查询。

5月25日 出席欧盟峰会的意大利总理德拉吉表示，欧盟应团结一致应对移民问题。当天举行的新闻发布会上，关于非政府组织曝出地中海遇难移民妇女儿童尸体被冲上利比亚海滩的照片，德拉吉表示照片的内容是不可接受的。他已经向欧盟提供了近期地中海移民的有关数据，并在欧洲理事会提出了移民问题。

5月31日 意大利总理德拉吉在罗马会见了来访的利比亚民族团结政府总理德贝巴。会后，两国发表共同声明，称意大利将继续为利比亚过渡政府提供支持，利比亚应确保难民和移民的各项权利。两国领导人会谈的内容涉及利比亚问题政治解决进程、两国医疗卫生和能源领域合作、对难民和移民的人道主义救援等。

6月

6月3日 希腊《中希时报》3日报道，近年来，利用网络进行远程工作的专业人员越来越多，预计人数还会飙升。调查中提及，如果希腊每年能够吸引10万名"数字游民"，且他们能平均停留六个月，每年将为希腊经济带来13亿欧元的净收益，包括提振餐饮业、房地产业和旅游业，同时一些"数字游民"也可能选择将他们的税基迁往希腊。网络"数字游民"签证将参照黄金签证计划对投资者的激励措施，在纳税居住的前七年，都将享有50%的减税优惠。

6月9日 法新社报道，法国总统马克龙在9日的会议上敦促加强对非法移民的驱逐，尤其是恐怖活动罪犯和被录入监控名单的极端化分子。爱丽舍宫方面称，马克龙在会议上要求实施更有效的驱逐非法移民举措。他不仅敦促各部长"主动采取现有措施"，还要求他们加强与原籍国的协商，让后者接收更多被遣返的本国公民。

6月17日 一艘载有49人的移民船在西班牙加纳利群岛附近海域沉没，目前已导致3人死亡，另有5人失踪。救援人员称，死者中有2名妇女，其中1人可能是孕妇。此外，救援人员认为，这艘船原本载有49人，他们都来自撒哈拉以南非洲，两天前从摩洛哥出发。除3名死者外，还有5人在沉船后失踪，其中有4名男性和1名未成年女性。

6月25日 意大利伦巴第大区本日起开始接受无合法居留许可的外国移民预约接种疫苗。无合法居留许可的外国移民可通过申请临时医疗卡（STP）享受当地医疗服务。如无特殊情况，医务人员不会向当地司法部门举报接种者。移民可通过伦巴第大区疫苗网站输入临时医疗卡号、税号或专用代码（Codice Univoco）进行预约。

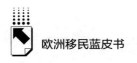

7月

7月1日　法国当局营救了 111 名难民，其中有 29 名儿童。他们试图乘坐简易小船通过英吉利海峡偷渡到对岸的英国。救援分别发生在 4 个不同地点。人数最多的一次是在加来海峡省 Merlimont 海岸，55 人中有 14 名妇女和 26 名儿童。根据法国方面的记录，2020 年发生了超过 9500 次类似的偷渡，数量是 2019 年的 4 倍。

7月19日　430 名移民从法国越过英吉利海峡抵达英国，该数字创下 24 小时内移民登陆英国的新纪录。为了遏制非法移民人数的上升，英国和法国政府 18 日宣布了一项协议，英国将支付 5400 万英镑（约合人民币 4.8 亿元），而法国将在海滩增加一倍巡逻警察，严防非法移民船只靠岸。

7月28日　巴黎一行政拘留中心（CRA）发生"骚动"，三名非法移民逃脱。28 日晚 11 时左右，位于塞纳-马恩省（Seine-et-Marne）的勒梅尼尔-阿梅洛（le Mesnil-Amelot）行政拘留中心关押的多名非法移民企图逃跑。法国共和国保安队（CRS）以及北郊塞纳-圣但尼省（Seine-Saint-Denis）反犯罪大队（BAC）到场增援并发射催泪弹，至凌晨 1 时才"恢复宁静"。

8月

8月13日　欧盟宣布将于 8 月 18 日召开特别会议，商讨如何应对近期立陶宛边境的紧张形势。欧盟委员会、欧盟对外行动署、欧盟边境与海岸警卫局等欧盟机构的代表也将应邀参会。近一个多月来，立陶宛非法入境人次显著增加，边境形势日益"吃紧"。欧盟边境与海岸警卫局 12 日通报，立陶宛当局 7 月在立陶宛与白俄罗斯接壤地区登记的非法入境超过 3000 人次，较以往大幅增加，非法入境人员 2/3 来自伊拉克。与此同时，波兰当局 7 月在波兰与白俄罗斯接壤地区登记的非法入境约为 180 人次，拉脱维亚当局在拉脱维亚与白俄罗斯接壤地区登记的非法入境约为 200 人次。面对不断涌入的难民，立陶宛频频向欧盟"求援"，欧洲理事会主席米歇尔等政要业已赴立陶宛实地考察；8 月 11 日，欧盟宣布将紧急援助立陶宛 3670 万欧元，帮助立陶宛扩容难民安置设施，向难民提供食品、药品、衣物、应急住所、个人卫生包等物资，还会安排难民接受隔离和接种新冠疫苗。

8 月 17 日 英国 17 日宣布，该国计划在未来几年接收 2 万名阿富汗难民，优先考虑妇女、女孩、宗教群体和其他少数民族。此外，英国表示将为在阿富汗的英国官员和部队工作的口译人员和其他工作人员提供庇护，包括使馆工作人员及其家人。

8 月 18 日 总部设在日内瓦的国际移民组织和联合国难民署 18 日通报，北非大西洋沿岸 10 天之内再度发生船难，船上试图前往西班牙加那利群岛的 47 名移民不幸身亡。涉事船只于 8 月 3 日启航，共搭载 54 人，包括 3 名儿童；航行两天后，因发动机出现故障只能在海上漂泊，至 8 月 16 日被毛里塔尼亚海岸警卫队发现，船上仅 7 人幸存，其余 47 人死亡。

8 月 19 日 路透社报道，希腊边境部队正处于戒备状态。奥地利内政部部长表示，他将游说欧盟在阿富汗邻国建立"驱逐中心"，接收被欧洲驱逐的阿富汗人。政治局势不是阿富汗人逃离国土的唯一原因，暴力、干旱和新冠疫情已经使数百万阿富汗人需要人道主义援助，而他们中的许多人可能在未来几个月因为生存问题移民。联合国表示，今年 1 月以来，由于安全局势不断恶化，已有超过 55 万阿富汗人在国内流离失所。据联合国难民署统计，目前有 260 万阿富汗难民在国外居住，巴基斯坦已经有 140 万阿富汗难民，伊朗有近 100 万。这两个国家还有大量的无证阿富汗移民。

8 月 24 日 中新社报道，德国联邦劳动局局长德特勒夫·舍勒表示，德国国内的劳动力正在耗尽，该国每年需要吸引约 40 万外来移民以应对这一趋势。他呼吁下一届联邦政府采取措施吸引更多具有技能的移民。德特勒夫·舍勒表示，德国现在每年需要引进约 40 万移民，而过去数年间，每年新增移民的数量远低于这一规模。他警告称，德国恐将面临严重的劳动力短

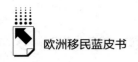

缺问题，"从护理人员到空调维修工，再到物流人员，乃至学术人员——人力资源短缺问题在各个行业普遍存在"。

9月

9月7日 法新社报道，丹麦社民党政府计划以劳动换取补助的方式，强制移民参与社会劳动，以达到融入社会的目的。丹麦政府的一揽子改革计划规定未来将大幅削减国家福利，而7日推出的针对移民的措施是整个改革计划的一部分。丹麦首相弗雷泽里克森（Mette Frederiksen）表示，政府的目的是要让移民明白，每个人都有为社会做贡献的义务。因此，假如移民不能找到一份固定工作而只要倚靠国家援助，"那么他将需要通过劳动来换取"。按政府的设想，移民必须每周劳动37小时才有资格领取补助金。

9月11日 法国海事部门表示，他们在法国北部海域营救了126名试图穿越英吉利海峡前往英国的移民。这些移民分别来自3艘船，第一艘船载有43人，其中包括6名妇女和2名婴儿，该船在遇到问题后被一艘巡逻船营救。据介绍，法国方面的政策是不对移民船进行拦截或遣返，而是将他们护送到英国水域，除非这些移民船寻求帮助。法方的这一态度也引起了英国支持脱欧的部分媒体和政府人士的不满，他们指责法国此举是逃避责任。

9月15日 欧洲议会通过协议文件，放松发放欧盟蓝卡的规定。欧盟蓝卡是给予高技术移民的工作许可。今后，申请欧盟蓝卡的移民只需要提供一份至少6个月的劳动合同或由雇主提供工作证明，就可以获得蓝卡。目前，移民需要提供至少12月的工作合同。协议文件不但缩短了劳动合同的时间，而且降低了工资要求。目前，移民的工资至少需是其获得劳动合同的欧盟成员国平均毛工资的150%，今后只需达到平均毛工资的水平。此外，协议文件规定，持欧盟蓝卡的外国人在第一个欧盟成员国居住满12个月后能更容易地进行从一个欧盟国家到另一个欧盟国家的旅行，申请家庭团聚和进入就业市场的程序也将加快。

9月28日 法国政府发言人阿塔尔（Gabriel Attal）宣布，法国决定收紧对摩洛哥、阿尔及利亚以及突尼斯国籍公民的签证发放，因为这些国家拒绝为法国遣返的移民发放领事通行证。

10月

10月5日　法国政府新近公布有关移民与避难的新政策主线：在外部边界进行"筛查"，以"更严格的管控"为向有关国家提供援助的前提条件。法国负责公民资格与避难事务部部长玛莱娜·希亚帕（Marlène Schiappa）女士当天在参议院率先表示，针对移民进入欧洲的"首选门户国家"，法国将支持对其"援助政策"。这些国家包括希腊、意大利以及西班牙等，它们无法"自行承担因地理位置导致移民涌入所带来的后果"。

10月9日　法国内政部部长达尔马宁"喊话"英国遵守承诺，向法国支付承诺的近6300万欧元的资金支持，否则法国无法百分百拦截想要偷渡去英国的难民。法国内政部与英国在今年7月底签署了一份协议，法国承诺将增加一倍警力拦截难民，而英国需在2021~2022年向法国援助6270万欧元。另外，在渔业问题上，近日法国再次指责英国挑起渔业争端，甚至以减少向英国泽西岛的供电相威胁。

10月16日　连月来德国东部非法入境的难民数量突然明显增加。8月至今，已有4300多人经由白俄罗斯和波兰非法进入德国，这些难民主要来自伊拉克、叙利亚和伊朗。德国联邦警察表示，今年1月到7月，只有26名难民经由"白波线"进入德国，但这一数字在8月骤增至474人，9月更是暴涨到1914人。德国联邦警察联盟警告称边境的压力已经过大，并呼吁建立法律依据，以便警察能够拒绝无资格申请庇护者入境。

10月18日　由于途经白俄罗斯进入欧盟的难民人数不断增加，欧盟希望加大对明斯克政权的施压力度来阻止这种情况。欧盟外长在卢森堡举行会议聚焦对白俄罗斯制裁问题。欧盟各国外交部部长希望通过新的措施来阻止这种情况。在经过磋商后，欧盟外长们计划对白俄罗斯国有航空公司实施制裁。

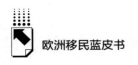

11月

11 月 8 日 在白俄罗斯与波兰和波罗的海国家的交界处,来自中东和非洲试图进入西欧的难民人数持续增加。局势在 11 月 8 日升级。当时,2000 多人聚集在边境围栏前。他们多次尝试冲破围栏,但波兰边防部队发射催泪瓦斯,并拘捕了大多数越过边界的人。之后,难民自发在格罗德诺州布鲁兹吉通行检查站附近,建立了一个营地。

11 月 14 日 塞尔维亚内务部发布声明称,一辆运载非法移民的车辆在塞尔维亚东部边境城市皮罗特附近发生翻车事故。事故发生在塞尔维亚与保加利亚边界附近,一辆载有 22 名非法移民的中型客车为躲避警察超速行驶,在经过一个平交道口后失控撞上信号灯杆并翻车。事故造成 2 人死亡,另有 19 人受伤,其中 4 人伤势严重。

11 月 15 日 欧盟外交与安全政策高级代表博雷利表示,欧盟将批准对白俄罗斯的第 5 轮制裁。英国《金融时报》报道,被制裁者可能包括 20 余名白俄罗斯官员、白俄罗斯航空公司和一家明斯克酒店,理由是参与"难民贩运"。面对邻国反应,白俄罗斯也开始在边境增加武装部队。

11 月 16 日 法国内政部部长宣布拆除格兰德 - 辛特镇的非法移民营地。法国北部海岸与英国多佛港隔海相望,两者仅相隔 33 千米,这是世界上最繁忙的偷渡线路之一。当地媒体称,有 300 多名执法人员驱散了 1000 多名非法移民,这些人大部分是库尔德人,携家带口来到这里。这次行动从 16 日早上开始,持续到下午 2 时,663 名非法移民已同意转移到该地区和其他邻近地区的避难所。

11 月 18 日 波兰国防部表示,波兰军队在该国与白俄罗斯边境地区,逮捕了约 100 名试图越境的移民。而白俄罗斯政府则清理了聚集在波兰边境的主要移民营地。

11 月 23 日 欧盟通过了一项制裁,旨在惩罚那些有意或无意参与运送移民、给欧盟制造移民危机的航空公司。据悉,欧盟将建立一份参与了非法运输移民的航空公司"黑名单",名单上的航空公司将被禁止进入欧盟。就航空公司而言,他们将无法在欧盟机场起飞或着陆,甚至中途经停、加油都不可以。

11月24日 一艘从法国北部港口城市敦刻尔克出发的难民船,在试图穿越英吉利海峡的途中倾覆。英国广播公司(BBC)称,沉船事件导致27人死亡,包括7名妇女和3名儿童,其中1人为孕妇。这是自国际移民组织2014年记录相关数据以来,英吉利海峡发生的最致命船难。法国海事警察部门的数据显示,今年以来,有超过3.1万名非法移民试图穿越英吉利海峡进入英国。

11月30日 在最近一次试图驱散难民的行动中,敦刻尔克外的一处营地被法国警方拆除,居住在这里的人大多是男性,但也有一些带着孩子的家庭,他们将被带离法国北部,分散安置到全国各地的处理中心。然而,许多人可能会在几天内回来,试图再次越过英吉利海峡,因为他们不想留在法国。面对越来越棘手的难民问题,法国内政部部长表示,政府已经准备好恢复与英国的讨论。

12月

12月2日 德国内政部称,共有约20000名阿富汗人正在等待进入德国。在已经抵达的人中,当地工作人员及其家庭成员构成了其中最大的群体。2021年8月中旬以来,共有5437人来到德国。此外,还有466人被列为极脆弱群体,如人权活动家和记者,包括他们的亲属。根据数据,截至12月底,该群体共有1462人进入德国。

12月7日 德国社民党、绿党和自民党在柏林正式签署联合组阁协议。通过长达177页的组阁协议,德国新政府向人们传达了未来政策的基本走向。对于移民政策,三个党派破天荒达成统一意见:是时候让德国成为"移民国家"了。根据协议,新政府将改革德国的国籍法,简化取得德国国籍程序:在德国居留满5年即可入籍,若有特殊的融合贡献,则满3年就可入籍；只要父母一方在德国居住满 5 年，外国人在德国出生的孩子将在出生时就获得德国籍。此外，新政府还希望降低语言证明等要求，使移民家属更容易入籍。协议还规定，将为没有合法身份但在德国居住多年且没有违法记录的外国人设立居留权。根据计划，自 2022 年 1 月 1 日起，在德国居住满 5 年，没有刑事犯罪记录并遵守民主国家法律的外国人，将获得为期一年的试用期居留许可，以便在此期间满足获得居留权的其他要求，例如找到工作等。对于 27 岁以下的年轻人，在德国居住满 3 年，只要表现良好，就可获得永久居留许可。

12 月 9 日　欧盟委员会负责内部事务的委员伊尔瓦·约翰逊宣布，欧盟 15 国将接收约 4 万名阿富汗难民，其中德国接收的人数最多，达到 2.5 万人，西班牙将接收 2500 人，包括已经抵达的 1900 人。德国成为接纳难民人数最多的国家，将接收共计 2.5 万名难民，这些人中有一部分已经抵达德国，一部分还在第三国，另外还有不少人被困在阿富汗。另外，法国承诺接纳 2500 名阿富汗人以及 5000 名其他国籍难民。

12 月 12 日　继巴黎和布鲁塞尔之后，德国总理朔尔茨于 12 月 12 日晚访问了华沙。朔尔茨和波兰总理莫拉维茨基仅就欧盟东部边界难民问题达成了一致。朔尔茨向波兰保证，将为白俄罗斯边境地区的难民危机提供支持。朔尔茨表示，德国希望与波兰团结一致，反对这种不恰当的"混合战争"方式。

12 月 30 日　《费加罗报》2021 年 12 月 30 日报道，尽管受新冠疫情影响，2021 年法国面临的移民压力仍然很大。申请量较 2020 年大幅增加，主要原因是 2020 年法国因疫情缩减接收移民规模导致申请积压。此外，非法移民问题严重。法国内政部驱逐的非法移民还不到总人数的 1/10。报道称，2021 年法国收到的移民申请中，家庭团聚申请共 3 万个，一年内增加近 18%。难民庇护申请超过 10 万个，通过率约 40%。寻求庇护者的主要来源国是阿富汗，一年内超过 1.6 万个申请，其中 4000 个申请获批准。排在第二位的是科特迪瓦，申请量为 6000 个。孟加拉国和几内亚紧随其后，数量相近。阿尔巴尼亚的申请人数较往年激增，超过 5000 人。

Abstract

Annual Report on the Development of European Migration (2022) is a branded research product of the International Center for Migration Studies (jointly established by Guangdong University of Foreign Studies and Guangdong Institute of Ethnic and Religious Studies), which continuously focuses on the refugee crisis and migrant development in Europe. In addition to researchers from the "European Migrant Crisis Management Research Team" of Guangdong University of Foreign Studies and other universities in China, experts from European universities are also invited to participate in the writing, which conducted a comprehensive and multidisciplinary research on politics, economics, sociology and Western language and culture.

Since the outbreak of COVID−19, international population movements in Europe have been greatly affected. Compared with 2020, the international population flow in 2021 tends to return to normal, especially for immigrants with long-term residence intention, including family reunion, study abroad and work. But short-term international population movements remain far below pre-pandemic levels. Though the refugee crisis has been gradually receded after it peaked in 2015, the number of asylum applications and approvals for refugees has significantly increased in 2021, compared with 2020, but slightly decreased compared with pre-pandemic levels. The international movement of people illegally entering or staying has increased significantly as the epidemic continues. The stock of immigrants in EU countries continues to increase, and the number of immigrants who acquire the nationality of their country of residence continues to increase.

The theme of this year's European Migration Development Report is international migration in Europe under the continuing impact of COVID-19,

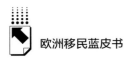
including 1 general report, 11 country reports, 3 special reports, 1 statistics table and 1 events of European migration in 2021.

The general report focuses on the development trend of European immigration in 2021 and the strategies and effects of EU immigration management. According to the study, although long-term migration flows are gradually recovering due to the continuing impact of the epidemic, short-term migration flows need to increase. Europe's manufacturing sector is rebounding rapidly, but its services sector is recovering only slowly. The unemployment rate of immigrant labor force is high, and there are certain job vacancies and labor shortage in various countries. In political, economic, social and international cooperation, the EU and its member states face difficulties in managing refugees and migrants. In the external environment, Europe is not only confronted with the Polish-Belarus border disturbance, but also with a new round of refugee flows brought about by the dramatic changes in the global landscape and increasing regional and national conflicts and turbulence.

The country reports select Italy, Spain, Greece, France, Switzerland, Austria, Germany, the Netherlands, Poland, the United Kingdom and Sweden, introduced the latest status of immigration development and management in these countries in 2021, focusing on the impact of the continuing epidemic on immigration flows and integration. Data and analysis by countries show that there is a "compensating effect" of international population flows in 2021 compared to 2020, and long-term migration flows have basically returned to pre-Epidemic levels. The scale of refugee arrivals has decreased in all countries, particularly in the former hot spots of Spain and Greece. But irregular migration flows have increased significantly in Italy and France. Despite high unemployment rates in all countries, job vacancies are also evident, especially in health care and technology industries. In order to restore the economy and promote economic transformation and upgrading, France launched "start-up talent immigration" and the UK started to implement a new immigration policy. Promoting the integration of immigrants in the economic, cultural, social and political fields is reflected in the immigration management of various countries.

The special reports examine the political, economic and social implications of changes in migration in Europe as the pandemic continues. The European Commission's "new package for migration and asylum" intended to strengthen EU solidarity in the hope of "Europeanisation", has so far done little. At the social level, due to the intersection of population movement and the epidemic, and refugees immigrants have become the targets of mainstream social exclusion and violent attacks, and xenophobia and racism are once again prevalent in Europe. At the economic level, the EU economy experienced a temporary rebound after a severe shock, and once again faces problems such as insufficient impetus for economic recovery, a sharp rise in domestic unemployment and widening social inequality, as well as a significant shortage and mismatch of migrant workers with the labor market.

Keywords: COVID-19; International Migration; Migration Management; Social Integration

Contents

I General Report

B. 1 Immigration and Management in Europe under the
Continuing Impact of COVID−19

Mao Guomin，Chen Xiaoyi / 001

Abstract：Although the epidemic continued in 2021, European countries gradually lifted border control, and international population flow has almost been back to normal. The number of asylum applications and approvals, as well as the issuance of resident visas, have basically returned to the pre-COVID-19 levels. The number of people illegally entering or staying is on the rise. The stock of refugees and migrants is also increasing. European countries still need to reconcile the dilemma between the principle of humanitarianism and the principle of national interest. In political, economic, social and international cooperation, the EU and its member states face difficulties in managing refugees and migrants. In the external environment, Europe is not only confronted with the Polish-Belarus border disturbance, but also with a new round of refugee flows brought about by the dramatic changes in the global landscape and increasing regional and national conflicts and turbulence. Therefore, in order to stabilize the situation in Europe and promote the process of "Europeanization", the EU should carry out more effective management and innovation in the reception, settlement, repatriation and integration of migrants and refugees beyond the territorial boundaries of member states and beyond the transit countries and countries of origin of migrants in the future.

Keywords: COVID−19; Immigrant Flow; Governance Dilemma

II Country Reports

B.2 Rise of Irregular Migration and the Italian
Government's Response   *Zang Yu*, *Qin Ke* / 021

Abstract: In 2021, migration to the European Union was on the rise again. Led by the Central Mediterranean Route, there has been a retaliatory increase in illegal arrivals. This essay aims to provide a brief introduction and an analysis of the problem of irregular migration in Italy under the prevention and control of the pandemic. In the first place, it reveals that the retaliatory growth of irregular migrants has caused enormous pressure on Italy in terms of migrant reception. In addition, the guarantee of migrants' rights under pandemic prevention and control has also become a prominent issue. Secondly, it indicates that the changes in the political and economic situation in the countries of origin and boarding are the main reasons for this sharp rise. Among the three main boarding sub−routes: Libya has released a small number of its stock of stagnated migrants and some Egyptian illegal migrants have joined the flows from Libya to Italy; Tunisia's political instability and destitution have led people to continue fleeing the country; and migration flows on the new route from Turkey to Southern Italy have risen due to the re−routing of migrants from the Middle East and the deliberate indulgence of the Turkish government. Thirdly, in consideration of the background characterized by pandemic prevention and migration control, the Draghi government has properly accommodated most of the irregular immigrants by conducting the *Onboard Quarantine* plan. Moreover, during the national vaccination campaign and the implementation of *Green Pass*, the government has also dedicated full attention to migrants, and therefore their basic rights have been protected by improving laws and making flexible adjustments. In the future, Italy will continue to seek cooperation with

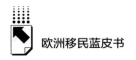

various parties in migration control and management, promote the reform of the *Dublin system* and the implementation of the *Malta Agreement*, and effectively deal with irregular migration.

Keywords: Central Mediterranean Route; Irregular Migration; Draghi Government; COVID‾19

B.3 A Study on the International Protection Policy of

Refugee in Spain   *Wu Fan*, *Luo Xifan* / 046

Abstract: Due to the eruption of COVID‾19 pandemic situation, many European countries have tightened the border control measures, which caused a reduction in global migration. However, in view of the current complex international situation, the growing trend in international migration has remained. In 2011, Spain was the 14th country in the EU in terms of the number of applications for international protection, and by 2021, Spain has jumped to the third place. However, the low asylum grant rate in Spain is very noticeable. The reasons are closely related to two facts, one is that the current asylum system in Spain fails to effectively response to the fluctuation of international protection applications, and the other is related to the government's attitude toward refugees. The asylum system of Spain has mainly gone through two stages, one is the immigration crisis in 2015 and the other is COVID‾19 pandemic in 2020. In these two periods, although the government took some measures to deal with the crisis, there is still a need for further improvement in emergency management. This report presents and analyzes international protection policy and asylum system in Spain, and provides suggestions for reference.

Keywords: Spain; International Protection; Refugee

B. 4 Immigrants and Migration Policy in Greece Affected

by COVID−19 *Shang Bing / 068*

Abstract: In 2021, the situation of COVID−19 in Greece was still severe, with thousands of new reported cases every day. In order to balance the epidemic prevention and control and economic development, the Greek government implemented lockdown and liberalization of lockdown successively. Affected by the epidemic, in 2021, the number of asylum applications in Greece fell to the level before 2016, which greatly reduced the pressure on Greek refugee centers. Due to the frequent occurrence of natural disasters in Greece in recent years, in addition to international migrants, there have also been many migrants forced to migrate within the country due to natural disasters. In addition, the digital skills of Greek residents are relatively low, thus online work becomes a big challenge for migrants who lack network equipment and are not proficient in using the Internet. The Greek government needs to further improve the level of integration and digital skills of immigrants in the future.

Keywords: Greece; Immigrants; COVID−19; Refugees

B. 5 Analysis of French Immigration Policy in

the Ongoing Epidemic *Wang Mu, Zheng Sijie / 083*

Abstract: In 2021, affected by the domestic and international situation, France, which is still in the midst of the epidemic, experienced a "compensatory effect" in the rebounding number of immigrants. Under the dual guarantee of "vaccination campaign" and "health pass", the French government has gradually opened its borders in an orderly manner and resumed the flow of people. In order to meet the needs of economic recovery and development, the French government has made great efforts to promote "Start−ups" and international talent immigration programs. Because of the frequent illegal cross−border accidents in the Manche Strait

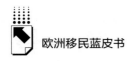

and the North Sea, the French government is determined to carry out international cooperation and resolutely crack down on the crime of illegal immigrant smuggling. In order to better resettle refugees and effectively promote the integration of immigrants, the French government has vigorously developed a "digital service management mechanism" to help the vulnerable group of immigrants, and conducted "regional guidance and resettlement" for newly arrived immigrants so as to allocate resources more reasonably, to protect the rights and interests of immigrants. In the future, the French government, as the new rotating presidency of EU, will seek to implement an efficient and organized immigration governance strategy at the European level and even on a larger scale.

Keywords: COVID-19; France; Immigration Policy

B.6　Situation and Characteristics of Immigration in Switzerland
under the Continuing COVID-19 Pandemic　　*Liu Wei* / 102

Abstract: In 2021, the world continued to be affected by the pandemic COVID-19, which is shown in all aspects of Swiss society. Despite the impact of the pandemic, the number of immigrants has increased, and the number of asylum seekers has increased as well. In Switzerland, most people are tolerant towards immigrants, but some discrimination still exists. The migrant groups themselves take the initiative to deepen their integration in Swiss society. Externally, Switzerland controls the flow of migrants entering Switzerland by cooperating with the countries of origin. In 2021, the shortage of medical personnel exacerbated by the impact of the epidemic has appeared, and foreign personnel can partly solve this structural problem. In addition, the largest number of asylum seekers came from Afghanistan, which has become the focus of Swiss society.

Keywords: COVID-19; Switzerland; Immigration Policy

Abstract: In 2021, the impact of COVID-19 on Austria's economic and social life continued, but the numbers of new migrants, naturalizations and asylum applications still increased during the year, migration flows remained active. The various sectors have strengthened cooperation in employment, education, and dissemination of information on the epidemic, and a series of measures have been taken to help immigrants successfully overcome the pandemic crisis, with good results. The integration of female migrants continues to receive attention, The government is investing more in the integration of migrant women and has implemented a number of effective support programs, but with new challenges for women that caused by the pandemic, a lot of effort is still needed.

Keywords: Austria; COVID-19; Immigration

Abstract: Compared with 2020, the total number of immigrants to Germany increased significantly in 2021. The German government has made the promotion of COVID-19 vaccination its top priority as the epidemic continues and the prevention and control process becomes regular. In order to speed up the vaccination process, Germany introduced restrictive rules such as "2G", "2G+", "3G" and "3G+". Immigrant groups have lower vaccination rates than native Germans, mainly due to lack of language knowledge and fear of being deported for revealing their status. After the new government took office, Germany's immigration policy has become more relaxed, and Germany's attractiveness to professional and skilled immigrants has been further strengthened. A large number of illegal refugees crossed the Polish border into Germany, bringing difficulties to Germany's immigration governance. The ongoing

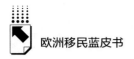

epidemic has promoted the electronic process of German immigration management, and has also changed people's social psychology. In the future, Germany may face the enormous pressure brought by the Ukrainian war refugees.

Keywords: Germany; Vaccination; Immigration Governance

B.9 Immigration Situation and Policies in Netherlands under COVID-19 *Lv Yunfang, Shen Qianying* / 147

Abstract: Since COVID-19, the Netherlands has adopted relatively strict prevention and control measures to reduce the movement of people. At the end of March 2022, the Dutch government announced the lifting of all restrictions to guide the return of social life to normal. Has the virus infection and related prevention and control affected immigration situation in the past three years? Is the relationship between immigration, policy and local society being adjusted? What will the future hold? This report examines the answers to these questions in the context of Dutch immigration history and policy changes. The current situation of immigration under the epidemic is a continuation and overlay of the historical characteristics of Dutch immigration. Due to the restrictions of epidemic prevention and control, the total number of immigrants has fluctuated briefly, but its main development direction and characteristics have not changed fundamentally. Post-pandemic migration will be strongly influenced by the current international situation and the need for economic recovery in the Netherlands.

Keywords: Netherlands; Immigration Policy; COVID-19

B.10 Immigration Crisis at the Polish Border: Background, Current Situation and Impact *Wang Hongyi, Lu Yuexin* / 166

Abstract: Since August 2021, thousands of refugees from war-torn countries such as Syria, Afghanistan, Iraq and Yemen have been travelling through Minsk under Belarus' liberal visa procedures, hoping to use it as a springboard to enter the European Union. The gathering of refugees at the Polish-Belarusian border has sparked strong criticism in Poland and other EU countries. These countries have characterized the crisis as a "hybrid war" instigated by Belarus and supported by Russia. The fact that most of the refugees are Muslim has led to strong resistance from Poland's right-wing nationalist government. The border migration crisis between Poland and Belarus is clearly not just an isolated humanitarian catastrophe, but also a geopolitical crisis in a region where multiple interests converge in Central and Eastern Europe. While the crisis has led to an accelerated deterioration in relations between Poland and Belarus, it has also increased the level of animosity between the West and Russia. However, the threat of "border crossing" by these non-European refugees also creates an opportunity for Poland to balance the pressure exerted by the EU over the rule of law dispute.

Keywords: Poland-Belarus Relations; Immigration; EU

B.11 Transformation and Challenges of British Immigration Policy in the Post-Brexit Era

Liu Chunyan, Huang Chongqing / 180

Abstract: In 2021, the number of inbound immigration and long-term net immigration to the UK will continue to decrease, but compared with the lowest trough caused by COVID-19 coronavirus pneumonia in 2020, both show a trend of rebounding. Compared with 2020, the number of immigrants related to study and work has begun to show an upward trend, basically returning to the level before the new crown epidemic. Affected by the double impact of the UK's departure from the European Union and COVID-19 coronavirus pneumonia, There have been many changes in the migration trend and typical patterns of British immigrants. Not only is the total number of immigrants lower than in previous years,

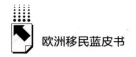
欧洲移民蓝皮书

but the trend of net immigration has been disrupted, and the data on the immigrant employment population has also fluctuated more. To contain COVID – 19 coronavirus pneumonia and deal with the impact of Brexit, In the field of immigration management, the British government has taken measures to control population migration, and vigorously promoted a new immigration plan based on the points system and salary threshold. In 2021, the development of the immigration situation in the UK will be affected by both the crisis caused by COVID – 19 coronavirus pneumonia and the new immigration policy caused by Brexit.

Keywords: Britain; Post－Brexit Era; New Immigration Policy

B.12   Immigration and Immigrants in Northern European
Countries Affected by the Ongoing COVID－19 Epidemic

Liu Yuzhen, *Li Rongge* / 197

Abstract: Despite the persistence of the epidemic, Nordic countries gradually relaxed epidemic prevention and control in 2021 in order to revive the economy. International migration basically recovered, especially those for work and study, with scales close to pre－epidemic ones. However, the number of refugee applications and approvals for asylum seekers declined significantly. As the epidemic continues, immigrants still face many difficulties in economic, political and social integration. Take Sweden as an example, the economy is gradually recovering, but the unemployment rate, especially that of non－EU immigrants, remains high. The rates of immigrant families falling into poverty, the incidence of poverty among immigrant children, and immigrant families' demand for and dependence on social welfare are significantly higher than those of native families. Currently, the immigration policies of the five Nordic countries are becoming more and more conservative. With the increase of the proportion of naturalized immigrants in the population of each country, the influence of immigrants on politics is gradually revealed. The political polarization of immigrants and the influence of anti－immigrant parties are increasing, but at the same time, the strength of immigrants as voters and electees in political participation is also increasing. In the future, the immigration policy of Northern Europe will focus more on the selection of skilled immigrants, but due to the humanitarian tradition, the Nordic countries will continue to accept refugees, including those from Ukraine.

Keywords: Northern Europe; COVID-19 Epidemic; Immigrant; Integration

Ⅲ   Special Reports

Abstract: In the process of "Europeanization" promoted by the European Union, the freedom of movement and mobility of people is the core, and it is also the deep - water area for further deeper integration of EU member states. Historically, the EU has solved the problem of free movement of people between member states through various treaties, but in recent years, under the pressure of external refugees and other irregular migrants, it has been unable to solve the problem of ceding the sovereignty of member states on the issue of migration. In 2021, the EU continues to promote the New Pact on Migrants and Refugees to reform and close the gaps in the previous treaties. The policies are currently being developed, but the solidarity mechanisms that will guarantee the implementation of the package are not yet clear, and the process of "Europeanisation" remains fraught with resistance.

Keywords: Europeanisation; Immigration Management; New Reform Policy

Abstract: As COVID-19 continues to ravage the world from 2020 to now,

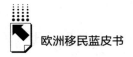
European countries have not only been the hardest hit by the epidemic, but also become increasingly heterogeneous and economically depressed. Immigrants and refugees are the targets of mainstream social exclusion and violent attacks. Xenophobia and racism are back in vogue in Europe. The War between Russia and Ukraine intensified the hatred and discrimination against "others" in European society. In this context, the survival of minority groups is worrying. COVID-19 has had a significant negative impact on the Asian community, with the Chinese immigrant community in particular suffering from xenophobia and racism.

Keywords: COVID-19; Immigrant; Minority; Xenophobia

B. 15　Assessment of the Impact of COVID-19 on EU Economy

and Migration Policies

Cheng Yonglin, Chen Yuning and Zhang Ruyue / 241

Abstract: At present, along with the continuing spread of COVID-19, the international situation is complicated and high-frequency turbulence, the EU ushers in profound challenges and changes in the areas of public health governance, macroeconomics and migration policy. At the macroeconomic level, the EU economy has rebounded briefly after a serious shock, and is once again facing problems such as insufficient economic recovery momentum, slowing economic growth, a sharp rise in domestic unemployment, weak export growth and rising social inequality. Combined with the impact of the Russia-Ukraine conflict, the EU's economic recovery will take a long time. At the level of public health governance, EU countries are actively engaged in vaccine research and development, vaccination and cross-border cooperation on epidemic prevention, but still need to deal with the risk of recurrent epidemics in the medium to long term. At the migration governance level, the number of international migrants to the EU has plummeted due to the disruption of cross-border movement of people under the epidemic, which has led to the re-emergence of labor shortage in society.

Keywords: COVID － 19 Epidemic; Public Health Governance; EU
Economy; Immigration Policy

Ⅳ Appendices

皮 书

智库成果出版与传播平台

❖ 皮书定义 ❖

皮书是对中国与世界发展状况和热点问题进行年度监测，以专业的角度、专家的视野和实证研究方法，针对某一领域或区域现状与发展态势展开分析和预测，具备前沿性、原创性、实证性、连续性、时效性等特点的公开出版物，由一系列权威研究报告组成。

❖ 皮书作者 ❖

皮书系列报告作者以国内外一流研究机构、知名高校等重点智库的研究人员为主，多为相关领域一流专家学者，他们的观点代表了当下学界对中国与世界的现实和未来最高水平的解读与分析。截至 2022 年底，皮书研创机构逾千家，报告作者累计超过 10 万人。

❖ 皮书荣誉 ❖

皮书作为中国社会科学院基础理论研究与应用对策研究融合发展的代表性成果，不仅是哲学社会科学工作者服务中国特色社会主义现代化建设的重要成果，更是助力中国特色新型智库建设、构建中国特色哲学社会科学"三大体系"的重要平台。皮书系列先后被列入"十二五""十三五""十四五"时期国家重点出版物出版专项规划项目；2013~2023 年，重点皮书列入中国社会科学院国家哲学社会科学创新工程项目。

权威报告·连续出版·独家资源

皮书数据库
ANNUAL REPORT(YEARBOOK)
DATABASE

分析解读当下中国发展变迁的高端智库平台

所获荣誉

- 2020年，入选全国新闻出版深度融合发展创新案例
- 2019年，入选国家新闻出版署数字出版精品遴选推荐计划
- 2016年，入选"十三五"国家重点电子出版物出版规划骨干工程
- 2013年，荣获"中国出版政府奖·网络出版物奖"提名奖
- 连续多年荣获中国数字出版博览会"数字出版·优秀品牌"奖

皮书数据库

"社科数托邦"
微信公众号

成为用户

　　登录网址www.pishu.com.cn访问皮书数据库网站或下载皮书数据库APP，通过手机号码验证或邮箱验证即可成为皮书数据库用户。

用户福利

- 已注册用户购书后可免费获赠100元皮书数据库充值卡。刮开充值卡涂层获取充值密码，登录并进入"会员中心"—"在线充值"—"充值卡充值"，充值成功即可购买和查看数据库内容。
- 用户福利最终解释权归社会科学文献出版社所有。

数据库服务热线：400-008-6695
数据库服务QQ：2475522410
数据库服务邮箱：database@ssap.cn
图书销售热线：010-59367070/7028
图书服务QQ：1265056568
图书服务邮箱：duzhe@ssap.cn

社会科学文献出版社　皮书系列
SOCIAL SCIENCES ACADEMIC PRESS (CHINA)

卡号：945744623171
密码：

S 基本子库
SUB DATABASE

中国社会发展数据库（下设 12 个专题子库）

紧扣人口、政治、外交、法律、教育、医疗卫生、资源环境等 12 个社会发展领域的前沿和热点，全面整合专业著作、智库报告、学术资讯、调研数据等类型资源，帮助用户追踪中国社会发展动态、研究社会发展战略与政策、了解社会热点问题、分析社会发展趋势。

中国经济发展数据库（下设 12 专题子库）

内容涵盖宏观经济、产业经济、工业经济、农业经济、财政金融、房地产经济、城市经济、商业贸易等 12 个重点经济领域，为把握经济运行态势、洞察经济发展规律、研判经济发展趋势、进行经济调控决策提供参考和依据。

中国行业发展数据库（下设 17 个专题子库）

以中国国民经济行业分类为依据，覆盖金融业、旅游业、交通运输业、能源矿产业、制造业等 100 多个行业，跟踪分析国民经济相关行业市场运行状况和政策导向，汇集行业发展前沿资讯，为投资、从业及各种经济决策提供理论支撑和实践指导。

中国区域发展数据库（下设 4 个专题子库）

对中国特定区域内的经济、社会、文化等领域现状与发展情况进行深度分析和预测，涉及省级行政区、城市群、城市、农村等不同维度，研究层级至县及县以下行政区，为学者研究地方经济社会宏观态势、经验模式、发展案例提供支撑，为地方政府决策提供参考。

中国文化传媒数据库（下设 18 个专题子库）

内容覆盖文化产业、新闻传播、电影娱乐、文学艺术、群众文化、图书情报等 18 个重点研究领域，聚焦文化传媒领域发展前沿、热点话题、行业实践，服务用户的教学科研、文化投资、企业规划等需要。

世界经济与国际关系数据库（下设 6 个专题子库）

整合世界经济、国际政治、世界文化与科技、全球性问题、国际组织与国际法、区域研究 6 大领域研究成果，对世界经济形势、国际形势进行连续性深度分析，对年度热点问题进行专题解读，为研判全球发展趋势提供事实和数据支持。

法律声明

"皮书系列"（含蓝皮书、绿皮书、黄皮书）之品牌由社会科学文献出版社最早使用并持续至今，现已被中国图书行业所熟知。"皮书系列"的相关商标已在国家商标管理部门商标局注册，包括但不限于LOGO（▨）、皮书、Pishu、经济蓝皮书、社会蓝皮书等。"皮书系列"图书的注册商标专用权及封面设计、版式设计的著作权均为社会科学文献出版社所有。未经社会科学文献出版社书面授权许可，任何使用与"皮书系列"图书注册商标、封面设计、版式设计相同或者近似的文字、图形或其组合的行为均系侵权行为。

经作者授权，本书的专有出版权及信息网络传播权等为社会科学文献出版社享有。未经社会科学文献出版社书面授权许可，任何就本书内容的复制、发行或以数字形式进行网络传播的行为均系侵权行为。

社会科学文献出版社将通过法律途径追究上述侵权行为的法律责任，维护自身合法权益。

欢迎社会各界人士对侵犯社会科学文献出版社上述权利的侵权行为进行举报。电话：010-59367121，电子邮箱：fawubu@ssap.cn。

社会科学文献出版社